Pädophilie im Fokus

Uwe Kaminsky

# Pädophilie im Fokus

Zur Rolle von Hartmut von Hentig, Gerold Becker
und Helmut Kentler
beim Deutschen Evangelischen Kirchentag

EVANGELISCHE VERLAGSANSTALT
Leipzig

Uwe Kaminsky, Dr. phil., ist Wissenschaftlicher Mitarbeiter am Lehrstuhl für Kirchengeschichte der Theologischen Fakultät der Universität Greifswald und am Institut für Geschichte der Medizin und Ethik in der Medizin der Charite. Seine Forschungsschwerpunkte sind Zeitgeschichte, Sozialgeschichte und Diakoniegeschichte im 19. und 20. Jahrhundert.

Bibliographische Information der Deutschen Nationalbibliothek
Die Deutsche Nationalbibliothek verzeichnet diese Publikation in der Deutschen Nationalbibliographie; detaillierte bibliographische Daten sind im Internet über http://dnb.dnb.de abrufbar.

© 2024 by Evangelische Verlagsanstalt GmbH · Leipzig
Printed in Germany

Das Werk einschließlich aller seiner Teile ist urheberrechtlich geschützt. Jede Verwertung außerhalb der Grenzen des Urheberrechtsgesetzes ist ohne Zustimmung des Verlags unzulässig und strafbar.
Das gilt insbesondere für Vervielfältigungen, Übersetzungen, Mikroverfilmungen und die Einspeicherung und Verarbeitung in elektronischen Systemen.

Das Buch wurde auf alterungsbeständigem Papier gedruckt.

Cover: Vogelsang Design, Aachen
Satz und Gestaltung: Steffi Glauche, Leipzig
Druck und Binden: BELTZ Grafische Betriebe GmbH, Bad Langensalza

ISBN 978-3-374-07742-7 // eISBN (PDF) 978-3-374-07734-2
www.eva-leipzig.de

# Inhaltsverzeichnis

1.  Einleitung.................................. 9
2.  Der Kirchentag und die »protestantische
    Mafia«..................................... 18
2.1 Der Kirchentag als Forum für ein
    intellektuelles Establishment............... 18
2.2 Hartmut von Hentig und Gerold Becker
    als »Kindergeneration«...................... 31
    Hartmut von Hentig ......................... 31
    Gerold Becker............................... 34
3.  Die frühe Beteiligung Hartmut von Hentigs
    und Gerold Beckers beim Kirchentag 1969
    in der Arbeitsgruppe »Aggression«........... 46
4.  Die unterdrückte Sexualität – Tabu und
    Enthemmung.................................. 66
5.  Im »Fahrwasser der Emanzipation« von
    Homosexualität – Helmut Kentler
    auf Kirchentagen............................ 79
5.1 Helmut Kentler in der evangelischen
    Jugendarbeit................................ 79
5.2 Die umstrittene Einladung Helmut Kentlers
    zum DEKT 1979............................... 83

5.3 Die Podiumsveranstaltung »Homosexualität und Evangelium« beim Nürnberger Kirchentag 1979. . . . . . . . . . . . . . . . . . . . . . . . . 96
5.4 Kentlers Engagement in der Arbeitsgemeinschaft »Homosexuelle und Kirche« bei Kirchentagen. . . . . . . . . . . . . . 102

6. **Hartmut von Hentig und Gerold Becker bei den Foren »Kinder und Erziehung« und »Schule« beim DEKT 1987 bis 1997.** . . . . . . . . . . . . . . . . . 113
6.1 Von Erziehung zur Beziehung – Hartmut von Hentig und Gerold Beckers erneute Beteiligung am DEKT. . . . . . . . . . . . . . . . . . . . . 113
6.2 »Was sind uns die Kinder wert?« – Forum Schule. . . . . . . . . . . . . . . . . . . . . . . . . 125

7. **Die Mitgliedschaft Hartmut von Hentigs und Gerold Beckers im Präsidium des DEKT** . . . 140
7.1 Die Profilsuche Hartmut von Hentigs 1988 bis 2000. . . . . . . . . . . . . . . . . . . . . . . . . . . . . 140
7.2 Der stille Beisitzer Gerold Becker 1993 bis 1997. . . . . . . . . . . . . . . . . . . . . . . . . . . . 159

8. **Der erste öffentliche Missbrauchsvorwurf gegen Gerold Becker 1999.** . . . . . . . . . . . . . . . . . 176

9. **Der Skandal nimmt seinen Lauf 2010.** . . . . . . . . 191

10. **Der Umgang des Deutschen Evangelischen Kirchentags mit Vertretern sexualisierter Gewalt – ein Fazit.** . . . . . . . . . . . . . . . . . . . . . . 201

Quellen- und Literaturverzeichnis............... 208

   Archive................................. 208

      Evangelisches Zentralarchiv Berlin (EZA) . . 208
      Geschäftsstelle des Deutschen
      Evangelischen Kirchentags in Fulda....... 208
      Landeskirchliches Archiv Hannover
      (LkAH)............................... 208
      DIPF | Leibniz-Institut für Bildungs-
      forschung und Bildungsinformation,
      BBF | Bibliothek für Bildungsgeschichtliche
      Forschung – Archiv (DIPF/BBF/Archiv).... 208

   Literatur................................. 208

   Personenverzeichnis....................... 236

   Dank.................................... 240

# 1. Einleitung

Als der Missbrauchsskandal um Gerold Becker, den ehemaligen Leiter der Odenwaldschule (1972–1985), im März 2010 einer größeren Öffentlichkeit bekannt wurde, galt dieser als Pädagoge. Seine Lebenspartnerschaft mit dem bekannten Pädagogen Hartmut von Hentig unterstrich dies zusätzlich. Im Rahmen der nachfolgenden journalistischen Recherchen und pädagogischen wie historischen Forschungen über seinen Werdegang wurde allerdings klar, dass Gerold Becker keine formale pädagogische Qualifikation besaß. Er hatte am Ende eines Theologiestudiums an der Universität Göttingen 1962 ein erstes theologisches Examen in der Evangelisch-Lutherischen Kirche Hannover abgelegt.[1] Becker absolvierte ein Vikariat in Linz (Österreich) und wurde dort sogar ordiniert. Die Ordination wurde jedoch in der Evangelisch-Lutherischen Kirche Hannovers nicht anerkannt. Gerold Becker wollte Ende 1963 zu einem Studienaufenthalt nach Griechenland, der allerdings nicht zustande kam. Er lernte Hartmut von Hentig kennen und wechselte in Göttingen als Doktorand in das Fach Pädagogik. Er beendete

---

[1] Der Pädagoge Jens Brachmann verdichtete diesen Befund einer mangelnden Qualifikation und unklaren Berufsbiografie zu dem Bild einer »dunklen Lebensgeschichte« Gerold Beckers (Brachmann 2019, S. 146). Siehe ansonsten Füller 2011; Oelkers 2016; Keupp 2019.

aber sein Promotionsprojekt nicht und ging 1969 mit der ihm angebotenen Perspektive Schulleiter zu werden an die Odenwaldschule, wo er und auch andere dort tätige Lehrende sexuellen Missbrauch an Schülerinnen und Schülern begingen.

Die Beziehungen von Gerold Becker, aber auch seines Partners Hartmut von Hentig, im Feld der Evangelischen Kirche wurden im Rahmen der Erforschung ihrer biografischen Hintergründe problematisiert.[2] Insbesondere ihr häufiges Auftreten auf Versammlungen des Deutschen Evangelischen Kirchentages seit den 1980er Jahren, ihre Mitgliedschaft im Präsidium dieser protestantischen Laienorganisation (Hentig seit 1988, Becker seit 1993) wurden angemerkt. Auch das Wirken von Helmut Kentler, einem des sexuellen Missbrauchs bezichtigten und dessen offensiver Verteidigung beschuldigten Sozialpädagogen kam in den Blick.[3] Kentler vermittelte im Rahmen eines »Experiments« mit Wissen der Berliner Senatsverwaltung Jugendliche mit schwierigem Verhalten, die sich in Maßnahmen der Erziehungshilfe befanden, an Pflegeväter, die wegen sexuellen Missbrauchs vorbestraft waren und diesen auch weiter an ihren Schützlingen

---

[2] Siehe z. B. Enders u. a. 2014, S. 157–162; Seufert 2019; Nentwig 2020; zusammengefasst als »nicht-kirchlicher Missbrauchsprotestantismus« bei Claussen 2022, bes. S. 81–84.

[3] Vgl. Michael Hollenbach, Die Evangelische Kirche und Helmut Kentler. Von sexueller Befreiung zu sexuellem Missbrauch, in Deutschlandfunk 31. 07. 2020; https://www.deutschlandfunk.de/die-evangelische-kirche-und-helmut-kentler-von-sexueller-102.html (Stand: 27. 03. 2024); Nentwig 2021, S. 257–291.

begingen.[4] Kentler selbst rechtfertigte lange Zeit pädosexuelle Handlungen offensiv in Publikationen, ohne dass ihm in der pädagogischen Fachwelt oder der Öffentlichkeit widersprochen worden wäre.

Kentler hatte seine Berufslaufbahn als Jugendbildungsreferent in der Evangelischen Akademie Arnoldshain 1960 begonnen, dann 1962 bis 1965 im Studienzentrum für evangelische Jugendarbeit in Josefstal am Schliersee fortgesetzt, bevor er an die Pädagogische Hochschule Berlin wechselte und eine wissenschaftliche Karriere als Sexualpädagoge machte.[5] Seine Einbindung in Diskurse des Deutschen Evangelischen Kirchentages in den Jahren 1979 in Nürnberg, 1985 in Düsseldorf, 1987 in Frankfurt/Main, 1989 in Berlin und 1993 in München ist nachfoglend aufzeigbar. Zudem galt er als Experte für Sexualität in der Arbeitsgemeinschaft »Homosexuelle und Kirche« (HuK), die den Emanzipationskampf für Homosexualität innerhalb der Kirchen führte.

Sexueller Missbrauch stellt sich aktuell als ein Menetekel der Evangelischen Kirche heraus. Im Jahr 2018 lobte die EKD ein umfangreiches Aufarbeitungsprojekt aus. Die im Januar 2024 veröffentlichte Studie des Forschungsverbunds »ForuM« zur Aufarbeitung von sexualisierter Gewalt und anderen Missbrauchsformen in der Evangelischen Kirche und Diakonie in Deutschland hat wesentliche Elemente für konkrete Missbrauchshandlungen und ihrer Vertuschung in die-

---

[4] Siehe Kentler 1989, S. 55; Institut für Demokratieforschung Göttingen 2016; Hax/Reiss 2021; Baader u. a., Zwischenbericht (2019); Zwischenbericht (2022) u. Endbericht (2024).
[5] Zur frühen Berufsbiographie siehe Nentwig 2021, S. 55–74.

sem Bereich benannt und systematisiert, wenn auch keine umfassende Empirie dazu vorlegen können.[6] Es fanden verschiedene »Tiefenanalysen« zur Beschreibung einzelner Fälle statt.[7] Mehrere evangelische Landeskirchen haben eigene Projekte über Beispiele der Ausübung sexualisierter Gewalt angeregt bzw. durchgeführt.[8] Zwei Sammelbände haben verschiedene theologische Aspekte und interdisziplinäre Aspekte des Themas behandelt.[9] Insbesondere das Thema der Bedeutung evangelischer sexualpädagogischer Vorstellungen wurde in einer von der EKD in Auftrag gegebenen Vorstudie hinsichtlich möglicher Forschungsdesiderate unter einer Geschlechter- und Generationenperspektive behandelt.[10] Gerhard Schreiber hat »Sexualität und Gewalt aus sexualethischer Perspektive« beleuchtet.[11] In einen zeitgenössischen Kontext hat Meike Sophia Baader den Diskurs um Pädosexualität in den Erziehungs-, Sexual- und Sozialwissenschaften in den 1970er bis 1990er Jahren gestellt.[12] Sie hat mit einem Team in den vergangenen Jahren, das »Netzwerk« um Helmut Kentler und die Berliner Jugendhilfe im erziehungswissenschaftlichen Feld erforscht.[13]

---

[6] Forschungsverbund ForuM 2024; Kowalski 2018.
[7] Siehe Caspari/Hackenschmied 2024; Berichte von Betroffenen Lange/Stahl/Kerstner (Hg.) 2023.
[8] Enders u. a. 2014; Müller u. a. 2023 (Alumnat Moers); Hentschker-Bringt u. a. 2023 (Pobershau); Schmidt 2022/23 (Fall Kurt Ströer).
[9] Claussen 2022; Wirth 2022.
[10] Windheuser u. a. 2023. Eine Ausarbeitung dieses Themas steht bislang aus.
[11] Schreiber 2022.
[12] Baader 2017.
[13] Baader u. a. 2019; Baader u. a. 2022; Baader u. a. 2024.

Was die Ergebnisse bisheriger Forschungen allerdings für den Deutschen Evangelischen Kirchentag bedeuten, ist bislang unklar. Der Vorwurf des Eine-Bühne-gebens für Vertreter der Pädophilie steht im Raum. Er wird verknüpft mit dem Hinweis auf ein protestantisches Netzwerk von Personen, die nicht nur die Bildungsreform der 1960er-Jahre und danach zu verantworten hätten, sondern auch die Unterstützung liberaler Positionen, die bis zur Begünstigung sexualisierter Gewalt geführt und ihre Vertuschung begünstigt haben. Johann Hinrich Claussen, der laut eigener Aussage den Kirchentag vor sieben Jahren zu einer Bearbeitung des Themas anregte[14], spricht vom »Missbrauchsprotestantismus außerhalb der Kirche«. Missbrauchstätern wurde »Schutz durch Glanz« bei Auftritten in evangelischen Veranstaltungsformaten wie in Evangelischen Akademien oder bei Evangelischen Kirchentagen gegeben.[15]

Das Präsidium des Kirchentags ließ zunächst eine Vorstudie über die Beteiligung der betreffenden Personen am Deutschen Evangelischen Kirchentag machen, die auf einen erweiterten Forschungsbedarf hinwies.[16] Am Lehrstuhl für Kirchengeschichte der Universität Greifswald wurde unter der Leitung von Prof. Dr. Thomas K. Kuhn, dem Vorsitzenden des »Arbeitskreises Geschichte des Kirchentags«, von 2022 bis 2024 ein Forschungsprojekt durchgeführt, das sich mit den Verbindungen der drei hier skizzierten Persönlichkeiten zum Kirchentag befasst hat. Für die Bearbeitung des Projekts wurde der

---

[14] Claussen 2022, S. 86.
[15] Claussen 2022, S. 81 u. 82.
[16] Hoppe 2019b.

Autor gewonnen. Die Ergebnisse seiner Recherchen liegen in dieser Studie vor. Es geht dabei um die biographische Verortung der Personen Hartmut von Hentig, Gerold Becker und Helmut Kentler in einer protestantischen Diskursgemeinschaft, ihre Verbindungen zum Kirchentag, ihr Wirken auf Kirchentagen und in dessen Präsidium, die Reaktionen des Präsidiums auf die Aufdeckung des sexuellen Missbrauchs durch Gerold Becker und auf die Erkenntnisse zur Befürwortung von Missbrauch durch Helmut Kentler.

Was die Studie hingegen nicht leisten kann, ist die Bearbeitung konkreter Missbrauchshandlungen auch anderer Täter, die höchstwahrscheinlich im Rahmen von Kirchentagen als mehrtägigen Großveranstaltungen stattgefunden haben.[17] Als Missbrauchsräume sind beispielsweise Übernachtungen in Quartieren und weitere Gelegenheitsstrukturen denkbar, welche die Ausübung sexualisierter Gewalt begünstigt haben. Bei der Studie handelt es sich um eine wesentlich aktengestützte historische Nachzeichnung des Engagements der Personen Hartmut von Hentig, Gerold Becker und Helmut Kentler im Rahmen des Deutschen Evangelischen Kirchentags über mehr als 50 Jahre.[18] Ihr Anspruch ist es nicht, eine abschließende Bearbeitung des

---

[17] Siehe an einem badischen Beispiel: Gause 2023. Die Studie erscheint im Sommer 2024 als »›Gott habe ihm gesagt, er solle mich zur Frau machen‹ – Missbrauch in der Evangelischen Kirche – eine Fallstudie« im Gütersloher Verlagshaus.

[18] Biographien zu den Personen liegen vor und sind nicht das Ziel der Studie. Biographische Details werden an entsprechenden Stellen erwähnt.

Themas zu bieten, was angesichts der Menge von Akten in der zur Verfügung stehenden Zeit auch nicht zu realisieren gewesen wäre, sondern sie will motivieren, weitere notwendige tiefergehende Studien zu Themen evangelischer Sexualethik und kommunikativer Strukturen im Feld des deutschen Protestantismus und auch des Deutschen Evangelischen Kirchentags anzugehen.

Für die vorliegende aufgrund ihres zeitlich und budgetbegrenzten Umfangs entstandene Studie konnten neben der Auswertung bislang erschienener Literatur die verzeichneten Akten des Deutschen Evangelischen Kirchentags im Evangelischen Zentralarchiv in Berlin, unverzeichnete Akten in der Registratur der Geschäftsstelle des DEKT in Fulda, Akten der Kammer für Bildung und Erziehung der EKD (im Evangelischen Zentralarchiv), die Personalakte von Gerold Becker im Archiv der Evangelisch-Lutherischen Kirche von Hannover und der Nachlass von Gerold Becker in der Bibliothek für Bildungsgeschichtliche Forschung in Berlin[19] benutzt werden. Es fanden zudem mehrere Hintergrundgespräche mit ehemaligen Mitgliedern des Präsidiums des Deutschen Evangelischen Kirchentags statt. Ein umfängliches Interviewprojekt stellt ein Desiderat dar und konnte aus Zeit- und Kapazitätsgründen hier nicht erfolgen.

---

[19] Der Nachlaß ist über Hartmut von Hentig in die Bibliothek für Bildungsgeschichtliche Forschung in Berlin (DIPF/BBF/Archiv) gelangt. Es ist davon auszugehen, dass die Dokumente eine Vorordnung durch den Nachlaßverwalter erfahren haben (vgl. zur Sortierung von »Tonnen von Akten« und der Zerstörung von fünf Festplatten Hentig 2016, S. 575 f.).

Bevor sich der frühen Beteiligung des Paares Hartmut von Hentig und Gerold Becker beim Deutschen Evangelischen Kirchentag 1969 zugewandt werden soll, erfolgt eine kurze Skizze des »Netzwerks« einer »protestantischen Mafia« mit Blick auf den Kirchentag.[20] Das weitgehend verdrängte und abgelehnte Thema der Sexualität in der frühen Bundesrepublik beim Kirchentag wird danach skizziert und die Beteiligung von Helmut Kentler an Kirchentagen im Rahmen der Arbeitsgemeinschaft »Homosexuelle und Kirche« ab 1979 beschrieben. Die Teilnahme Hartmut von Hentigs und Gerold Beckers an Kirchentagen in den 1980er Jahren wie auch deren Mitgliedschaft im Präsidium des Deutschen Evangelischen Kirchentags findet nachfolgend seine Darstellung. Der erste veröffentlichte Missbrauchsvorwurf gegen Gerold Becker Ende 1999 und das breite Öffentlichwerden des sexuellen Missbrauchs im Jahr 2010 von Gerold Becker an der Odenwaldschule wie die ausgebliebenen Reaktionen

---

[20] Der Begriff fällt in einem Spiegel-Gespräch: Dahrendorf-Gespräch. Die wahre Revolution. Der Soziologe Lord Ralf Dahrendorf über Erfolge und Aufgaben der deutschen Politik, in: Der Spiegel (Sonderheft 50 Jahre Spiegel 1947–1997 vom 15.01.1997), S.112–123; siehe auch Brachmann 2015, S. 195. Die Kennzeichnung ist jedoch älter. Siehe Claus Grossner, Philosophie in Deutschland. Herrschaft der Philosophenkönige? in: Die Zeit, Nr. 13 (27.03.1970) (https://www.zeit.de/1970/13/herrschaft-der-philosophenkoenige/komplettansicht). Ich danke Claudia Lepp für den Hinweis hierauf. Er wurde auch von Alexander Cammann in der ZEIT nach dem Tode Beckers 2010 wieder aufgenommen: Alexander Cammann, »Protestantische Mafia«, in: Die Zeit, Nr. 13 (25.03.2010) (https://www.zeit.de/2010/13/DOS-Missbrauchsskandal-Deutschlands-Elite).

des Kirchentagspräsidiums werden abschließend behandelt. Mit einem Fazit endet der Band.

Der Begriff Pädophilie findet nachfolgend nicht in einem systematisierenden Sinn im Rahmen der Sexualforschung Verwendung. Dort ist er von der altersmäßig in seinem Bezug auf die Sexualpräferenz für vorpubertäre Kinder von dem Begriff der Ephebophilie (Sexualpräferenz für pubertierende Kinder bzw. Jugendliche) zu unterscheiden. Nachfolgend dient der Begriff vielmehr dazu, eine Sexualpräferenz zu bezeichnen, die sich auf Minderjährige bezieht, die die historisch sich verändernde Schutzaltersgrenze (bei Jungen 18 Jahre, bei Mädchen 14 Jahre) im Strafrecht unterschritten.[21] Mit Pädosexualität werden nachfolgend ausgeführte sexuelle Handlungen zwischen Erwachsenen und Kindern beziehungsweise Jugendlichen benannt.

---

[21] Zur Definitionsfrage vgl. Schreiber 2022, S. 555–580; zur Diskursgeschichte über Pädophilie Kämpf 2021; zum Schutzalter Matter 2022.

## 2. Der Kirchentag und die »protestantische Mafia«

### 2.1 Der Kirchentag als Forum für ein intellektuelles Establishment

Der Deutsche Evangelische Kirchentag verstand sich früh als eine Art »Zeitansage«[22], der gesellschaftliche Strömungen in kirchliche Formen überführen und zur Geltung bringen wollte. Der Kirchentag vereinigte sowohl eine volksmissionarische, eine akademisch-problemorientierte als auch eine politisch-symbolhafte Richtung, die allerdings noch durch seine performante Erlebnisdimension für die Teilnehmenden zu ergänzen wäre.[23] Das Selbstverständnis einer theologischen »Laienbewegung« grenzte ihn auch immer von der verfassten Kirche ab. Der Kirchentag nahm einerseits Themen der Zeit wie die deutsche Teilung auf, stellte anfänglich sogar eine gesamtdeutsche Klammer dar, doch war er mit dem Bau der Mauer 1961 auch zerrissen. Die Kirchentagsbewegung in Ostdeutschland entwickelte sich bis zur

---

[22] Siehe zur Kirchentagsgeschichte, die hier nicht ausführlich referiert werden kann: Affeld/Padberg 1985; Runge/Krause 1989; Schroeter 1993; Schroeder/Peter 1993; Runge/Käßmann 1999; Palm 2002; Schroeter-Wittke 2007; Runge/Ueberschär 2009; Pickel u. a. 2015; Ueberschär 2017. Eine wissenschaftliche Fortschreibung der Geschichte des Deutschen Evangelischen Kirchentags seit dem Kulturbruch »1968« stellt ein Forschungsdesiderat dar.
[23] Palm 2002; dazu die Kritik von Schroeter-Wittke 2007, S. 213.

Wiedervereinigung 1990 eigenständig in Form regionaler Kirchentage.[24] In Westdeutschland nahm der Kirchentag in den 1960er Jahren gesellschaftliche Themen wie die Bewährung in Freiheit (1965), die Suche nach Frieden (1967) und das »Hungern nach Gerechtigkeit« (1969) auf.

Nachdem der Kirchentag Anfang der 1970er-Jahre ins gesellschaftliche Abseits geriet, was durch die niedrigste Dauerteilnehmerzahl beim Düsseldorfer Kirchentag 1973 angezeigt wurde, hatte er nachfolgend mit neuen Formaten wie dem Markt der Möglichkeiten, der Liturgischen Nacht und den Feierabendmahlen sowie gesellschaftspolitischen Themensetzungen großen Erfolg. Insbesondere die Friedensbewegung, die Ökumene und die Umweltbewegung spiegelten sich in zahlreichen Themenfeldern, Foren und Partizipationsmöglichkeiten. Der Kirchentag selbst begriff sich als »Forum«, »Fest der Gemeinde«, »Verlängerung« der Kirche, »Experimentierfeld der Kirche«, »Gegen- oder Ersatzkirche«, Ort der »Vergewisserung und Stärkung des Glaubens« und der »Öffnung zur Welt«.[25] Die gewachsenen Dauerteilnehmerzahlen auf über 100.000 und die thematische Breite des Kirchentags führten Ende der 1980er-Jahre zu Debatten der Besinnung auf ein eindeutigeres »Profil« angesichts wahrgenommener Beliebigkeit, in denen sich unter anderen Hartmut von Hentig engagierte.

---

[24] Schröder/Peter 1993; Ludewig 2020.
[25] So festgehalten in »Zusammenfassende Notizen zur Klausurtagung des Präsidiums des DEKT am 4./5. 11. 1994 in Fulda« (Rüdiger Runge 20. 12. 1994), in: EZA 71/257.

Als tragende Persönlichkeiten des Deutschen Evangelischen Kirchentages bestimmten neben dem Gründer Reinhold von Thadden (Präsident 1949 bis 1964)[26] besonders Richard von Weizsäcker (Präsident 1964-1970 und 1979 bis 1981, im Präsidium 1962-1997)[27], Klaus von Bismarck (Präsident 1977-1979, im Präsidium 1950-1995)[28] und Wolfgang Huber (Präsident 1983-1985, im Präsidium 1979-1995)[29] bis in die 1990er Jahre die Geschicke. Dieser adlig-protestantische Personenverband spielte auch in den intellektuellen Debatten der Bundesrepublik eine herausgehobene Rolle. Mit Bezug auf die Bemerkung des Soziologen Ralf Dahrendorf, der 1997 von einer »protestantischen Mafia« sprach, »einem vorgeblich konspirativen, über personale und z. T. auch verwandtschaftliche Allianzen, Bindungen und Abhängigkeiten eng verwobenen, dichtmaschigen Netz bedeutsamer Persönlichkeiten der Bonner Republik, die die öffentliche Meinungsbildung im westlichen Teil Deutschlands nachhaltig beeinflussten«[30], soll diesem Kreis Beachtung geschenkt werden. Der Pädagoge Jens Brachmann verwies in diesem Zusammenhang auf Persönlichkeiten, die bereits in der Weimarer Republik Bedeutung erlangt hatten, doch be-

---

[26] Siehe den Sammelband Ueberschär 2017.
[27] Aus der Vielzahl von biographischen Beschreibungen sei hingewiesen auf: Weizsäcker 1997 (Autobiografie); Pflüger 2010; Hofmann 2010; Rudolph 2010; Noack 2019; Bienert/Oppermann/Zehender 2023; Frei 2023, S. 262 ff.
[28] Siehe das Biogramm in: Ueberschär 2017, S. 273-275, und in Selbstzeugnissen Bismarck 1989 u. 1996.
[29] Gessler 2012.
[30] So Brachmann 2019, S. 297.

sonders seit den 1950er- und 1960er-Jahren ein reges Kommunikationsnetz bildeten. Hierzu zählte er neben dem späteren Leiter des Max-Planck-Instituts für Bildungsforschung, Hellmut Becker (1913–1993), die ihm Vertrauten Carl Friedrich (1912–2007) und Richard von Weizsäcker (1920–2015), Georg Picht (1913–1982), Ernst Rudolf Huber (1903–1990), Ludwig Raiser (1904–1980) oder Hermann Heimpel (1901–1988) und andere.[31]

Abb. 1: Klaus von Bismarck, Präsident des DEKT 1977–1979

---

[31] Brachmann erwähnt noch Robert Boeringer (1884–1974) und Harro Siegel (1900–1985).

Abb. 2: Richard von Weizsäcker, DEKT 1985 Düsseldorf

Forschungen zur Einflussmächtigkeit protestantischer Vertreter in der westdeutschen Nachkriegsgesellschaft sprechen eher von »Diskursgemeinschaften«, die konkurrierend aktiv und deren Einflüsse weit weniger greifbar waren, als dies bei konspirativen Gruppen, die ein klandestines Planungsmoment in sich tragen, der Fall wäre.[32] Der ansonsten in soziologischen und erziehungswissenschaftlichen Forschungen in Anschlag gebrachte Begriff eines »Netzwerks« stellt einen heuristischen Begriff angesichts mangelnder Quellen dar, der eine Annäherung über eine Häufung von Beziehungen verspricht, aber gerade die Qualität der Beziehungen in einem Netzwerk und deren Auswirkungen für konkrete Handlungen nicht zu benennen vermag.[33] Die rückschau-

---

[32] So Hoppe 2019a, S. 144.
[33] Benutzt wird dieser z. B. in den Studien über die Hintergründe se-

ende Suche nach Verbindungen von Personen und ihrer Beziehungsstrukturen steht in der Gefahr eines »Rückschaufehlers«, der ihre Relevanz in einer Gesamtstruktur überschätzt und eine Synchronität von diachronen Strukturen behauptet, worauf Katharina Vogel hinweist. »Netze oder Netzwerke als suggestionskräftige Visualisierungen von Beziehungen sind in dieser Hinsicht anfällig für eine Nivellierung von ex ante und ex post, weil sie dazu neigen, in der Aufsicht Zeitschichten zu vergleichzeitigen und in ihnen Elemente miteinander zu verbinden, die überhaupt erst ex post in den Verdacht geraten sind, in einem kausalen Verhältnis zueinander zu stehen.«[34]

Die verschiedenen protestantischen Vertreter kannten sich, hatten unterschiedlich enge freundschaftliche oder verwandtschaftliche Beziehungen zueinander und verwiesen aufeinander. Sich »zu kennen« war und ist ein unschätzbarer Vorteil, sei es hinsichtlich der Frage der Personalauswahl oder der Meinungsbildung im kirchlichen und gesellschaftlichen Feld. Die damit angesprochene Ebene des gegenseitigen Vertrauens dient funktional betrachtet zur Komplexitätsreduktion, enthebt die Handelnden der Prüfung von Qualifikation wie Leistung und verspricht Loyalität. Ob dies allerdings zum Wegsehen bei Normüberschreitungen oder gar zur Vertuschung von Straftaten führte beziehungsweise beitrug, ist eine offene Frage. Dass das Eingebundensein in eine Diskursgemeinschaft und die Wahrnehmung als ge-

---

xualisierter Gewalt von Keupp u. a. 2019; Baader u. a. 2024. Bedenkenswerte einschränkende Erwägungen hierzu bei Vogel 2023.

[34] Vogel 2023, S. 16.

schätzte Präsidiumskollegen allerdings hinsichtlich der Frage, ob eine Aufarbeitungsnotwendigkeit erkannt wurde, eine Rolle gespielt haben, darf vermutet werden. Bewiesen werden kann es allerdings wohl nur in Ausnahmefällen einer eindeutigen Überlieferung. Eine Annäherung an Antworten auf diese Fragen soll nachfolgend geschehen.

Einige Beispiele von Personen und ihren Beziehungen, die für die Ausführungen von Bedeutung sind, seien hier genannt und näher vorgestellt. Hellmut Becker war der Sohn des preußischen Kultusministers (für die Jahre 1921 und 1925–1930) Carl Heinrich Becker (1876–1933).[35] Er war eng mit dem gleichaltrigen Georg Picht befreundet, dessen Vater Abteilungsleiter im preußischen Kultusministerium war, wo die Leitidee einer »bildungsaristokratischen Humanitas« verfolgt wurde. Hellmut Becker studierte nach Ablegung seines Abiturs Jura an den Universitäten Freiburg, Berlin und Kiel. Seit 1935 war er Assistent des Staatsrechtlers Ernst Rudolf Huber und folgte diesem 1937 nach Leipzig. Nach seiner Kriegsteilnahme, die im Herbst 1941 mit einer Verwundung an der Ostfront endete – zuvor war sein Regiment in Lemberg Zeuge von Massenmordaktionen[36] – ging er im August 1942 zu dem Juristen Ernst Rudolf Huber, der an die »Reichsuniversität« Straßburg gewechselt hatte. Dort bezog er ein Zimmer im Haus von Carl Friedrich von Weizsäcker, der seit 1942 ebenfalls einen Lehrstuhl für theoretische Physik in Straßburg bekleidete und wiederum mit Georg Picht gut be-

---

[35] Siehe zur Biographie auch von Carl Heinrich Becker die Ausführungen bei Brachmann 2015, S. 165–234.
[36] Siehe hierzu Breidecker 2020.

kannt war. Hellmut Becker wurde in den hier stattfindenden elitären Gesprächskreis (»Kränzchen«) aufgenommen. Als der ehemalige Staatssekretär im Auswärtigen Amt, Ernst Heinrich von Weizsäcker, der Vater von Carl Friedrich wie auch des späteren Bundespräsidenten Richard von Weizsäcker, im sogenannten ›Wilhelmstraßenprozeß‹ wegen seiner Rolle in der NS-Zeit angeklagt wurde, beteiligten sich der Sohn Richard und Hellmut Becker an dessen Verteidigung.[37] Hellmut Becker war in den Nachkriegsjahren in zahlreichen Gremien aktiv, zunächst als sprachkundiger Verteidiger bei französischen Militärtribunalen, dann als Justiziar der neu gegründeten Vereinigung deutscher Landschulheime, gehörte dem Wissenschaftlichen Beirat des Instituts für Zeitgeschichte an und wurde 1956 Vorsitzender des Deutschen Volkshochschulverbandes. Seine bildungspolitischen Ambitionen konnte er seit 1963 als Leiter des »Instituts für Forschung auf dem Gebiet des Bildungswesens in der Max-Planck-Gesellschaft« (seit 1971 Max-Planck-Institut für Bildungsforschung) verwirklichen. Becker agierte zudem als Justiziar der Odenwaldschule, der Eliteschulen Birklehof und Salem, des Frankfurter Instituts für Sozialforschung und des Sigmund-Freud-Instituts für Psychoanalyse.[38] Beckers Freund Georg Picht gründete 1946 das Internatsgymnasium Birklehof, in dessen Aufsichtsgremium und als juristischer

---

[37] Siehe zum Auswärtigen Amt und der Rolle des Staatssekretärs Ernst Heinrich von Weizsäcker Conze u. a. 2012; zur Rolle der Anwälte Seliger 2016, bes. S. 301–313.
[38] Vgl. Singer/Frevert 2014; Breidecker 2020; autobiografisch Becker, H. 1991.

Berater Hellmut Becker aktiv war. In den Birklehof vermittelte Hellmut Becker den aus den USA heimkehrenden Hartmut von Hentig, der auf der Suche nach einer anderen Form von Schule war.

Einen gemeinsamen Sammlungsort hatte für viele der hier Vorgestellten die »Reichsuniversität« Straßburg dargestellt.[39] Hier waren Ernst Rudolf Huber, Hellmut Becker, Carl Friedrich von Weizsäcker und auch der Jurist Ludwig Raiser (seit 1942) wie der für Hartmut von Hentig später wichtig werdende Mediävist Hermann Heimpel tätig. Der Publizist Erich Kuby charakterisierte diese als »Kultur und Wissenschaftsplutokraten«, die sich als »die anderen Deutschen« empfanden.[40] Heimpel war maßgeblich an der Berufung Hartmut von Hentigs auf einen Lehrstuhl für Pädagogik an der Universität Göttingen 1963 beteiligt.[41] Die Familie von Ernst Rudolf Huber hatte nach dem Rückzug von der »Reichsuniversität« Straßburg im Haus Falkau im Schwarzwald 1944 Zuflucht bei der Familie Heimpel gefunden.[42]

So waren viele der für den Berufsweg Hartmut von Hentigs Bedeutung erlangenden Personen eng verbunden, teil-

---

[39] Vgl. insgesamt Möhler 2020; zu Hermann Heimpel, Hellmut Becker, Ludwig Raiser, Carl Friedrich von Weizsäcker, Georg Picht etc. ebd. S. 898-907; insgesamt zur Hochschulpolitik im Nationalsozialismus Grüttner 2024.
[40] Zitiert bei Raulff 2009, S. 476.
[41] Laut der Angaben von Hentigs bestand die Berufungskommission aus Heinrich Roth, Percy E. Schramm, Walther Killy und Hermann Heimpel (Hentig 2007, S. 179-182).
[42] Vgl. Grothe 2005, S. 318; Gessler 2012, S. 16-34. Siehe dazu auch Heimpel 2004.

weise verwandtschaftlich, teilweise durch intensiven freundschaftlichen und intellektuellen Austausch und nicht zuletzt durch eine Kollaboration mit dem Nationalsozialismus, in dessen Herrschaftszeit sie akademische Positionen eingenommen und teilweise aktiv propagandistisch gewirkt hatten, auch wenn sie ebenso eine innere Distanzierung zu vielen Zielen des Nationalsozialismus teilten. Sie hatten sehr ähnliche Lebenserfahrungen während des Ersten Weltkriegs, in der darauf folgenden »Notzeit« sowie während des Studiums in der Weimarer Republik und beim Karrierebeginn Anfang der 1930er Jahre im NS-Staat gemacht. Politisch war ihr Wirken oftmals durch die Hinwendung zu völkisch-nationalen Studentenverbindungen geprägt gewesen.[43] Einige von ihnen sind als Bewunderer des charismatischen Dichters Stefan George von Ulrich Raulff beschrieben worden.[44] Sie gehörten in der Bundesrepublik einem vom konservativen Soziologen Erwin Scheuch zeitgenössisch als linksintellektuell bezeichneten »Establishment« an, das auf eine Bildungsreform drängte.[45]

Georg Picht leitete die 1957/58 gegründete Forschungsstätte der Evangelischen Studiengemeinschaft (FEST) bis 1980. Sie sollte neben wissenschaftlichen Analysen auch deren Vermittlung in den kirchlichen und politischen Raum

---

[43] Siehe Möhler 2020, S. 680–703.
[44] Siehe das Buch »Kreis ohne Meister« von Raulff 2009, bes. S. 347–409.
[45] Erwin Scheuch, Sichtbare und unsichtbare Macht. Establishment in der Bundesrepublik: Die Herrschaft von Wirtschaft und Wissenschaft, in: Die Zeit 47/1967 (vom 24.11.1967); vgl. auch Singer/Gerhard 2014, S. 49–55.

leisten.⁴⁶ Die von den westdeutschen Landeskirchen, dem Leiterkreis der Evangelischen Akademien, dem Deutschen Evangelischen Kirchentag und der Evangelischen Kirche in Deutschland getragene FEST stellte eine Art »protestantischer Think Tank« dar. Im Kuratorium saßen als Vorsitzender der Jurist Ludwig Raiser und auch Carl Friedrich von Weizsäcker. Die interdisziplinäre Ausrichtung der Gesprächskreise, Gutachten und Forschungsberichte des Instituts bediente ein breites Spektrum von Themen wie die Atombewaffnung, die Friedensforschung, die Bildungspolitik, die Strafrechtsreform oder die Umweltpolitik. Die Verbreitung der Ergebnisse erfolgte über ein ausgreifendes Netz von Kommunikationskanälen, wozu auch der Deutsche Evangelische Kirchentag gezählt werden kann. Die Artikelserie von Picht über die »Bildungskatastrophe« erschien ab 1964 in der christlich-konservativen Wochenzeitung »Christ und Welt«, doch griff sie weit über diesen Rahmen hinaus und motivierte insbesondere im politischen Feld zu einer reformorientierten Bildungspolitik. Zentrale Figuren für das bereits 1970 von dem Journalisten und späteren Mäzen Claus Grossner als »protestantische Mafia« benannte Netzwerk waren das Trio Georg Picht, Carl Friedrich von Weizsäcker und Hellmut Becker.⁴⁷ Carl Friedrich von Weizsäcker

---

[46] Siehe hierzu ausführlich Lepp 2019; Doering-Manteuffel 2013.
[47] Lepp 2019, S. 128 mit Verweis auf Claus Grossner, Philosophie in Deutschland. Herrschaft der Philosophenkönige? in: Die Zeit, Nr. 13 (27.03.1970) (https://www.zeit.de/1970/13/herrschaft-der-philosophenkoenige/komplettansicht). Ich danke Claudia Lepp für den Hinweis hierauf.

stand dem Max-Planck-Institut zur Erforschung der Lebensbedingungen der wissenschaftlich-technischen Welt vor und Hellmut Becker leitete das 1963 begründete Max-Planck-Institut für Bildungsforschung.

Wie stark diese Diskursgemeinschaft, die auch Parteigrenzen überschritt, in der frühen Geschichte der Bundesrepublik Debatten bestimmte und Einfluss ausübte, ist nur in manchen dokumentierbaren Beispielen aufzeigbar wie dem »Tübinger Memorandum« und der Ostdenkschrift der EKD. Das am 24. Februar 1962 vom Evangelischen Pressedienst veröffentlichte »Memorandum der Acht« – oder auch nach dem Ort der Unterzeichnung »Tübinger Memorandum« genannte Papier – griff fünf Forderungen aus der politischen Diskussion auf: eine aktive Außenpolitik, eine militärisch effektive, politisch behutsame Rüstungspolitik, begrenzte, aber energische Maßnahmen zum Bevölkerungsschutz, eine unnachgiebige und planvolle Sozialpolitik und eine durchgreifende Schulreform.[48] Die »Ostdenkschrift« 1965 fungierte nicht nur als »Katalysator der im Mehrheitsprotestantismus vollzogenen Neubestimmung des Nationalen«, sondern die Debatten waren auch ein Stellvertreterdiskurs für die polarisierenden Kontroversen um eine »Politisierung der Kirche«.[49] Bereits beim Tübinger Memorandum waren Carl Friedrich von Weizsäcker, Georg Picht, Hellmut Becker und Ludwig Raiser Initiatoren.[50]

---

[48] Siehe Greschat 2000; Teuchert 2018, S. 383–401.
[49] Lepp 2005, S. 538; Teuchert 2018, S. 487.
[50] Weitere Initiatoren waren Theodor Eschenburg, Gerhard Heß, Adolf Butenandt und Constantin von Dietze.

Die Verbindungen der genannten Protagonisten durchziehen als Diskursgemeinschaft die frühe Bildungsgeschichte der Bundesrepublik. Ihre Beziehungen zum Deutschen Evangelischen Kirchentag als Forum des deutschen Protestantismus waren durch die Übernahme verschiedener Funktionen dort gesichert. Die hier im Mittelpunkt stehenden Protagonisten Hartmut von Hentig und Gerold Becker gehören dabei eher zu der »Kindergeneration« derjenigen, die hier eine Diskursgemeinschaft bildeten. Sie stellen diejenigen dar, die angesichts übereinstimmender wissenschaftlicher Positionen, politischer und persönlicher Haltungen wie Freundschaften oder auch verwandtschaftlicher Herkunft unterstützt wurden.[51]

---

[51] Eine weitere mit dem Kirchentag verbundene Persönlichkeit aus der »Kindergeneration« stellt der spätere Theologe und Generalsekretär des Ökumenischen Rates der Kirchen Konrad Raiser (geb. 1938) dar, der Sohn des erwähnten Ludwig Raiser, der nach dem Abitur 1957 in Tübingen studierte und dabei Hartmut von Hentig kennenlernte (Hentig 2007, S. 160). Konrad Raiser heiratete 1967 die Tochter Elisabeth des Physikers und Philosophen Carl Friedrich von Weizsäcker. Er war von 1983–1995 im Präsidium des DEKT. Elisabeth Raiser (Jahrgang 1940) ist Historikerin und arbeitete als Lehrerin für Geschichte und Französisch. Sie war 2001 bis 2007 Mitglied im Vorstand des Präsidiums des Deutschen Evangelischen Kirchentags, von 2001 bis 2003 dessen Präsidentin und 2003 evangelische Präsidentin des ersten Ökumenischen Kirchentags in Berlin.

## 2.2 Hartmut von Hentig und Gerold Becker als »Kindergeneration«

*Hartmut von Hentig*

Hartmut von Hentig[52], Jahrgang 1925, war das zweite Kind des Diplomaten Werner Otto von Hentig (1886–1984). Nach der Trennung der Eltern 1926 reiste der Vater mit den Kindern 1927 zu einer konsularischen Position in Kalifornien, wo Hartmut von Hentig 1930/31 in einer Elementary School eingeschult wurde. Nach der Rückkehr des Vaters ging er bis 1935 auf eine Volksschule in Brandenburg. Als der Vater 1935 auf einen diplomatischen Posten in Bogota (Kolumbien) versetzt wurde, besuchte Hartmut von Hentig die deutsche Auslandsschule am Ort. Nach einem fast tödlichen Überfall auf den Vater kehrte die Familie 1936 nach Deutschland zurück und Hartmut von Hentig schloss bis 1943 seine Schulausbildung am französischen Gymnasium in Berlin ab. Nach Absolvierung des Reichsarbeitsdienstes startete er eine Offiziersausbildung bei der Wehrmacht. Er wurde im Osten eingesetzt, wo er einen Brustdurchschuss erlitt. Im Rang eines Leutnants geriet er 1945 in amerikanische Kriegsgefangenschaft, aus der er im September desselben Jahres entlassen wurde. Nach der Aufnahme seines Studiums der alten Sprachen in Göttingen 1945/46 lernte er Carl Friedrich von Weizsäcker und dessen Jura studierenden Bruder Richard

---

[52] Zu biographischen Angaben siehe neben den drei biogaphischen Bänden Hentigs (Hentig 2000, 2007, 2016) die Darstellungen bei Kutting 2004; Zenke 2018; Wiersing 2020.

von Weizsäcker kennen.[53] Er besuchte auch das historische Seminar von Hermann Heimpel. Aufgrund eigener Examensängste und der fehlgeschlagenen Beziehung zu Maria von Wedemeyer, der ehemaligen Verlobten von Dietrich Bonhoeffer[54], flüchtete er sich zunächst in eine Töpferlehre und 1948 zu einem Studium der Liberal Arts am College von Elizabethtown (Pennsylvania). Von 1950 bis 1953 fertigte er als Fellow an der University of Chicago bei Benedict Einarson eine Dissertation über Thukydides an.[55]

Er wurde nach seiner Rückkehr nach Deutschland Lehrer am Birklehof, dem von Georg Picht geführten Internatsgymnasium in Hinterzarten im Schwarzwald. Er hatte nach eigener Auskunft keine pädagogische Ausbildung, hatte alte Sprachen studiert und wollte als Lehrer arbeiten, was aber nur an einer Privatschule möglich war. Den Job nahm er auf Empfehlung von Hellmut Becker an, der sogar einen längeren Brief an die Eltern von Hentig schrieb, um zu verhindern, dass Hartmut von Hentig zu den im diplomatischen Dienst tätigen Eltern nach Djakarta reiste.[56] Im Birklehof lernte von Hentig

---

[53] Siehe Weizsäcker 1997, S. 108 f., der darauf verwies, dass sich die Väter als Kollegen im Auswärtigen Amt aber nicht besonders nahe gekommen seien.
[54] Maria von Wedemeyer (1924–1977) studierte nach dem Zweiten Weltkrieg in Göttingen und seit 1948 am Bryn Mawr College bei Philadelphia/USA Mathematik. Dort schloss sie ihr Studium 1950 mit einem Master of Arts ab. Sie arbeitete zunächst als Statistikerin, dann in der Computerbranche bei Remington Rand Univac in Philadelphia und später bei Honeywell in Boston.
[55] Hentig 1953.
[56] Hentig 2007, S. 9 ff.

viele Menschen aus dem adligen protestantischen Milieu kennen, dem seine Eltern selbst entstammten. So beispielsweise Adelheid Gräfin Eulenburg, die Schwester von Carl Friedrich von Weizsäcker, die dort als Französischlehrerin arbeitete, oder Charlotte Gräfin von der Schulenburg, die Witwe des Widerstandskämpfers Fritz von der Schulenburg, die im Birklehof die zehn- bis elfjährigen Schüler betreute.[57]

Im Vergleich zu seinen eigenen Problemen an Schulen und mit dem Studium in der direkten Nachkriegszeit an der Universität Göttingen hatte von Hentig in den USA befreiende Formen des Lernens und Arbeitens kennengelernt und dort mit einer Arbeit über den griechischen Historiker Thukydides promoviert. Auch wenn er sich nach zwei Jahren ernüchtert von der Lehr- und Lebenspraxis im Birklehof distanzierte und eine klassische Lehrerausbildung mit Staatsexamen absolvierte, blieb er doch dem Ideal der reformorientierten Landerziehungsheime zugetan.[58]

Nach der Absolvierung des Studiums für ein schulisches Lehramt in Göttingen unterrichtete von Hentig in den Jahren 1956 bis 1962 an einem Gymnasium in Tübingen. Zugleich wirkte er als Autor wissenschaftlicher Schriften und schaltete sich in die zeitgenössische Bildungsdiskussion ein. In dem von Hans Werner Richter herausgegebenen Sammelband »Bestandsaufnahme. Eine deutsche Bilanz« aus dem Jahre 1962 schrieben viele namhafte Intellektuelle von Jean Améry bis Hans Magnus Enzensberger.[59] Hentig verfasste

---

[57] Hentig 2007, S. 15.
[58] Vgl. ausführlich Zenke 2018.
[59] Richter 1962. Weitere Autoren waren Wolfgang Abendroth, Ale-

darin einen Beitrag über »Die deutsche Pädagogik«, der große Aufmerksamkeit in der kulturell interessierten Öffentlichkeit hervorrief.[60] Hentig selbst schätzte seinen Beitrag rückblickend so ein, dass er damit »im großen deutschen Geistesleben angekommen« sei.[61] Für seine bereits erwähnte Berufung als Professor für Pädagogik in Göttingen 1963 war neben der Fürsprache durch alte Bekannte (Hermann Heimpel) auch seine mittlerweile erreichte Bekanntheit im wissenschaftlichen Feld ausschlaggebend. Eine formelle Qualifikation im Sinne einer Habilitation besaß er nicht.

*Gerold Becker*

Gerold Becker, Jahrgang 1936, wuchs erst in den 1960er Jahren, nach Beginn seiner Freundschaft mit Hartmut von Hentig in diesen Kreis hinein. Der Vater von Gerold Becker arbeitete bei der staatlichen »Osthilfe« in Stettin und wurde dann als Beamter in die Kulturamtsverwaltung übernommen. Seit 1939 lebte die Familie in Verden an der Aller. Gerold Becker entschied sich nach Angaben in einem 1962 verfassten Lebenslauf »gegen den Rat seines Vaters für den Oberschulzug der Schule« und bestand »als Jüngster und Klassenbester die Reifeprüfung«.[62] In dem von ihm von 1948 bis 1950 besuchten Konfirmandenunterricht entwickelte er

    xander Mitscherlich, Heinrich Böll, Fritz Bauer, Walter Jens oder Ralf Dahrendorf.
[60] Hentig 1962; siehe auch Hentig 1960.
[61] Hentig 2007, S. 490; vgl. Wiersing 2020, S. 66–68.
[62] Zur frühen Biografie Gerold Beckers siehe Oelkers 2016, S. 21–91; Brachmann 2019, S. 142–287. In verschiedenen Details korrigierend

nach eigener Angabe noch keine Begeisterung, doch betätigte er sich seitdem bei der Verdener Gemeindejugend, die dem Landesverband Ev. Jungenschaft (BK) [Bibelkreise] in Niedersachsen angeschlossen war. Im Frühjahr 1953 wurde er dort »trotz heftigen Sträubens zum Obmann des ganzen Vereins (ca. 120 Jungen in 10 Gruppen) gewählt«. Parallel zu dieser ehrenamtlichen Beschäftigung engagierte sich Gerold Becker an seiner Schule, dem Domgymnasium in Verden, darin eine Schülermitverwaltung aufzubauen, wurde Schülerratsvorsitzender, später Schulsprecher, gab eine Schülerzeitschrift heraus und gründete einen Jugendfilmclub. »Im Lauf der Zeit begann ich zweierlei zu merken: 1. daß ich, ohne es zu wissen warum (das wurde mir erst später klar) ziemliches Geschick im Umgang mit Menschen besaß, 2. daß ich mit den Dingen, die ich tat (besonders mit der Tätigkeit in der Gemeindejugend) eine Entscheidung schon getroffen hatte, schon Stellung bezogen hatte, die es nun in allerlei Auseinandersetzungen zu vertreten und zu begründen galt.«[63]

Auch wenn die hier gegebenen Angaben zur eigenen religiösen Orientierung mit Blick auf die Anmeldung zum ersten theologischen Examen, zu der dieser Lebenslauf ver-

---

dazu den 21-seitigen Lebenslauf zur Bewerbung für die 1. theologische Prüfung: Versuch einer Lebensbeschreibung (Gerold Ummo Becker 26.01.1962), in: EVLKA Hannover, B 7 Nr. 4035. Manche Spekulationen von Oelkers lösen sich dadurch auf. Siehe zudem Dokumente und Bescheinigungen in: DIPF/BBF/Archiv, NL Gerold Becker Nr. 377.

[63] Versuch einer Lebensbeschreibung (Gerold Ummo Becker 26.01.1962), in: EVLKA Hannover, B 7 Nr. 4035.

fasst worden war, mit ein wenig Skepsis zu betrachten sind, wird darin doch der Weg des anfänglich sehr kirchenkritischen Gerold Becker über die evangelische Jungenschaft zum Theologiestudium deutlich. In der Jungenschaft machte er wahrscheinlich auch erste homosexuelle Erfahrungen mit Gleichaltrigen und jüngeren Kindern.[64] Auf einer Freizeit der Primaner in Hildesheim (»inoffiziell ›Priesterfalle‹ genannt«) besprach er sich mit Pfarrer Wolfgang Hage aus Hildesheim und Pfarrer Egon Meyer (Beauftragter der Schülerarbeit), die seine Bedenken gegen den Pfarrberuf zerstreuten.

Nach Ablegung seines Abiturs in Verden absolvierte er vom 25. April bis 20. November 1955 ein Praktikum bei der Inneren Mission München.[65] In den folgenden fünf Monaten arbeitete er in München als Werkstudent sowie im Ruhr-

---

[64] Füller 2011, S. 59-62.
[65] Er war wahrscheinlich unter anderem im Fürsorgehof Herzogsägmühle/Peiting in Oberbayern tätig. Im Nachlass Beckers finden sich die Blätter für Innere Mission in Bayern 6. Jahrgang (Heft 8/9, 1953), welche den Fürsorgehof Herzogsägmühle vorstellen und das Heft »Meilenstein – Zeitschrift für die Jugend und die Freunde der Herzogsägmühler Heime, Nr. 1 (Juli/August 1954), in dem verschiedene Artikel handschriftliche Ergänzungen haben. Vgl. DIPF/BBF/Archiv, NL Gerold Becker, Nr. 798. In seiner Lebensbeschreibung spricht er von einer Tätigkeit als »Erzieher außerhalb Münchens«. »Besonders während der Einsätze in der Erziehungsarbeit habe ich mich oft in einem Zwiespalt gefühlt: auf der einen Seite hätte ich gern allerlei anders gemacht, als es die ›Hausordnungen‹ vorschrieben, auf der anderen Seite war es immer nur eine ›Verantwortung auf Zeit‹.« (Versuch einer Lebensbeschreibung (Gerold Ummo Becker 26.01.1962), in: EVLKA Hannover, B 7 Nr. 4035).

bergbau in Castrop-Rauxel, bevor er zum Sommersemester 1956 das Studium der evangelischen Theologie in Göttingen aufnahm. Nach seiner Übersiedlung nach Göttingen sollte er die Leitung eines Kreises der Älteren der Gemeindejugend übernehmen, der jedoch einschlief. Hier traf er allerdings »auf einige Gleichaltrige und Jüngere«, »schließlich waren es neun Jungen zwischen 15 und 22 Jahren, die sich zu einer immer festeren Gemeinschaft zusammenschlossen«. Der reflexive Gerold Becker beschrieb die Gruppe, die ihn »wesentlich geprägt« habe und auf deren Aktivitäten die Gruppenmitglieder »jahrelang oft mehr Zeit darauf verwandt haben, als unserm Studium oder unseren Schulleistungen gut war«, als klassische Form einer bündischen Jugendgruppe mit einer »starken antizivilisatorischen, lebensreformerischen Tendenz, einem Hang zum einfachen ursprünglichen, wenn nicht gar zum primitiven Leben«.[66]

»Diese Art Gruppen (in der Fachsprache der Eingeweihten meist als ›Horten‹ bezeichnet) unterscheiden sich von den übrigen Jugendgruppen vor allem durch eine außerordentlich weitgetriebene Eigengesetzlichkeit und völlige Unabhängigkeit von allen Organen der öffentlichen Jugendpflege und durch eine absolute Verbindlichkeit für alle, die ›dazugehören‹. (Es pflegt sich zum Beispiel nach einiger Zeit ohne irgendwelches ideologische Programm von selbst eine vollständige Gütergemeinschaft durchzusetzen). Ähnliche Gruppen hat es vor allem in der Jugendbewegung vor Aus-

---

[66] Versuch einer Lebensbeschreibung (Gerold Ummo Becker 26. 01. 1962), in: EVLKA Hannover, B 7 Nr. 4035.

bruch des Dritten Reiches und in der illegalen Jugendbewegung der NS-Zeit gegeben.«[67]

Die von Becker mit einem längeren Zitat aus den Lebensbeschreibungen der älteren Schwester der NS-Widerständler Hans und Sophie Scholl, Inge Scholl[68], unterstrichene »Eigengesetzlichkeit« und auch Widerständigkeit gegen Normengefüge und die Erwachsenenwelt wurde noch durch eine Form des »geistlichen Lebens« ergänzt, die mit dem »kirchlichen Stundengebet (nach den Vorabdrucken aus Agende IV und zum Teil nach ›Alpirsbacher‹ Formularen)« geprägt war. Dies sei besonders bei den Jungen sehr erfolgreich gewesen. Man habe Anschluss an die Gemeinde der Christuskirche in Göttingen gefunden, doch von Beginn an auch Kontakt zu anderen Gruppen im informell organisierten »Ring evangelischer Jungenschaften« erhalten. Man traf sich und ging gemeinsam »auf Fahrt«, so auf Großfahrten in den Vogesen, in Holland, Burgund, Südfrankreich, Italien, Jugoslawien, Griechenland und Kreta wie mit einer Segeljolle in Dänemark und Schweden. Hier ist es nach Angaben eines Zeitzeugen auch zu sexuellem Missbrauch zwischen dem bereits volljährigen Gerold Becker und einem damals zwölfjährigen Jungen gekommen.[69]

Man kann viele der biographischen Details von Gerold Becker wie die sich selbstermächtigende evangelische Ju-

---

[67] Ebd.
[68] Vgl. Inge Scholl 1952; zur Einordnung der hagiographischen Darstellung des Widerstands der Weißen Rose, in deren Tradition sich auch Gerold Becker mit seiner bündischen Jugendgruppe wähnte, siehe Friederich 2017.
[69] Füller 2011, S. 57–73; Füller 2015, S. 92–97.

gendgruppe, die ihren eigenen Regeln folgte, als Hinweis auf sein späteres missbrauchendes Verhalten lesen, wie es in den Darstellungen von Christian Füller, Jürgen Oelkers und Jens Brachmann geschieht. Gerold Beckers Sozialisation als Jugendlicher und junger Erwachsener unterscheidet sich aber nicht wesentlich von derjenigen vieler anderer junger Menschen in jenen Jahren, die keine Missbrauchstäter wurden. Untersuchungen zu den Themen Pädophilie und Ephebophilie belegen vielmehr, dass es keine typischen Sozialisationsmuster für diese Tätergruppe gibt, da sich Sexualpräferenzen unabhängig davon ausbilden und eine pädophile Sexualpräferenz nicht notwendigerweise zu einer Missbrauchstat führt. Auch die sexuelle Orientierung (in Beckers Beispiel Homosexualität) hat keinen statistisch signifikanten Bezug zu einer Missbrauchstat.[70]

Gerold Beckers Suche nach einer verbindlicheren Form von Gemeinschaft zeigt sich ebenfalls in seinem Anschluss an die Kirchliche Arbeitsgemeinschaft Timotheusbrüder, die von dem Hildesheimer Pfarrer Wolfgang Hage und Pfarrer Egon Müller 1955 in Wolfsburg gegründet worden war und Überlegungen über christliche Erziehung und ein Gesamtkatechumat anstellte, wie in seinem Interesse an dem Modell des Kinderhaus und Bruderhofs Imbshausen, in deren vita communis alles Eigentum geteilt wurde. Zudem gehörten einige seiner Freunde zum 1959 gegründeten Laurentiuskonvent in Falkenburg/Delmenhorst, der eine überkonfessionelle und kommunitäre Lebensform vertritt. Wie aus

---

[70] Siehe hierzu die referierende Darstellung der Erkenntnisse sexualwissenschaftlicher Forschung bei Schreiber 2022, S. 555–580.

einem späteren Briefwechsel in den Personalakten von Gerold Becker hervorgeht, hatte er vor, eine theologische Dissertation bei dem Theologen Götz Harbsmeyer über »die ethischen Grundlagen der Gemeinschaftsbildung« anzufertigen.[71]

Seine vielen Freizeitaktivitäten scheinen allerdings seine Zeit im Studium beschränkt zu haben, denn die eine Studienbeihilfe gewährende Landeskirche Hannover fragte 1958 nach, ob er das Studium aufgegeben habe.[72] Becker machte wohl daraufhin seine Sprachprüfungen in Hebräisch und Griechisch. Im Wintersemester 1959/60 wechselte er an die Universität Mainz, dann 1960/61 an die Kirchliche Hochschule Berlin-Zehlendorf, um ab dem Sommersemester 1961 wieder in Göttingen zu studieren. Im Juni 1962 legte er schließlich seine erste theologische Prüfung ab.[73]

Dem sozial engagierten Gerold Becker waren viele seiner vormaligen sozialpolitischen Ansichten nach eigener Aussage »fragwürdig« geworden. So hatte er einerseits auch im Rahmen seiner Arbeit als Werksstudent viel Solidarität erlebt, doch auch, dass Verkündigung für die »Kirche in der Arbeitswelt« nur schwer möglich war. Er war seit 1957 Mitglied der SPD, »allerdings mit immer größerer Unlust«, denn er empfand die Kategorien der Parteipolitik als schlecht. Ihn

---

[71] VELKA (Klapper) an LKA 09.01.1963, in: EVLKA Hannover, B 7 Nr. 5324.

[72] LKA an Becker 07.03.1958 u. Becker an LKA 19.03.1958, in: EVLKA Hannover, B 7 Nr. 4034.

[73] Siehe die Bestätigung der Ev.-Luth. Landeskirche Hannover v. 02.07.1962, wonach Gerold Becker am 19.06.1962 die 1. theologische Prüfung bestanden habe (DIPF/BBF/Archiv, NL Gerold Becker Nr. 24).

interessierten nach eigener Aussage am zeitgenössischen Algerienkonflikt vielmehr die hungernden Kinder. So beschrieb er sich im Rahmen der Anfang der 1960er-Jahre sich aufbauenden Debatte über Entwicklungspolitik und Hunger als Weltproblem als Gegner von Aufrüstung und Atomwaffen.[74] Vom Wehrdienst war er als Theologiestudent freigestellt. Auch mit einem Studium der Psychologie hatte er demnach geliebäugelt, doch dann misstrauisch davon Abstand genommen, denn im Theologiestudium habe er gelernt »in personalen und nicht in normativen Kategorien vom Menschen zu denken«. Gerold Beckers weiterer Weg war von einem großen Interesse an der Ostkirche, der Orthodoxie und klösterlichen Lebensformen bestimmt. Er besuchte Klöster wie Maria Laach oder Beuron und wollte nach Ableistung seines Vikariats in Österreich zu einem einjährigen Studienaufenthalt nach Halki (Chalki) gehen.

Die Zeit seines Vikariats ist in bisherigen Darstellungen, die nur unzureichende Quellenzugänge besaßen[75], mit viel Vermutungen mit Blick auf seine sich entwickelnde Pädophilie beschrieben worden. Laut seiner Personalakte im Landeskirchlichen Archiv in Hannover absolvierte Gerold Becker ein Jahr seines Vikariats in Linz (Österreich). Hier leistete er nicht nur pastorale Dienste, sondern war zudem als Lehrer tätig, zunächst mit sechs Stunden, später mit 17 Stunden wöchentlichem Deputat.

---

[74] Alle Zitate aus: Versuch einer Lebensbeschreibung (Gerold Ummo Becker 26.01.1962), in: EVLKA Hannover, B 7 Nr. 4035.
[75] So Füller 2011, Füller 2015; Oelkers 2016, S. 84–91. Die Personalakten Gerold Beckers im Landeskirchlichen Archiv Hannover sind erst in jüngster Zeit vollständig zugänglich geworden.

Verschiedene kolportierte Aussagen legen nahe, dass es bereits hier zu Übergriffen auf Kinder gekommen und Becker letztlich aus Angst vor möglichen Konsequenzen aus Linz geflüchtet sei.[76] Die Personalakten im Landeskirchlichen Archiv in Hannover decken diese Vermutung allerdings nicht. Demnach hatte Becker schon 1962 sein Interesse an einer möglichen Dissertation bei dem Theologen Götz Harbsmeier (1910–1979) angemeldet[77], doch dieser konnte ihm keine Zusage für eine mögliche Assistentenstelle im Jahr 1964 machen. Becker ging deshalb in das Auslandsvikariat nach Linz, gab aber seinen Wunsch, sich mit Problemen orthodoxer Theologie näher auseinanderzusetzen, nicht auf. Das Lutherische Kirchenamt (der VELKD) hatte sich bereits seit 1962 bemüht, ihm ein Stipendium zu verschaffen, um an der ›Heiligen Theologischen Schule zu Chalki‹ (bei Konstantinopel) zwei Semester zu studieren.[78] Becker schrieb im März 1963, dass er zwar in Linz um ein weiteres Jahr Vikariat gebeten worden sei, er aber meinte, damit die Not und Provisorien vor Ort nur zu verlängern und lieber ein Jahr nach Chalki gehen wolle.[79]

Nach seiner Rückkehr nach Deutschland wollte sich Becker verstärkt allgemeinpädagogische Kenntnisse und Er-

---

[76] Vgl. Oelkers 2016, S. 81–85.
[77] Götz Harbsmeier hatte seit 1930 in Göttingen und Marburg Theologie studiert, war Assistent des Theologen Rudolf Bultmann geworden und bekleidete seit 1962 den Lehrstuhl für Praktische Theologie an der Universität Göttingen.
[78] Siehe hierzu die Vermerke u. Schreiben LKA (Dez. 11, Bunnemann) 26.06.1962; VELKA (Klapper) an LKA 09.01.1963, in: LkAH, B 7 Nr. 5324.
[79] Becker an LKA 13.03.1963, in: LkAH, B 7 Nr. 5324.

fahrungen aneignen, weil er nach eigener Aussage gemerkt hatte, dass er in diesem fachlichen Bereich an Grenzen gestoßen war. Er machte von Mitte August bis September 1963 ein vierwöchiges Praktikum in der neunten Klasse mit 20 Schülerinnen und Schülern einer Schule in Gifhorn. Der sein Praktikum beurteilende Lehrer hob hervor, dass Becker am ersten Tag »Wohlwollen und Sympathie der Kinder« gewonnen hatte. Er schränkte allerdings ein: »Seine wohltuende kameradschaftliche Haltung könnte vielleicht die für eine fruchtbare Schularbeit nötige Distanz zwischen Lehrer und Schülern verwischen, wenn Herr Becker nicht von Zeit zu Zeit ganz bewußt den notwendigen Raum des Abstandes zwischen sich und den Schülern betonen würde.«[80] Der Verweis auf die Verwischung der Distanz zwischen Lehrer und Schülern betont die andere Form der Pädagogik, die Becker vertrat, und zeigt zugleich angesichts der später bekannt gewordenen Übergriffe die Missbrauchsgefahr an.

Das von Gerold Becker angestrebte Jahr in Chalki sollte, wie er schrieb, an einer »Kette von ärgerlichen Zufällen« scheitern, denn die Einladung der Orthodoxen Kirche blieb auf dem Schreibtisch eines Bearbeiters der VELKD Ende 1963 liegen und kam erst im Frühjahr 1964 in seine Hände.[81] Ohne diese Einladung wollten weder das Lutherische Kirchenamt noch der Weltkirchenrat die Reisekosten überneh-

---

[80] Lehrer H. H. Strube Gifhorn: Praktikumsbericht über Herrn cand. Theol. Gerold Becker [o. D.], in: LkAH, B 7 Nr. 5324.
[81] Siehe Schreiben der Theologischen Hochschule Chalki wegen des Auslandsstudiums Gerold Beckers [22. 11. 1963], in: DIPF/BBF/Archiv, NL Gerold Becker Nr. 166.

men oder gar das notwendige monatliche Stipendium gewähren. Gerold Becker befand sich über Weihnachten 1963 in einer Art Wartestellung, half in den Gemeinden der Christus- und Friedenskirche und wandte sich angeregt auch durch seine Linzer Erfahrung und durch sein Praktikum wie einen katechetischen Lehrgang in Loccum intensiver pädagogischen Studien zu. Im April 1964 ließ er sich vom theologischen Vorbereitungsdienst beurlauben, um an der Philosophischen Fakultät mit dem Hauptfach Pädagogik zu promovieren. Er hatte einen auf zwei Jahre finanzierten Forschungsauftrag aus Mitteln der VW-Stiftung, um beim Pädagogikprofessor Heinrich Roth eine Dissertation anzufertigen.[82] In dieser Zeit lernte er offenbar Hartmut von Hentig, der die andere Pädagogikprofessur in Göttingen innehatte, kennen. Die beiden wurden ein Paar.

Becker engagierte sich zusammen mit Martin Bonhoeffer (1935–1989)[83], Hans Thiersch und Herbert Colla (1941–2017) in der als Jugendschutzstätte »Heim auf der Hufe« bekannt gewordenen Modelleinrichtung für eine pragmatische Jugendarbeit. Diese war durch eine mangelnde Trennung von privaten und professionellen Räumen sowie eine »geplante Konzeptlosigkeit« gekennzeichnet und eröffnete auch einen Möglichkeitsraum für sexualisierte Gewalt.[84] Die hier geknüpften akademischen Verbindungen und Freundschaften

---

[82] Angaben nach: Becker an LKA (OLKR Fuhrmann) 06.04.1964, in: LkAH, B 7 Nr. 5324.
[83] Zu Martin Bonhoeffer siehe Dill 2023.
[84] Siehe zeitgenössisch Becker/Bonhoeffer 1966; rückblickend Becker 1996; historisch analysierend Erdmann/Gers 2023, bes. S. 72.

zwischen den erwähnten Personen sollte sich später als ein Netzwerk zur Verteilung schwieriger Jugendlicher in Modelleinrichtungen wie auch in verschiedenen Fällen zur Ermöglichung sexuellen Missbrauchs erweisen.[85]

In den biographischen Skizzen von Hartmut von Hentig und Gerold Becker wird deutlich, dass diese hinsichtlich der Zugehörigkeit zu einer »protestantischen Mafia« eher randständig waren. Bei Hartmut von Hentigs Berufsweg ist die Einflussnahme aus der protestantischen Diskursgemeinschaft noch am ehesten fassbar bei seiner Berufung auf den Lehrstuhl für Pädagogik in Göttingen. Der gut elf Jahre jüngere Gerold Becker dagegen stand diesen Kreisen noch ferner. Er erlebte eine klassische Sozialisation in einer evangelischen Jungenschaft, die sich bündischen Formen verschrieb. Zum Deutschen Evangelischen Kirchentag hatten beide anfänglich keinen bislang belegbaren Kontakt, weder als Teilnehmer noch als Referenten. Das sollte sich allerdings Ende der 1960er-Jahre ändern.

---

[85] Baader u. a. 2024; Bers/Horn 2023. Die hier angedeutete Netzwerkstruktur für sexuellen Missbrauch steht auf der empirischen Basis von nur wenigen Einzelfällen und bedarf weiterer Forschungen.

## 3. Die frühe Beteiligung Hartmut von Hentigs und Gerold Beckers beim Kirchentag 1969 in der Arbeitsgruppe »Aggression«

Hartmut von Hentig wurde als Hochschullehrer erstmals 1965 von dem ein Jahr zuvor zum Präsidenten des Kirchentags gewählten Richard von Weizsäcker zum DEKT eingeladen.[86] Kam Hentig nach eigener Aussage 1965 noch wegen seiner Freundschaft zu Richard von Weizsäcker, so folgte der seit 1963 in Göttingen einen Lehrstuhl für Pädagogik bekleidende Hartmut von Hentig beim folgenden Kirchentag 1967 der Einladung wegen seines Amtes: »Die Schule und die sie tragende Gesellschaft mussten lernen, dass Erziehung und Geistesbildung im Raum der Politik geschehen.«[87] Im Rahmen einer geplanten Vorlesungsreihe »Zwang zum Frieden« waren Vorlesungen zu den Bereichen Politik, Theologie und auch Erziehung geplant.[88] Die Vorlesungen wurden bereits im Vorfeld des Kirchentages (Losung: »Der Frieden ist unter uns«) in Form eines kleinen Studienbüchleins publiziert. Nach Hentigs Selbsteinschätzung war diese »meine am häufigsten nachgedruckte Veröffentlichung«.[89]

---

[86] Er war aber wohl nur passiver Teilnehmer. Im Dokumentenband findet sich keine Erwähnung seiner Person. Siehe Dokumente DEKT 1965.
[87] Hentig 2007, S. 230.
[88] Siehe Programm DEKT Hannover 1967 (Stand 24.01.1967), in: EZA 71/2720. Vgl. Hentig 1967; Dokumente DEKT 1967, S. 706–729.
[89] Hentig 2007, S. 230. Noch während des DEKT fand vom 5.–10. Juni

Hentig wollte die Jugend nicht nur vom Schrecken des Krieges überzeugen, sondern auch davon, dass Frieden das Aushalten von Unrecht und Konflikt bedeutet und damit auch Opfer erfordert. Sein Engagement für eine »Erziehung zum Frieden« brachte ihn in einen stärkeren Kontakt mit der Organisation des Deutschen Evangelischen Kirchentags.

Beim folgenden Kirchentag 1969 in Stuttgart[90] war die Beteiligung Hartmut von Hentigs intensiver. Hentig wurde in die Vorbereitungsgruppe eines Arbeitsvorhabens aufgenommen, das die »Sinnfrage« als Fortsetzung des Friedensthemas des DEKT von 1967 in Hannover bearbeiten wollte. Der Theologe und Psychotherapeut Joachim Scharfenberg (1927–1996)[91] schuf im Sommer 1968 eine erste Besprechungsunterlage.[92] Bereits 1965 und danach hatte eine Arbeitsgruppe unter seiner Mitwirkung sich dem Thema Sexualität gewidmet.[93] Nun plante man, sich »der anderen grossen Triebgruppe, der Aggression, einmal genauer zu-

---

1967 der sogenannte »Sechstagekrieg« zwischen Israel und den arabischen Staaten Ägypten, Jordanien und Syrien statt, der, wie Hentig meinte, der Kirchentagsveranstaltung »Zwang zum Frieden« einen anderen Sinn gab.

[90] Siehe zum DEKT 1969 und seiner publizistischen Vermittlung Klement 2019.
[91] Zur Biografie Scharfenbergs siehe: Nase 2008 (und die weiteren Beiträge des Heftes 1/2008 der Zeitschrift »Wege zum Menschen«).
[92] Joachim Scharfenberg: Überlegungen zum Thema »Sinnfrage« (Besprechungsunterlage für die Sitzung am 12./13.07.1968 in Frankfurt/Main 01.07.1968), in: EZA 71/2819.
[93] Siehe zu der Veranstaltung der Arbeitsgruppe »Mann und Frau« auf dem DEKT in Köln 1965 die Beschreibung unten.

zuwenden«.[94] Hierin sah man auch eine Verbindung mit dem Friedensthema und der Frage, »ob nicht die Art und Weise, wie sich der Mensch mit Geschichte auseinandersetzt und sie deutet, außerordentlich aggressionsentbindend oder aggressionsverarbeitend sein kann«.[95] Bei einer ersten Konsultation im Juli 1968 in Frankfurt/Main diskutierte die Gruppe mögliche Themenformulierungen. Dabei wurde für ein in Aussicht genommenes Tribunal »Gruppenkonflikte« als Leiter Hartmut von Hentig vorgeschlagen.[96] Als »Angeklagter« war im Rahmen des Tribunals an eine Gruppe der jungen Generation (aktive Studentengruppe) gedacht. »Ankläger« sollte ein überzeugter konservativer Theologe (z. B. Herbert Breit, Leiter des Predigerseminars der VELKD in Pullach) sein und als Verteidiger sollte Ernest Jouhy (1913–1988) auftreten.[97] Zudem war an eine Reihe von »Nebenklägern«, Experten, Gutachtern etc. gedacht.

[94] Scharfenberg machte hierzu auch eine weitere Ausarbeitung: Scharfenberg: Sinnfindung und menschliches Aggressionsverhalten (29.07.1968), in: EZA 71/2819. Siehe zu dem zeitgenössischen Streit um das Konzept von Aggression zwischen Konrad Lorenz und Alexander Mitscherlich Herzog 2023, S. 154–187.

[95] Joachim Scharfenberg: Überlegungen zum Thema »Sinnfrage« (Besprechungsunterlage für die Sitzung am 12./13.07.1968 in Frankfurt/Main 01.07.1968), in: EZA 71/2819.

[96] Unbearbeitete Notizen von der Konsultation über das Thema »Sinnfrage« am 12./13.07.1968 in Frankfurt (Lorenz 17.07.1968), in: EZA 71/2819. Anwesend waren: Joachim Scharfenberg, Gerd Heinz Mohr, Christian Hungar, Ernest Jouhy, Otto Kehr, Manfred Seitz, Eva-Renate Schmidt, Gerhard Schnath, Carola Wolf, Friedebert Lorenz; als fehlend wurden notiert: Albert Goeres, Dr. Lehmann, Walter Schall, Walter Schulte, Hertha Sturm.

[97] Ernest Jouhy (eigentlich: Ernst Leopold Jablonsk) war ein Erzie-

In den Mitschriften der nächsten Sitzung der Arbeitsgruppenleitung vom November 1968 findet sich die Diskussion im Wortlaut dokumentiert. Hartmut von Hentig meinte: »Wir scheitern trotz des Vollbesitzes an wissenschaftlicher und technischer Selbstbestimmung immer wieder daran, dass wir in einer Zweckgesellschaft leben: das Mißverhältnis zwischen Leben als Selbstbestimmung und Leben als Zwecksetzung führt zu ungeheuren Frustrationen und deswegen zu diesem Ausmaß an Aggressionen. Es kommt zu Aggressionen, weil Sinnfindung wegen des zunehmenden Systemcharakters der Gesellschaft nicht gelingt. Der um sich greifende säkulare Pessimismus entspricht doch wohl dem alten Pessimismus, den die Kirche vertreten hat. Frustration und Aggression nehmen zu, je mehr wir an den Fortschritt glauben, den wir immer wieder mit dem technischen Fortschritt verwechseln. Was dem Einzelnen zu schaffen macht, ist seine Stellung in der Gesellschaft, die ihrerseits behauptet, die Würde des Einzelnen sei der Zweck der Veranstaltung.«[98]

hungs- und Kulturwissenschaftler. Er wuchs in Berlin auf, wurde Mitglied der KPD und emigrierte 1933 nach Frankreich, wo er sich der Resistance anschloss. Er arbeitete in der Heimerziehung und kehrte 1951 nach Deutschland zurück, wo er Lehrer an der Odenwaldschule wurde. Er promovierte 1959 an der Sorbonne in Paris in Psychologie. Ab 1968/69 wurde er Dozent und später ordentlicher Professor für Sozialpädagogik an der Universität Frankfurt/Main, wo er Begründer des interkulturellen Lernens war. Vgl. Ortmeyer, 2008.

[98] Unbearbeitete Notizen der Arbeitsgruppenleitung Scharfenberg am 15./16. 11. 1968 in Frankfurt (Lorenz 25. 11. 1968) und Bericht über die Sitzung der Arbeitsgruppenleitung unter Vorsitz von Dr. Scharfenberg am 15./16. 11. 1968, in: EZA 71/2819.

Auch Ernest Jouhy meinte den Hintergrund von Aggression in der zwecksetzenden Gesellschaft zu erkennen, in welcher sich der Mensch nicht einrichten könne, wohingegen die konservative Psychologin Christa Meves[99] auch auf die positiven Aspekte von Aggression hinwies. Hartmut von Hentig wollte Krankheit als etwas Normales fassen. »Krank sind wir an der Unwahrheit unserer Dichotomie. Wir sind mitten im Gemenge von beiden Seiten und leben unmittelbar davon. Das Christentum ist als ein Kontinuum der Selbstbestimmung, nicht als Polarisierung zu verstehen.« Im weiteren Gang der Diskussion wollte Hentig statt von Aggression besser von »Konflikt mit der Norm des vermeintlich Gesunden« reden. Der Psychiater Walter Schulte (1910-1972)[100], der zu der Besprechung etwas später hinzu stieß, verwies allerdings darauf, dass es nicht nur Krankheit, die biographisch oder soziologisch ausgelöst werde, gebe: »Alles psychosomatisch zu erklären, führt zu Inhumanität und Grausamkeit.«[101]

---

[99] Christa Meves, geb. 1925, ist eine rechtskonservative Psychologin, die mit Erziehungsratgebern (z. B. Mut zum Erziehen 1970, Manipulierte Masslosigkeit 1971) sehr erfolgreich wurde. Von 1973 bis 1984 war sie Mitglied der Synode der EKD und konvertierte 1987 zum Katholizismus.

[100] Der Psychiater Walter Schulte hatte seit 1960 einen Lehrstuhl in Tübingen. Er hatte 1934 in Frankfurt/Main in Medizin promoviert und war zwischen 1936 und 1947 in Jena ausgebildet worden, wo er habilitierte. Von 1947 bis 1954 war er leitender Oberarzt in Bethel (Haus Morija) und bis 1960 Direktor der Psychiatrischen Klinik Gütersloh.

[101] Unbearbeitete Notizen der Arbeitsgruppenleitung Scharfenberg am 15./16. 11. 1968 in Frankfurt (Lorenz 25. 11. 1968) und Bericht über

Für die dritte Arbeitsgruppensitzung im Februar 1969 bereitete Ernest Jouhy ein Memorandum »Aggression« vor, das die bisherige Diskussion zusammenfasste.[102] Für das am letzten Tag der dreitägigen Veranstaltung geplante »Tribunal« zwischen jüngerer und älterer Generation war nun als »Präsident« Hellmut Becker, der seit 1963 Leiter des neugegründeten Max-Planck-Instituts für Bildungsforschung war, vorgesehen. Auch der Name von Gerold Ummo Becker fiel bereits bei der Novemberbesprechung als ein möglicher Podiumsteilnehmer in seiner Funktion als Lehrer.[103]

Im Februar 1968 wurde für den zu gestaltenden dritten Tag statt eines Tribunals mit »Anklage gegen Vertreter der revolutionären Linken«, ein Streitgespräch zwischen Repräsentanten der revolutionären Linken und des reformwilligen Establishments vorgeschlagen, was aber wohl die »Gruppenaggression mehr praktiziert als reflektiert«, wie es in der Niederschrift hieß. Der nun ebenfalls anwesende Hellmut Becker meinte, die geplante Auseinandersetzung sei im Februar 1968 vor dem Attentat auf Rudi Dutschke fällig gewesen, aber nicht jetzt. Alternativ schlugen die Teilnehmer ein

---

die Sitzung der Arbeitsgruppenleitung unter Vorsitz von Dr. Scharfenberg am 15./16.11.1968, in: EZA 71/2819.

[102] Ernest Jouhy. Memorandum zur Vorbereitung des 3. Arbeitstages der Arbeitsgruppe »Aggression« (20.11.1968), in: EZA 71/2819.

[103] Becker war seit dem Sommer 1968 als Lehrer und ab 1972 als Leiter für die Odenwaldschule designiert. Hartmut von Hentig schlug Gerold Becker zur Mitarbeit vor, stellte nachfolgend den Kontakt her und Gerold Becker wurde zur nächsten Sitzung eingeladen. Vgl. Hartmut von Hentig an Lorenz 07.02.1969 u. Lorenz an Gerold Becker 10.02.1969, in: EZA 71/2820.

»Hearing mit dem Kirchentagspräsidium« (Vertreter Klaus v. Bismarck, Axel von dem Bussche, Rudolf von Thadden o. a.) und drei Vertretern der »kirchlichen Opposition in Gestalt der Celler Gruppe« vor.[104] Hentig entgegnete daraufhin: »Das wird doch Masochismus und ist jedenfalls Richard von Weizsäcker nicht zuzumuten. Aber vielleicht könnten Klaus v. Bismarck, Axel von dem Bussche, Dietrich von Oppen und Rudolf von Thadden für das Präsidium Rede und Antwort stehen.« Auch Hellmut Becker sprang hier bei und verwies auf den linken Slogan bei Demonstrationen vom »notwendigen ›Auschwitz für Kapitalisten‹«, der überwunden werden müsse. Er votierte wie Hartmut von Hentig dagegen, dass sich das Auditorium zwischen den Positionen entscheiden sollte. Hartmut von Hentig wollte aufdecken, »wie unchristlich das Kirchenvolk Gottes gegenüber einer revolutionären Minderheit eingestellt ist« und »Bewußtsein« schaffen.

Insgesamt blieb in der Diskussion unklar, ob es weiter um das Thema »Aggression« oder eher um das Thema »Störung der Ordnung« gehen solle. Der ebenfalls anwesende Gerold Becker meinte: »Der Kirchentag müßte zu Kirche ausgeweitet werden, weil sonst in Kritik und Selbstkritik zu sehr ›20. Parteitag‹ herauskommt.« Dies war eine Position, die deutlich machen sollte, wie Gerold Becker es an anderer

---

[104] Die »Celler Konferenz«, die sich Pfingsten 1968 und im April 1969 in Bochum zusammenfand, bestand aus politisch linksgerichteten Theologiestudierenden und wurde innerkirchlich besonders kritisch wahrgenommen. Jähnichen/Friedrich 1998, S. 131 ff.; Friedrich 2014, S. 155.

Stelle ausführte, dass »auch Institutionen und Strukturen in sich pathologisch werden und sein können. Aber es ist zu fragen, ob da auch Analysen und Therapien möglich sind, ohne daß auf das Individuum zurückgegriffen wird«.[105]

Insgesamt ging die Vorbereitungsgruppe uneinig auseinander. Im Hintergrund lauerte die Gesamtsituation des Studentenprotestes von »1968«, die von allen als unkalkulierbar – man fantasierte einen »go-in«, der eine revolutionäre Umgestaltung des Kirchentages herbeiführen sollte – beschrieben wurde. Aber der Umgang damit blieb unklar. Wollten Hartmut von Hentig und Gerold Becker eher die Kirche insgesamt anklagen, so wollten die anderen dies sehr viel kleiner auf das Thema »Aggression« und den Kirchentag begrenzen.[106] Walter Schulte kündigte angesichts der Uneinigkeit in der Gruppe seine Mitarbeit auf.[107] Auch der Arbeitsgruppenvorsitzende Joachim Scharfenberg fühlte sich schmerzlich gescheitert angesichts des »anspruchsvollen Versuchs, die Gruppe selber zu einer Meinungsbildung zu führen«[108] und wollte den Vorsitz abgeben.

---

[105] Vermerk über die Sitzung der Arbeitsgruppenleitung »Der Einzelne und die Andren« am 21./22. 02. 1969 in Frankfurt/Main (Lorenz 25. 02. 1969), in: EZA 71/2819. Otto Kehr und Walter Schulte wollten dagegen keine Ausweitung auf die Kirche insgesamt, was nach ihrer Meinung nur »falsche Distanzierungen und billige Selbstrechtfertigungen« erbringen würde.

[106] Alle vorstehenden Zitate aus: Vermerk über die Sitzung der Arbeitsgruppenleitung »Der Einzelne und die Andren« am 21./22. 02. 1969 in Frankfurt/Main (Lorenz 25. 02. 1969), in: EZA 71/2819.

[107] Schulte an Lorenz 24. 02. 1969, in: EZA 71/2820.

[108] Scharfenberg an Lorenz 01. 03. 1969, in: EZA 71/2820.

In dieser verfahrenen Situation ergriff Hartmut von Hentig die Initiative. Mit Hellmut Becker war er sich einig, dass der Kirchentag nicht die Aggression in der Gesellschaft an sich selbst und eine »Selbstschlachtung« vollziehen lassen sollte. So schlug er als neues Thema für das »Tribunal« das Thema »Gewalt« vor.

»Zwei Tage später habe ich ausführlich mit Herrn Richard von Weizsäcker über diese Frage gesprochen. Er hat unsere Vorstellung von der öffentlichen Diskussion des Kirchentags, seiner Rolle und seiner Politik nicht etwa verworfen, wohl aber für utopisch erklärt: die Mitglieder des Kirchentagspräsidiums seien dafür einfach nicht frei! Zugleich teilte er mit, daß das Thema Gewalt in einem besonderen Programmteil ausdrücklich (also nicht nur versteckt oder offen impliziert in den anderen Arbeitsgruppenthemen) vorkommen werde, es aber vollkommen in Ordnung sei, wenn wir uns aus Anlaß unserer Vordiskussion am ersten und zweiten Tag dieses Themas unsererseits – obendrein in einer originellen Form eines Tribunals – annehmen.«[109]

In seinem Brief an den Studienleiter Friedebert Lorenz konzipierte Hartmut von Hentig die dreitägige Veranstaltung neu. Am ersten Tag sollten die Mitscherlichs über »Aggression in der Gesellschaft« und als Beispiel über »Krankheit (Aggression gegen sich selbst)« sprechen. Der zweite Tag sollte am Beispiel des Eltern-Kinder-Themas die Aggression gegen andere thematisieren. Der dritte Tag schließlich sollte sich mit »Manifestationsformen der Aggression, die uns

---

[109] Hartmut von Hentig an Lorenz 07.03.1969, in: EZA 71/2820.

heute am meisten zu schaffen machen: zwar auch Krieg, zwar auch Verbrechertum, zwar auch und immer wieder Gewalt an Kindern, Schwächeren, Rekruten etc., die geschieht und nicht geschehen sollte (d. h. öffentlich mißbilligt wird) – aber doch vor allem die öffentlich gebilligte Gewalt und die ideologisch begründete Gewalt« befassen. So hoffte er, dass sich die Gruppen mischen und »zur gemeinsamen Vernunft« durchbrechen könnten. Für Plädoyers sah er die Interpreten Ernest Jouhy, Hartmut von Hentig und einen eventuellen »›Gewalt‹-vertreter« der jungen Generation vor. Zudem schlug er vor, dass der Schriftsteller Günter Grass (1927–2015) aus seinem Theaterstück »Davor« vortragen könnte. »Mit Günter Grass habe ich übrigens auch vor drei Tagen gesprochen und fand ihn begeistert von der Idee, sein Stück in Stuttgart aufführen zu lassen; Herr von Weizsäcker begrüßte diese Idee ebenfalls.«[110]

Der autoritative Bezug auf den aktuellen Kirchentagspräsidenten Richard von Weizsäcker (Präsident von 1964 bis 1970) hatte eine direkte Wirkung auf Studienleiter Lorenz. Die Veranstaltung des Kirchentages lief dann auch fast ganz in der von Hentig vorgeschlagenen Form ab. Dies mag als Beleg für die Wirkmächtigkeit eines protestantischen Personennetzwerks im Deutschen Evangelischen Kirchentag begriffen werden. Ein Vorbericht in der Stuttgarter Zeitung am 16. Juli 1969 verwies auf die Programmankündigung des Kirchentages, wonach man sich mit dem zu kurz gekom-

---

[110] Alle vorstehenden Zitate aus dem Brief Hartmut von Hentig an Lorenz 07. 03. 1969, in: EZA 71/2820.

menen Aggressionstrieb befassen wolle. Es solle »mit einer im christlichen Denken tiefeingewurzelten Meinung aufgeräumt [werden], nach der alle Angriffslust und jedes Aufbegehren als ›das Böse‹ angesehen« werde. »Die Erfahrungen vieler Psychologen zeigen, daß eine ganze Reihe von körperlich-seelischen Krankheiten darauf zurückzuführen sind, daß die Aggressionen eines Menschen durch seine eigene unerbittliche Moral oder durch die harten Forderungen seiner Umgebung unterdrückt wurden. Damit haben sie sich seiner Kontrolle entzogen und sich unbewußt gegen ihn selbst gerichtet.« Dagegen wolle die veranstaltende Arbeitsgruppe mit ihren Referaten deutlich machen, daß gerade die vielgeschmähte Aggression positive Eigenschaften habe.

»Sie machen sich darin bemerkbar, daß die Aggression den Menschen aus der Passivität herausreißt und aktiv an seiner Umgebung mitgestalten läßt – oft gerade auch im Sinne christlicher Nächstenliebe. Es wird aber auch von der negativen Seite gesprochen werden müssen, die sich in der übertriebenen Selbsteinschätzung äußert, vor allem aber in der totalen Unfähigkeit, sich in andere hineinzudenken und aus der dabei gewonnenen Einsicht heraus zu handeln.« Anhand prominenter Experten wie den Mitscherlichs und Hartmut von Hentig werde »der Aktionsradius für die christliche Nächstenliebe neu ausgesteckt«.[111]

---

[111] IV Der einzelne und die andren, in: Stuttgarter Nachrichten 16.07.1969, in: EZA 71/2855. Siehe zum Kirchentag 1969 auch Schall 2015.

Abb. 3: Arbeitsgruppe »Der Einzelne und die Anderen« (auf dem Podium v. l. n. r.: Joachim Scharfenberg, Alexander Mitscherlich, Margarete Mitscherlich, Hellmut Becker, Manfred Seitz)

An den ersten beiden Tagen der dreitägigen Veranstaltung trugen Alexander Mitscherlich (1908–1982) und Margarete Mitscherlich-Nielsen (1917–2012) zum Thema »Aggression als individuelles und gesellschaftliches Schicksal« wie Christa Meves über das Thema »Aggression als Not und Notwendigkeit« vor. Der Theologe Uwe Steffen, Propst in Heide, machte Anmerkungen zu dem Vortrag von Meves aus theologischer Sicht. Am dritten Tag wurde eine Podiumsveranstaltung »Aggression als individuelle und gesellschaftliche Tat« organisiert, die allerdings nicht den Charakter eines Tribunals haben sollte.[112]

[112] Dokumente DEKT 1969, S. 368–386.

Auf dem Podium befanden sich als Diskussionsleiter Hellmut Becker, als Diskutanten Hartmut von Hentig als Pädagoge, Gerold Becker als Lehrer und der Schriftsteller Günter Grass, der am Vormittag aus seinem in Berlin aufgeführten Stück »Davor« vortrug. In der Geschichte sann ein Student darüber nach, ob er als Zeichen des Protestes gegen den Vietnamkrieg seinen Hund anzünden und brennend über den Kurfürstendamm laufen lassen sollte. Am Ende der Geschichte kommt es nicht dazu, aber die Frage nach der Sinnhaftigkeit eines ritualisierten Protestes wurde gestellt.

Die Diskussion befasste sich mit dem Thema der Gewaltausübung für einen revolutionären Zweck. Hartmut von Hentig spielte den Part des Bewunderers des Stückes und Gerold Becker den des Kritikers, der den »aufklärenden

Abb. 4: DEKT Stuttgart 1969 – Lesung des Schriftstellers Günter Grass

Effekt« vermisste. Der 33-jährige Becker wandte sich gegen die nach seiner Meinung in dem Stück von Grass geäußerte Kritik am »blinden Aktionismus« der Studenten. Diese würden den Satz des »evangelischen Kirchenheiligen« Bodelschwingh »Macht schnell, macht schnell, sie sterben sonst darüber« ernst nehmen und bedeutungsvolle Aktionen machen statt sich auf das Abwarten einzulassen.[113]

Abb. 5: Diskussion mit dem Schriftsteller Günter Grass beim DEKT 1969 (auf dem Podium v. l. n. r. Joachim Scharfenberg, Gerold Becker, Hellmut Becker, Günter Grass, Hartmut von Hentig, unbekannt)

[113] Dokumente DEKT 1969, S. 385. Das zur Tat drängende Wort des Betheler Anstaltsleiters Friedrich von Bodelschwingh wird im Rahmen seiner Abwehrhandlungen gegen die NS-»Euthanasie« kolportiert.

Abb. 6: Diskussion mit dem Schriftsteller Günter Grass (v. l. n. r. Gerold Becker, Hellmut Becker, Günter Grass, Hartmut von Hentig ...)

Während der anschließenden Diskussion meldete sich ein Teilnehmer zu Wort, der bereits über Jahre öffentliche Veranstaltungen mit Günter Grass besucht hatte. Er sprach über seine Enttäuschung über die Gesellschaft der Bundesrepublik und auch in der Kirche. Zum Abschluss seiner Ausführungen sagte er, dass er jetzt provozieren wolle und »grüßte seine Kameraden von der SS«. Anschließend nahm er ein braunes Glasfläschchen heraus und trank den Inhalt aus. Es war Zyankali. Er brach im Saal zusammen. Auf dem Weg ins Krankenhaus starb er.

Über den Selbstmord verübenden 56-jährigen Apotheker hat seine Tochter, die Journalistin Ute Scheub, ein Buch geschrieben und Günter Grass in seinem »Tagebuch einer Schnecke« Angaben gemacht.[114] Manfred Augst, wie er von seiner Tochter und Günter Grass pseudonymisiert wird, war Jahrgang 1913. Sein Vater hatte als Volksschullehrer gearbeitet und am Ersten Weltkrieg teilgenommen. Seine Mutter

[114] Scheub 2006.

kam aus dem schwäbischen Pietismus. Er hatte Gewalt im Elternhaus erlebt und suchte Gemeinschaft. Im Jahre 1931 trat er in die NSDAP und SA ein und schloss sich 1933 der SS an. Zunächst arbeitete er als Apothekerassistent und begann 1934 an der Universität Jena ein Studium in »Rassenkunde« und Anthropologie. Er wollte »Zuchtwart« werden, ein »Fachberater für menschliche Blutsfragen«. Seit dem September 1939 war Manfred Augst im SS-Wachbataillon »General Göring« auf verschiedenen Kriegsschauplätzen aktiv, wurde jedoch nicht befördert.

Er kam über das Ende des Nationalsozialismus nicht gut hinweg. Er hing an alten Idealen, was ihn den Verlust der »Kameradschaft« betrauern und eine »soldatische Glaubensform« behalten ließ. Seine Kontakte zu Wilhelm Hauer, dem Begründer der »Deutschen Glaubensbewegung«, der ein »Arisches Seminar« in Tübingen geleitet hatte[115], betonen diesen Umstand. Es hieß bald »Forschungsstelle Orient«, bei der die spätere Frau von Manfred Augst beschäftigt war. Sie heirateten 1947 und bekamen vier Kinder.

Manfred Augst hat jedoch in der Bundesrepublik nicht richtig Fuß fassen können. Im Jahr 1945 arbeitete er als Erntehelfer, engagierte sich nachfolgend in der Sophienpflege in Tübingen und beim Hilfswerk der Evangelischen Kirche. Er beteiligte sich an der Anti-Atomtod-Bewegung, verteilte Flugblätter, las Schriften von als politisch links eingeschätzten Protestanten wie Martin Niemöller und Dorothee Sölle. Er fühlte sich jedoch nicht zugehörig, versuchte erfolglos auszuwandern und nahm schließlich ein Pharmaziestudium

[115] Junginger 2003.

auf, das er 1961 abschloss, um anschließend in der Universitätsapotheke in Tübingen zu arbeiten. Aus seinem letzten von insgesamt vierzehn aufgefundenen Abschiedsbriefen hat die Tochter Passagen veröffentlicht. Demnach suchte er eine »sinnvolle Existenz« in der Kirche, die er aber nicht fand: »Vom Alltag des Hilfswerks her glaubte ich die theologischen und soziologischen Fragen anpacken zu können. Aber ich war vielleicht zu verbiestert und abgestempelt, ich fand nach oben keine Resonanz, und mit kameradschaftlichem Mitgefühl war hier nicht geholfen. So blieb ich auch bei der Kirche Hilfsarbeiter, so wie vorher bei der Partei und beim Militär.« Ute Scheub markiert bei ihrem Vater nationalsozialistisch geprägte »Opfersucht« und »Opfertod« als bestimmende Momente. Sie schließt sich der Interpretation von Günter Grass[116] an, der in Manfred Augst einen Vertreter der Kriegsgeneration sah, süchtig nach Untergang und Erlösung. Die Inszenierung seines Selbstmordes im Rahmen der Kirchentagsveranstaltung begriffen Grass und andere als Ritualhandlung eines Protestes.[117] Ute Scheub meint, dass

---

[116] Günter Grass machte im August 2006 bekannt, dass er sich im Herbst 1944 als Siebzehnjähriger freiwillig zur U-Boot-Truppe gemeldet hatte und dort nicht angenommen worden war, woraufhin er zur Waffen-SS rekrutiert wurde. Er diente nachfolgend als Ladeschütze in einer SS-Panzerdivision, war aber nach eigener Angabe nicht an Kriegsverbrechen beteiligt. Vor dem Hintergrund dieses späten Geständnisses ist die Empathie von Grass für die Vertreter der Kriegsgeneration besonders verständlich. Grass besuchte persönlich im Dezember 1969 die Familie des Selbstmörders (Scheub 2006, S. 57–62).

[117] So die Notizen von Günter Grass nach: Scheub 2006, S. 237–241;

ihr Vater in seinem Selbstmord das Passionsspiel nachahmen und die Christusrolle einnehmen wollte.

Die sich verdichtende Debatte über die Schuld der Kriegsgeneration, gegen deren Schweigen wie Reden die jüngere Generation im Rahmen des Kulturbruchs »1968« mobil machte, gipfelte im Selbstmord eines Mitglieds der Kriegsgeneration, wie am Beispiel des Schicksals von Manfred Augst gesehen werden kann. Die Akzeptanz für rechte Haltungen und Meinungen war geschwunden. Der fatale Irrweg war unbestreitbar.

Der Vorfall beleuchtet die angespannte Situation, in der die Kirchentagsveranstaltung stattfand und reproduzierte das ritualisierte Protestverhalten. Der Tod von Manfred Augst wurde wohl erst am Ende der Veranstaltung bekannt. Die sonst übliche Autogrammstunde ließ Günter Grass ausfallen. Am Ende des Tages trafen sich die Podiumsteilnehmer beim Verleger Ernst Klett, einem Freund von Hartmut von Hentig, der dessen Sohn in der Schule Birklehof unterrichtet hatte.[118] Hentig räsonierte über die Grenzen der Pädagogik und Grass schlug nach eigenem Bericht in einem Lexikon »Zyankali« nach.[119] Der Selbstmord nahm interessanterweise in den zeitgenössischen Presseberichten oder auch dem vom Kirchentag selbst herausgegebenen Rückblick »keinen nennenswerten Platz« ein.[120]

---

Ritualisierter Protest (Maria Stein), in: Christ und Welt 25.07.1969 (in: EZA 71/2855).
[118] Hentig 2007, S. 47–51.
[119] Scheub 2006, S. 39 f.
[120] So das Urteil bei Klement 2019, S. 157.

Welche Folgen dieser Kirchentag hatte, ist hinsichtlich der hier in den Fokus genommenen Protagonisten Hartmut von Hentig und Gerold Becker schwer zu beschreiben. Äußerungen von ihnen über ihre Erfahrungen gibt es nicht. Diese Veranstaltung auf dem Kirchentag 1969 und ihr Ausgang finden sich nicht in den Autobiografie-Bänden Hartmut von Hentigs beschrieben. Diese Episode beleuchtet aber das Engagement der beiden im Kirchentagsbereich vor dem Hintergrund des kulturellen Umbruchs »1968« und verweist zugleich auf das Wirksamwerden von Freundschaften wie Bekanntschaften, was die Programmgestaltung und personelle Besetzung der vorbereitenden Ausschüsse betrifft. Gerold Becker kam schon früh über seinen Partner und Mentor Hartmut von Hentig in Kontakt mit dem Deutschen Evangelischen Kirchentag.

Die Wege Hartmut von Hentigs und Gerold Beckers trennten sich in der Folge. Hartmut von Hentig wechselte zur Universität Bielefeld, wo er die »Bielefelder Laborschule« und das »Oberstufenkolleg« aufbaute. Gerold Becker, der bei seinem Antritt als »Lehrer« in der Odenwaldschule im Frühjahr 1969 bereits als deren Leiter designiert war, übernahm dort 1972 die Leitung. Auftritte der beiden bei einem Kirchentag fanden bis in die 1980er Jahre nicht mehr statt. Dennoch blieben sie ein Paar auf Distanz, das sich regelmäßig traf, wenn es auch nicht zusammen lebte oder arbeitete. Die Taten sexualisierter Gewalt sind Gerold Becker hauptsächlich in seiner Zeit an der Odenwaldschule nachgewiesen, wo er bis zum Sommer 1985 die Schulleitung bekleidete.[121]

---

[121] Als Literatur über die Odenwaldschule und den dortigen sexuellen

Hartmut von Hentig beteiligte sich nach eigener Aussage erst seit 1983 wieder an Kirchentagsveranstaltungen. Er wurde mit der Präsidentschaft von Helmut Simon (Präsident 1987–1989) für die Mitarbeit im Präsidium des Deutschen Evangelischen Kirchentags gewonnen.[122] In den Jahren 1993 bis 1997 war auch Gerold Becker Mitglied des Präsidiums. Doch zunächst soll sich zur Erhellung der Zeitsituation der Behandlung des Themas Sexualität im Feld der Evangelischen Kirche und dann auch der dritten hier zu betrachtenden Person, Helmut Kentler, zugewandt werden.

---

Missbrauch sei hingewiesen auf Jens 2011; Dehmers 2011; Oelkers 2016; Füller 2011 u. 2015; zusammenfassend Keub u. a. 2019; Brachmann 2019.

[122] Hentig 2007, S. 581–583. Nach eigener Erinnerung wurde er von 1984 bis 2001 für »Vor- und Nachbereitungsarbeit im Präsidium« gewonnen, doch nachweisbar ist seine Mitarbeit in den Präsidiumsprotokollen von 1988 bis 1999.

## 4. Die unterdrückte Sexualität – Tabu und Enthemmung

Der DEKT hatte sich bereits – und nicht nur durch das Engagement Joachim Scharfenbergs – in den 1960er Jahren mit dem Thema Sexualität befasst. Den Hintergrund bildete die eng geführte Sexualmoral im Bereich der evangelischen Kirche und deren Veränderung in den 1960er Jahren.[123] Einen zentralen und häufig übersehenen Indikator für diese Entwicklung stellt die Beratungsarbeit der Evangelischen Kirche dar.[124] Neben dem Theologen und Psychotherapeuten Scharfenberg war ein weiterer wesentlicher Vertreter in diesem Feld der Arzt und Psychotherapeut Guido Nicolai Groeger (1917–2004). Beide setzten sich dafür ein, dass die evangelische Beratungsarbeit stärker fachlich als glaubensgebunden erfolgen sollte. Als Vorstandsmitglieder der Konferenz für evangelische Familien- und Eheberatung widersprachen sie 1965 der evangelischen »Aktion Sorge um Deutschland«, die auf eine Zensur der Medien angesichts der Zunahme vermeintlich sexualisierter Medieninhalte zielte, und kritisierten die konservativen Moralvorstellungen.[125] Dass dies im

---

[123] Eine tiefergehende Analyse stellt ein Desiderat dar. Siehe für einen möglichen Zugang Jäger 2019; Windheuser/Buchholz 2023.
[124] Siehe hierzu Halberstadt 1983; Kaminsky/Henkelmann 2011; Hauschildt 2016; Esselborn 2020; Giehler 2023.
[125] Stellungnahme des Vorstandes der Konferenz für evangelische Familien- und Lebensberatung zur Aktion »Sorge um Deutschland«

Rahmen heteronormativer Vorstellungen und eines christlichen Eheverständnisses stattfand, sei ausdrücklich angemerkt und stand im zeitgenössischen Kontext.[126]

Im Vorfeld des Kölner Kirchentags 1965 kam ein Gespräch des Referenten des Kirchentags, Friedebert Lorenz, mit Groeger – damals in Düsseldorf Leiter einer der frühesten hauptamtlich besetzten evangelischen Ehe- und Erziehungsberatungsstellen in der Evangelischen Kirche[127] – zustande. Es ging darum, dass offenbar gegen die geplante Arbeitsgruppe »Mann und Frau« Vorbehalte geäußert worden waren. Groeger hielt dagegen:

»Es sind die falschen, vermeintlich christlichen Vorstellungen von Eros und Sexus und die damit zusammenhängenden Tabus abzubauen. In Deutschland ist die evangelische Kirche – im Unterschied zu manchen Kirchen der Ökumene – ihren Gemeinden und Gliedern seit langem das notwendige, klärende und befreiende Wort schuldig geblieben. Dieses Versäumnis sollte wiedergutgemacht werden. Leider ist nicht damit zu rechnen, dass die EKiD oder eine der großen Landeskirchen als solche sich dieser Sache in absehbarer Zeit annehmen werden. Deswegen müssten die Möglichkeiten eines Kirchentages genutzt werden, – zumal

   und ähnlichen Aufrufen und Aktionen, in: Wege zum Menschen 17 (1965), S. 353–355; zum Gesamtzusammenhang Lepp 2016.
[126] Siehe insgesamt zur Evangelischen Sexualethik der 1950er-Jahre Esselborn 2020; zur sexualethischen Begriffsbildung und theologischen Betrachtung bis zur Gegenwart Jäger 2019, S. 271–316; Schreiber 2022.
[127] Zu Groeger und seinem Wirken in Düsseldorf siehe Kaminsky, Hilfe 2016, S. 154–168.

die Behandlung eines Lebens- oder Sachproblems auf dieser großen öffentlichen Plattform sowieso eine andere Qualität hat als die in einzelnen Gemeinden oder Kreisen.«

Groeger argumentierte dabei ähnlich wie Scharfenberg und wollte einen ausschließlich anthropologischen Bezug auf Partnerschaft und Empfängnisregelung machen, wobei er andere Bereiche wie Bevölkerungsexplosion, Sterilisation, Abtreibungsindikation, Homosexualität und Strafrechtsreform ausklammerte.[128] An der Liste der Tabuthemen zeigt sich trotz aller Fortschrittlichkeit die Begrenzung in der die Behandlung des Themas Sexualität auch beim Kölner Kirchentag stand.

Die Veranstaltung »Mann und Frau« beim Kölner Kirchentag 1965 war nach Meinung der Durchführenden ein großer Erfolg. Groeger wollte die Thematik beim nächsten DEKT 1967 in Hannover fortführen, da nach seiner Meinung die Kontroverse über »die sogenannte neue Moral« eine Stellungnahme erfordern würde. Doch Studienleiter Lorenz vermittelte ihm, dass angesichts des gewählten Oberthemas »Frieden«, sich keine Fortsetzung realisieren lasse.[129] Neben

---

[128] Vermerk (Lorenz, 27.01.1965), in: EZA 71/2582. In einem Vermerk über ein Gespräch mit Scharfenberg im September 1964 hielt Lorenz fest, dass Scharfenberg gemeint hatte, der DEKT könne sich einen Verdienst erwerben, wenn er in Köln »auf dem Hintergrund einer Revision vermeintlicher christlicher Auffassung über Eros und Ehe – hier wäre biblisch-theologisch an Martin Buber und Karl Barth anzuknüpfen – ein befreiendes und lösendes Wort zur Empfängnisregelung sagen würde« (Vermerk über Besprechung mit Pfarrer Dr. Scharfenberg am 19.09.1964 in Oferdingen (Reutlingen), in: ebd.).

[129] Groeger (Konferenz für Evangelische Familien- und Lebensberatung e.V.) an DEKT 25.02.1966 u. Vermerk betr. Fortsetzung der Forum-

der Begründung der sachthematischen Verengung der Themenvielfalt drängt sich auch auf, dass das Thema Sexualität und Partnerschaft nicht gewollt war, hatte es doch enorme gesellschaftliche Sprengkraft angesichts der »verzweifelten Suche nach Normalität« (Herzog).[130]

Gerade das Thema Homosexualität blieb ein offizielles Tabu, wenn sich auch auf wissenschaftlicher Ebene Veränderungen abzeichnen sollten.[131] Der Sexualforscher Hans Giese (1920–1970) wollte die Strafbarkeit männlicher Homosexualität bereits 1950 aus dem Strafrecht herauslösen.[132] Die Kirchen kämpften Anfang der 1950er Jahre gegen Forderungen zur Aufhebung des § 175 des Strafgesetzbuches, der Homosexualität unter Männern unter Strafe stellte. In der Debatte über die Strafrechtsreform begab sich die Evangelische Kirche in die »Rolle eines Kommentators, der eine Verlangsamung der gesellschaftlichen und rechtlichen Entwicklung einforderte«.[133] Auch in der zwischen 1965 und 1971 ausgearbeiteten Denkschrift der EKD zu Fragen der Sexualethik blieb Homosexualität trotz aller Forderung nach Toleranz eine »sexuelle Fehlform«, der man zwar nicht mehr mit moralischer Verurteilung, aber mit paternalistischer Seelsorge begegnen wollte.[134]

reihe »Mann und Frau« beim Kirchentag 1967 (Loz./Tr., 20. 05. 1966), in: EZA 71/2683.
[130] Herzog 2021, bes. S. 127–171; ferner Baader u. a. 2017.
[131] Herzog 2021, bes. S. 111–119.
[132] Siehe im Detail über die deutschen Sexualwissenschaftler Liebeknecht 2020.
[133] Fitschen 2018, S. 50; Fitschen 2016.
[134] EKD 1971; als Schlaglicht zu Protestantismus und sexueller Revolution Mantei 2007.

Die gesellschaftliche Debatte eilte den kirchlichen Moralvorstellungen voraus oder anders formuliert: gegenüber den kirchlichen Normierungsansprüchen emazipierte sich die gesellschaftliche Realität. Ein Beispiel für eine Forderung zur Gleichstellung von Homosexualität stellt der Konstitutionsbiologe und Sexualwissenschaftler Willhart Schlegel (1912–2001) dar, der von biologistisch-sozialdarwinistischen Annahmen ausging und in den 1960er Jahren vergleichsweise fortschrittliche Positionen zur gesellschaftlichen Akzeptanz von Homosexualität vertrat.[135]

Der junge Gerold Becker führte 1966 einen Briefwechsel mit Schlegel, worin er dessen Polemik gegen den Sexualwissenschaftler Hans Giese, den Psychiater Hans Bürger-Prinz, den Soziologen Helmut Schelsky u. a. über die Frage der Bewertung der Homosexualität für vollkommen richtig erachtete, denn in deren Auffassungen fänden sich »Vorurteile mit neuen pseudowissenschaftlichen Begründungen«.[136] Becker setzte allerdings fort:

»Für den Schutz der Minderjährigen gilt dasselbe, wobei mir übrigens auch die von Ihnen nicht abgetastete Sonderstellung der noch nicht pubertierenden Kinder immer zweifelhafter wird. Nach meinen sehr zufälligen Beobachtungen kommen Sexualspiele zwischen Erwachsenen und Kindern (meist aber nicht nur zwischen Eltern und ihren kleinen

---

[135] Schlegel 1966 (Original 1962); zur Wirkung von Schlegel siehe Pausch 2016.
[136] Schlegel 1966, S. 149 ff. Zur westdeutschen Sexualwissenschaft und den von Giese und Bürger-Prinz geäußerten Ansichten siehe Herzog 2017, S. 45 f.; Liebknecht 2020.

Kindern) – in der Regel wohl ohne Orgasmus – in südlichen Ländern gar nicht so selten vor. Oft sind, soweit ich beobachten konnte, die Kinder selbst die Anstifter, aber auch das umgekehrte kann vorkommen. Ich nehme an, auch im klassischen Griechenland werden solche Spiele durchaus verbreitet gewesen sein, sie haben entsprechend dem kindlichen psychischen Entwicklungsstand wohl immer mehr flüchtigen, episodischen Charakter gehabt als die eigentliche Knabenliebe. Die immer wieder zitierten klassischen Gesetzestexte richten sich wohl nur gegen physische oder psychische Gewaltanwendung von seiten der Erwachsenen, nur in einem solchen Fall sollte man von Kinder›schändung‹ sprechen. Die Bemerkungen von Lars Ullerstam[137] zu diesem Problemkreis scheinen mir bisher noch nicht widerlegt. Sicher würde eine Entpönalisierung dieses Tatbestandes im Augenblick unübersehbare und unverantwortbare Folgen haben, vielleicht weniger der Gefahr von Gewalttaten, die würden vielleicht eher zurückgehen, als wegen des vollkommenen Unvorbereitetseins von Eltern und Erziehern auf die damit auftauchenden Probleme. Übrigens würde ich meinen, daß gerade Ihre Unterscheidung zwischen den regenerativen Funktionen der Sexualität und der Fortpflanzungsfähigkeit die Sonderstellung

---

[137] Der schwedische Psychiater Lars Ullerstam (Jg. 1935) hatte ein 1965 auch in deutsch übersetztes Buch über »Die sexuellen Minderheiten« geschrieben (Ullerstam 1965, bes. S. 75–81). Darin vertrat Ullerstam die These, dass Pädosexualität nicht in jedem Fall dem Kinde schaden würde (nur wenn es von den Eltern die Angst vor Sexualität anerzogen erhalten habe), war aber weiter für eine Kriminalisierung angesichts eines Teils von gewalttätigen Pädophilen. Vgl. auch Svanberg 2023, S. 41.

von Kindern vor der Pubertät auch im theoretischen Ansatz fraglich machen muß. Die Pubertät markiert den Übergang zur Periode der Fortpflanzungsfähigkeit, daß die Manifestationen sexueller Wünsche und Strebungen bei Kindern vor der Pubertät diffuser und ephemerer sind, hängt wohl nicht mit der noch nicht vorhandenen Fortpflanzungsfähigkeit, sondern mit dem erreichten psychischen Gesamtstatus zusammen. Wenn hier eine gewisse Entwicklungshöhe erreicht ist, kann es grade bei spät pubertierenden Knaben schon geraume Zeit vor dem Einsetzen der Pubertät selbst zu sehr leidenschaftlichen, oft langdauernden stark sexuell betonten Freundschaften kommen, wo Sexualspiele weit mehr sind als bloßer Kitzel oder angenehmer Reiz und der personale Umgang mit dem Partner von einer rührenden Zärtlichkeit ist. Anscheinend kommt das bei spät pubertierenden gynäkomorphen Asthenikern häufiger vor. Der Partner ist meist ein nur wenig älterer, leicht gynäkomorpher Athlet, oft schon am Beginn der Pubertät. Beobachtungen, die das bestätigen, lassen sich in Jugendheimen, aber auch in Schulklassen immer wieder machen.«[138]

Beckers Position, die vorpubertäre Kinder in der Rolle von »Anstiftern« zu sexuellen Handlungen und Sexualpartnern sah, entspricht einem klassischen Legitimationsmuster von Pädosexuellen. Seine eigenen Sozialisationserfahrungen in der evangelischen Jugend und bei Reisen nach Griechenland[139]

---

[138] Gerold Becker an Willhart Schlegel 04.09.1966, in: DIPF/BBF/Archiv, NL Gerold Becker Nr. 461.
[139] Siehe zur Griechenlandreise 1959 Überlieferungssplitter in: DIPF/BBF/Archiv, NL Gerold Becker Nr. 798.

wurden an einer späteren Stelle des Briefes noch konkreter und seien hier ebenfalls ausführlich wiedergegeben.

»Beziehungen von Erwachsenen, ja von älteren Jugendlichen zu einzelnen jüngeren Jugendlichen gelten in der auf diesem Gebiet eindeutig hysterischen Gegenwartsgesellschaft grundsätzlich als verdächtig und pervers und sind deshalb von vornherein mit einer Hypothek belastet, die sie nur in Ausnahmefällen überstehen – wenn sie überhaupt zustande kommen. Irgendein Ausweg aus dieser Lage, ist, soweit ich sehe, nicht in Sicht. Die Beat-Bewegung, die in manch anderen Aspekten die alte Jugendbewegung abgelöst bzw. ersetzt hat, bietet in diesem Bereich gerade keine erzieherisch wirklich verheißungsvollen Lösungen und neue Gesellungsformen an. – Ob die androgyne Indifferenziertheit ihrer langhaarigen ›Stars‹ nicht eines der Geheimnisse ihres Erfolges ist, wäre ein eigenes, interessantes Problem. – Übrigens war die alte Jugendbewegung – trotz Blüher – wohl leider nur in sehr wenigen Bünden und Gruppen ein erotisches Phänomen.«[140]

Deutlich wird in dieser für Gerold Becker als Schlüsseltext zur Rechtfertigung seiner Pädosexualität wahrnehmbaren Passage, dass die ansonsten gesellschaftlich diskutierte Entkriminalisierung von Homosexualität oder der von der erwähnten »Beat-Bewegung« angezeigte kulturelle Wandel für ihn nicht ausreichend waren. Er strebte eine gleichbe-

---

[140] Gerold Becker an Willhart Schlegel 04.09.1966, in: DIPF/BBF/Archiv, NL Gerold Becker Nr. 461. Siehe zur Pädosexualität in der Bündischen Jugend Füller 2015, S. 36–108; Oelkers 2011, S. 205–283: Braun/Linzner/Khairi-Taraki 2017.

rechtigte Rolle für die Pädosexualität als eine zu akzeptierende Form der Sexualität an. Mit seiner Haltung befand er sich allerdings wohl auch bereits in einer ›Bugwelle‹ des Diskurses über kindliche Sexualität, der in breiter Form erst später einsetzte.[141]

Gerold Becker und auch Hartmut von Hentig beschäftigten sich mit dem Thema »Sexualität«[142], das im Rahmen des kulturellen Umbruchs zu einem Schlüsselthema des Wandels wurde. Im Nachlass Gerold Beckers sind Unterlagen zu einem im Wintersemester 1968/69 von ihm veranstalteten Seminar an der Universität Göttingen »Probleme der Sexualpädagogik« überliefert, an dem offenbar auch Hartmut von Hentig teilnahm.[143] Im Seminar diskutierte man in fünf Blöcken u. a. empirische Untersuchungen (z. B. »Die sog. ›Onaniediskussion‹ der 20er Jahre im Licht neuerer Forschungen«), theoretische Ansätze zur Deutung von Sexualität (u. a. Freud, behavioristische Deutungen von Schlegel, Eibl-Eibesfeld u. a.), die gesellschaftliche Bedeutung der Sexualität, das Problem der Normengenese (u. a. »Der Stand-

---

[141] Vgl. hierzu Baader 2012; Elberfeld 2015; Baader/Friedrichs 2023; König 2020, bes. S. 421–461.
[142] In der Erinnerung Hartmut von Hentigs ist festgehalten, dass er sich mit Gerold Becker über die sexuelle Emanzipation einig gewesen sei und sie die »Entkrampfung der Deutschen auf diesem Gebiet« bejahten, »weil sie ja auch die Überwindung faschistischer Vorstellungen von Artgemäßheit, Geschlechterrolle und Fortpflanzungspflicht« bedeutete (Hentig 2016, S. 477). Siehe Hentig 1969.
[143] DIPF/BBF/Archiv, NL Gerold Becker Nr. 471. Die Teilnahme Hartmut von Hentigs geht aus dessen Erwähnung in einem dort abgelegten Protokoll der Teilnehmenden über den Diskussionsverlauf im Seminar hervor (Protokoll der Sitzung am 08.01.1969).

ort der Aufklärungsmaterialien für die Hand von Kindern und Jugendlichen anhand ausgewählter Beispiele wie der Bewertung von Masturbation, vorehelichem Sexualverkehr, abweichendem Verhalten« oder der »sozialistischen Geschlechtsmoral«) und didaktische wie methodische Fragen (u. a. anhand von Aufklärungsmaterial). Ob das von Becker angebotene Thema »Die Diskussion über die Glaubwürdigkeit jugendlicher Zeugen in Sittlichkeitsprozessen« auch mit einem Referat abgehandelt wurde, bleibt unklar, ein Beleg fehlt.[144]

Am Ende des Seminars Anfang Februar 1969 meldete sich ein Teilnehmer zur letzten Sitzung »postalisch« ab, und es erfolgte offenbar auch eine Kritik des Seminars. Die »befreiende« Wirkung der Befassung mit dem Sexualitätsthema war wohl so stark, dass sich eine »Aktionsgruppe Sexualpädagogik-Seminar Wintersem. 1968/69« bildete, die eine öffentliche Aktion angesichts des Auftritts der Sängerin Helen Vita (1928–2001) im Deutschen Theater in Göttingen plante. Die Veranstaltung war aufgrund der »schlüpfrigen« Texte der Sängerin als »für Jugendliche ungeeignet« beworben worden. Man wollte gegen die darin erkannte Repression protestieren und den Zuschauenden eine Diskussion über die Frage der Eignung für die Jugend anbieten. In einem »Eignungstest« sollten diese ankreuzen, was sie für »jugendgeeignet« hielten: »a) Pornographie, b) Onanie, c) Herrenwitze, d) Aufklärung, e) die Pille, f) unaufgeklärte Eltern, g) verklemmte Lehrer, h) die sogenannte ›Bundes-

---

[144] Siehe Referate und Protokolle in: DIPF/BBF/Archiv, NL Gerold Becker Nr. 471.

prüfstelle‹.«[145] In einer späteren Einladung der Aktionsgruppe zu einem »Öffentlichen Sexualpädagogik-Seminar« sollte die bürgerliche Doppelmoral verhandelt werden: »Die gesellschaftliche Funktion von Helen Vita als Bordell- und Sexualitätsersatz des ›anständigen‹ Bürgers«.[146] Seminarleiter Gerold Becker bezweifelte, ob die hier geübte Provokation ein geeignetes Mittel zur Veränderung sei. »Zensierte Pornographie sei weder ein geeigneter Ansatzpunkt, noch eine Diskreditierung taktisch sinnvoll.«[147] Er hatte offenbar Mühe den Zeitgeist wieder in die Flasche zu bekommen.

Zu jenem Zeitpunkt war der Wechsel von Gerold Becker aus seiner Assistentenstelle an der Universität Göttingen zur Odenwaldschule bereits fest vereinbart. Der dortige Leiter Walter Schäfer (1910-1984) hatte ihn im Sommer 1968 auf Geheiß von Hellmut Becker gefragt, ob er nicht ab dem Jahr 1972, wenn er in den Ruhestand ginge, sein Nachfolger als Leiter werden wolle. Im Frühjahr 1969 fing Gerold Becker an der Odenwaldschule zunächst als Lehrer an. Im Herbst 1968 hatte Hartmut von Hentig seine Ernennung zum Professor für Pädagogik in Bielefeld erhalten. Gerold Becker ging nicht mit seinem Partner mit nach Bielefeld, er ging

---

[145] Flugblatt (verantwortlich: Aktionsgruppe Sexualpädagogik-Seminar Wintersem. 1968/69): Eignungstest, in: DIPF/BBF/Archiv, NL Gerold Becker Nr. 471.

[146] Flugblatt (verantwortlich: Aktionsgruppe Sexualpädagogik-Seminar Wintersem. 1968/69): Deutsches Puff Theater Bordell Deutsches Theater Schmierentheater, in: DIPF/BBF/Archiv, NL Gerold Becker Nr. 471.

[147] Protokoll der Seminarsitzung v. 05.02.1969, in: DIPF/BBF/Archiv, NL Gerold Becker Nr. 471.

einen eigenen Weg. Hentig war enttäuscht und trauerte um die verlorene Gemeinsamkeit.[148] Der Grund, warum Becker das Angebot, Leiter der Odenwaldschule zu werden, annahm, ist nicht ganz klar. Er war in Göttingen offenbar mit dem Projekt seiner Dissertation gescheitert, wollte die enge Lebensgemeinschaft mit Hartmut von Hentig nicht verwirklichen und hatte möglicherweise als »Missbrauchstäter« ein künftiges Betätigungsfeld vor Augen.[149]

Hartmut von Hentig selbst hat seine Beziehung zu Gerold Becker bis zu dessen Tod in vier Phasen eingeteilt: erstens die »strahlenden, schäumenden, romantischen vier Göttinger Jahre« 1964–1968, zweitens die getrennt erlebten »Berufsabenteuer« der beiden zwischen 1969 und 1985/87, drittens die »Suche nach und Einwohnung in eine Altersbleibe« in Berlin und viertens eine Phase, in der das Sterben Gerold Beckers absehbar war.[150] Gerold Becker und Hartmut von Hentig waren keine kämpferischen Homosexuellen, die für die Rechte der diskriminierten Minderheit offensiv und mit Bekenntnis der eigenen Homosexualität eintraten.[151] Sie leb-

---

[148] Siehe die biografischen Details beschrieben bei Oelkers 2016, S. 152–216; Hentig 2016, S. 479.
[149] So Oelkers 2016, S. 162–175.
[150] Hentig 2016, S. 478.
[151] In allgemeiner Form hat sich Hartmut von Hentig im Rahmen der Debatte um die Entschärfung des § 175 in einem von Rolf Italiaander herausgegebenen Buch durch einen Beitrag »Der Heilungswille des Homosexuellen ist seine Krankheit« beteiligt. Er verwies darauf, dass »das Strafgeetzbuch durch seine schiere Existenz die Natur vergewaltigt, selbst wo es nicht zu einer Anwendung kommt: daß unsere ganze Kindheit schon von seinen unverständlichen und bedrohlichen Schatten durchzogen ist« (Hentig 1969, S. 261).

ten ihre Beziehung für sich, so dass nur Freunde im direkten Umfeld davon wussten. Sie wohnten in Göttingen getrennt, doch war Becker oft bei Hentig zu Besuch. Hier ist die Feststellung wichtig, dass männliche Homosexualität in der Bundesrepublik noch lange einen Straftatbestand darstellte, der erst 1969 abgeschwächt (nur mehr strafbar, wenn mindestens einer unter 21 Jahre alt war, ferner bei Prostitution und Abhängigkeitsverhältnissen) und 1973 auf Beziehungen von Erwachsenen zu Jugendlichen bis 18 Jahre beschränkt wurde. Erst 1994 wurde der Paragraph ersatzlos gestrichen. Es wurden geschätzt 68.000 Menschen wegen dieses Straftatbestandes verurteilt.[152]

Nachfolgend in den 1970er Jahren tauchten die beiden nicht mehr bei Veranstaltungen des DEKT auf. Das Thema der Sexualität und insbesondere Homosexualität kam allerdings auf den Kirchentagen seit 1977 explizit zur Sprache, als sich die Arbeitsgemeinschaft »Homosexuelle und Kirche« zu Wort meldete und als »Experte« für Sexualität der in Hannover lehrende Sozialpädagoge Helmut Kentler ins Blickfeld trat.

---

[152] Zahlen nach »Referentenentwurf des Bundesministeriums der Justiz und für Verbraucherschutz Entwurf eines Gesetzes zur strafrechtlichen Rehabilitierung der nach dem 8. Mai 1945 wegen einvernehmlicher homosexueller Handlungen verurteilten Personen und zur Änderung des Einkommensteuergesetzes« (12.12.2016) (https://www.bmj.de/SharedDocs/Downloads/DE/Gesetzgebung/RefE/RefE_Rehabilitierung_175.pdf?__blob=publicationFile&v=3; Stand: 25.04.2024); siehe zur Geschichte des § 175 und der Schutzalterfrage Beljan 2014, S. 123–171.

# 5. Im »Fahrwasser der Emanzipation« von Homosexualität – Helmut Kentler auf Kirchentagen

## 5.1 Helmut Kentler in der evangelischen Jugendarbeit

Waren Gerold Becker und Hartmut von Hentig in Fragen der eigenen Sexualität sehr defensiv nach außen, was ihrem eigenen Verständnis einer Privatheit[153] und der offiziellen Strafbarkeit von Homosexualität geschuldet war, so handelte es sich bei Helmut Kentler um einen offensiven Vertreter einer »sexuellen Befreiung«, der sich bereits in den 1960er Jahren als ein wissenschaftlicher Erlaubnisgeber einen Namen schuf.[154] Helmut Kentler war 1928 in Köln geboren worden. Sein Vater wandte sich in der NS-Zeit dem Militär zu, wurde nach Düsseldorf und später Paris versetzt, wo er in der Instandhaltung der Kraftfahrzeuge des Heeres arbeitete. Der Vater gründete 1948 ein Elektrotechnik-Unternehmen, das Helmut Kentler jedoch nicht übernehmen wollte. Er, der zwar angefangen hatte Elektrotechnik zu studieren, löste sich 1953 aus der Firma, erstritt seinen Erbteil und begann ein Studium von Englisch und Französisch in der Schweiz. Im Jahre 1955 wechselte er nach Freiburg und machte eine

---

[153] Hartmut von Hentig vertritt die Haltung, dass er lange nicht offen über seine eigene Sexualität gesprochen habe, weil er so erzogen worden sei und dies für privat halte (Hentig 2016, S. 477 f., 587–589 u. 970 f.).
[154] Zu Helmut Kentler siehe ausführlich Nentwig 2021.

»Spezialausbildung als klinischer Psychologe«. Er veröffentlichte eine erste Arbeit über den Farbpyramidentest in der Zeitschrift für Psychologische Diagnostik.

Sein Studium war über das Studentische Jugendarbeitsprogramm finanziert und die Stipendiaten machten in den Semesterferien ein Praktikum in der Jugendarbeit in einem Projekt der Evangelischen Akademie Bad Boll. Dabei ging es vor dem Hintergrund der Krise der Arbeit der Jugendverbände darum durch »Zeltlager, Tagungen und Besuche bei den jungen Erwachsenen vor Ort« ein »kritisches Bewußtsein gegenüber ihrer Umwelt« herauszubilden, um in der »Industriewelt Menschsein zu entwickeln«. Es sollte das negative Bild der Industriegesellschaft, in der der Jugendliche ein »heimlicher Gefangener« sei, verändert werden. Kentler plädierte dafür sich von autoritären Umgangsformen abzukehren und Jugendliche mitbestimmen zu lassen. Dies legte er auch in einer Studie »Jugendarbeit in der Industriewelt« 1959 nieder.[155] Parallel zur Arbeit mit den Industriejugendlichen war Kentler auch ab 1957 für die Akademie Arnoldshain mit einer Studie über Oberschüler:innen befasst. Kentler wurde 1960 Jugendbildungsreferent in der Ev. Akademie Arnoldshain mit der Aufgabe: Tagungen für die »Junge Generation« zu planen. Kentler hielt Vorträge bei Jugendbildungsträgern und auch im Jugendfunk des Südwestfunks. Er hatte laut Nentwig die Rolle eines »Übersetzers« wissenschaftlicher Literatur für andere Kreise. Er übernahm im Oktober 1962 eine Stelle im Studienzentrum für evangelische

---

[155] Kentler 1959. Dies habe dann auch die Richtung der Jugendarbeit in der IG Chemie-Papier-Keramik verändert.

Jugendarbeit in Josefstal am Schliersee. Dort hoffte er, nur auf seinen Fachgebieten eingesetzt zu werden und damit mehr Zeit zum Arbeiten, Lesen und Schreiben zu haben.

Kentler fertigte hier die Jugendtourismusstudie »Sonne und Amore« an, die vom Studienkreis für Tourismus (München) bezahlt war. Dazu sandte er als Teilnehmer getarnte Wissenschaftler in verschiedene Jugendlager, die als teilnehmende Beobachter Beschreibungen über die Jugendlichen machen sollten. Mittels dieser Aktionen sollten für die »Zielgruppen passgenauere Angebote« erstellt werden.[156] Kentlers Befund war, dass die Jugendlichen den Urlaub als unregulierten Raum ansehen würden, um gerade dort sexuelle Erfahrungen zu machen. Dies brachte Kentler zu der Frage nach einer zu gestaltenden Sexualpädagogik. Zusehends avancierte er zu einem gefragten Spezialisten für Jugendfragen, auch wenn er angesichts einer wachsenden Kritik an seinen Beobachtungen einschränken musste, dass die von ihm beschriebenen Phänomene eher Ausnahmen darstellten.

Kentler lernte den Pädagogen Klaus Mollenhauer (1928–1998) kennen und beteiligte sich zusammen mit diesem wie Carl Wolfgang Müller und Hermann Giesecke an dem vielbeachteten Buch »Was ist Jugendarbeit? Vier Versuche zu einer Theorie«.[157] Mitte des Jahres 1965 wechselte er als

---

[156] Nentwig 2021, S. 62.
[157] Müller u. a. 1970 [Original 1964]. Kentler schrieb darin den »Versuch 2«, worin er Jugendarbeit neben Elternhaus und Schule als dritte Erziehungsinstitution hervorhob. Er profilierte sich als Mann der Praxis, nicht als Theoretiker.

Assistent zu Mollenhauer an die Pädagogische Hochschule Berlin. Im Jahre 1967 trat Kentler dann mit »Zehn Thesen zu einer nichtrepressiven Sexualerziehung« hervor, dem 1970 das Werk »Sexualerziehung (mit emanzipatorischer Sexualpädagogik)« folgte. Eine Professur für Sozialpädagogik am Seminar für Berufspädagogik an der Universität Hannover erhielt Kentler schließlich 1976.[158]

Neben seiner wissenschaftlichen Tätigkeit zeigte Helmut Kentler auch weiter Engagement in der Evangelischen Kirche. Noch 1988 schrieb er für die Zeitschrift »Baugerüst« über Jugend und ihr Verhältnis zur Sexualität.[159] Er begleitete Jugend- und Familienfreizeiten mit geistig behinderten Kindern und Jugendlichen noch bis 1999. Bekannt wurde Kentler insbesondere in den 1970er Jahren mit sexualpädagogischen Forderungen, die nicht nur eine vermehrte Aufklärung über, sondern auch die Akzeptanz verschiedener Formen von Sexualität einklagten, gerade auch die Gleichberechtigung von Homosexualität.[160]

---

[158] Siehe zu den biografischen Stationen ausführlich Nentwig 2021, S. 33-101.
[159] Kentler 1988a und 1988b.
[160] Zu einer kritischen Betrachtung von Helmut Kentlers Theorie der Sexualerziehung siehe Windheuser/Hartmann 2023.

## 5.2 Die umstrittene Einladung Helmut Kentlers zum DEKT 1979

Für die Podiumsveranstaltung »Homosexualität und Evangelium« wurde Kentler auf dem DEKT 1979 in Nürnberg von der Arbeitsgemeinschaft »Homosexuelle und Kirche« (HuK) als Teilnehmer benannt. Diese Entscheidung stieß auf Widerstand und es entzündete sich innerhalb der Organisation des Kirchentags eine heftige Debatte. Auf dem DEKT 1977 in Westberlin hatte sich die Arbeitsgemeinschaft »Homosexuelle und Kirche« als eine erste Verbindung von homosexuellen Menschen innerhalb der Evangelischen Kirche gegründet.[161] Im eigengeschichtlichen Rückblick hieß es:

»Die Mitarbeiter der ersten Stunde kamen fast alle aus der homosexuellen Emanzipationsbewegung. Sie hatten die Auseinandersetzung mit dem Glauben und mit ihrer Kirche bisher nur im Einzelgespräch und auf privater Ebene geführt. Das ist nicht ganz unverständlich, weil die durchweg negative Haltung kirchlicher Kreise gegenüber homosexuell lebenden Menschen dazu beigetragen hatte, daß weite Teile der Emanzipationsbewegung die Kirchen als Gesprächspartner ablehnten. Diese negative Haltung kirchlicher Kreise und die mehr als skeptische Reaktion der Emanzipationsbewegung berücksichtigten aber nicht, daß die ethischen und exegetischen Argumente gegen die Homosexualität inner-

---

[161] AG Homosexuelle und Kirche 1979; Brinkschröder u. a. 2017; Fitschen 2018, S. 61–74; Große Kracht 2024.

kirchlich längst hinterfragt und teilweise schon als ungültig erkannt worden sind.«[162]

Die Hinterfragung der exegetischen und ethischen Argumente stand allerdings innerkirchlich erst am Anfang und die »negative Haltung kirchlicher Kreise« zur Homosexualität bestand fort. Gerade der nachfolgend zu beschreibende Konfliktfall auf dem DEKT 1979 in Nürnberg zeigt dies an. Doch worum ging es dabei?

Im April 1978 hatte die AG »Homosexuelle und Kirche« einen Stand auf dem Markt der Möglichkeiten des DEKT in Nürnberg beantragt, doch die Geschäftsstelle des Kirchentags verhielt sich ablehnend.[163] Im Präsidium wurde Ende September 1978 sehr kontrovers darüber diskutiert. Der Berliner Bischof Kruse berichtete von der Teilnahme der AG »Homosexuelle und Kirche« an der »Sommerkirche« in Berlin, nach der es eine Auseinandersetzung in Leserbriefen an die Kirchenzeitung »Unsere Kirche« gegeben habe. Die AG »Homosexuelle und Kirche« sollte nach Meinung der Mehrheit der Präsidiumsmitglieder nicht am Markt der Möglichkeiten, aber in der Arbeitsgruppenleitung 3 (Seelsorge und Beratung) teilnehmen. Kirchentagspräsident Klaus von Bismarck hielt fest, dass man sich »in Verlegenheit« befinde. Er sah die »Gefahr der Selbstbestätigung, die nicht löst, sondern die Isolierung der Gruppe noch verstärkt«. Die Psychagogin

---

[162] AG Homosexuelle und Kirche 1979, S. 2.
[163] Siehe die Eigendarstellung »Das Lehrstück von Nürnberg«, in: AG Homosexuelle und Kirche 1979, S. 3–6; ferner Fitschen 2018, S. 61–74; Nentwig 2021, S. 266–271. Zur Ablehnung DEKT (Uhl) an AG HuK 30.06.1978, in: EZA 71/213.

Frauke Krukenberg (1924–2022)[164] formulierte ihre Haltung gegen die Entwicklung von »so einer Art Fürsorglichkeit« und schlug eine eigene Sonderveranstaltung vor. Die Abstimmung erbrachte neun Stimmen für eine Sonderveranstaltung und fünf dagegen bei einer Enthaltung und gleichzeitiger Ablehnung einer Koje auf dem »Markt der Möglichkeiten«.[165]

Wie das Protokoll der Präsidialversammlung des DEKT vom Oktober 1978 ausweist, wurde »ausführlich und teilweise erregt die Frage nach [der] homosexuellen Gruppe erörtert«, die sich ausschreibungsgemäss angemeldet habe, aber nicht nur, wie in Berlin 1977, »die Sorge um die tabuisierte Randgruppe der Homosexuellen« habe, sondern »aktive Werbung für die Sache« plane.[166] Das Präsidium hatte den Antrag in mehreren Sitzungen erörtert.

»Es erkennt die Wichtigkeit dieses Problemkreises voll an, sieht aber zugleich, daß die Kirche in breiten Schichten der Gemeinde noch nicht bereit ist, sich diesem Problem mit der notwendigen Sachlichkeit und Liebe, und daß die Theologie noch nicht in der Lage ist, sich ihm mit der notwendigen Sach-

---

[164] Frauke Krukenberg hatte die Pädagogische Hochschule in Lüneburg absolviert, war als Volksschullehrerin und an einer Sonderschule tätig, studierte Psychagogik und arbeitete ab 1960 bei der Ev. Beratungsstelle für Erziehungs-, Ehe- und Lebensfragen Düsseldorf, später leitete sie die Beratungsstelle in Dortmund. Sie war von 1973 bis 1993 im Präsidium des DEKT.
[165] Notizen über die Sitzung des Präsidiums des DEKT am 29.09.1978 in Frankfurt, Hotel National, in: EZA 71/213.
[166] Protokoll Präsidialversammlung 12.–14. Oktober 1978 (Walz, 01.12.1978), in: EZA 71/199.

kenntnis zuzuwenden. Ein aggressives Auftreten der Berliner Gruppe auf dem Markt der Möglichkeiten würde, so nahm das Präsidium mehrheitlich an, der Sache der Homosexuellen selbst mehr schaden als nutzen und würde jedenfalls keinen geeigneten Beitrag leisten, um die hier liegenden vielfältigen und ineinander verschlungenen Probleme einer Lösung oder auch nur einer Entknotung nahezubringen. Dazu kam die Furcht, insbesondere der Vertreter der bayerischen Landeskirche, die Gemeinden in und um Nürnberg würden es nicht verstehen, wenn auf einem Markt, der als Angebot christlicher Lebensmöglichkeiten verstanden werde, die Homosexualität überhaupt vorkomme.«[167]

Man hatte deswegen vor, die Gruppe nur im »Seelsorgezentrum« teilhaben zu lassen. Dies wurde aber bereits im Herbst 1978 als unzureichend eingeschätzt. Das Präsidium hatte im Einvernehmen mit der bayerischen Landeskirche beschlossen, dass eine besondere Veranstaltung geplant werden sollte, »in der die hier zusammmgeknüllten Fragen und Probleme unter Beteiligung von Betroffenen offen, person- und sachgemäß jedenfalls ein kleines Stück weit aufgearbeitet werden könnten«.[168]

Die zwischenzeitlich von der inhaltlich mit dem Anliegen befassten Arbeitsgruppe 3 (»In der Liebe bleiben«) eingegangenen Bitten, die AG »Homosexuelle und Kirche« doch mit einem Stand beim »Markt der Möglichkeiten« zuzulassen, wollte das Präsidium nicht berücksichtigen.[169] Es meinte:

---

[167] Ebd.
[168] Ebd.
[169] Bericht Arbeitsgruppe 3 (Günter Böhm), in: EZA 71/199. Die Ho-

»Es müsse aber zugegeben werden, daß sich der Kirchentag hier in einem Dilemma befinde, in dem nur unsichere Zeichen guten Willens und beginnenden Verständnisses gesetzt werden könnten, die in der Gesamtsituation noch nicht befriedigend seien. In der daran sich weiter anknüpfenden Diskussion wird auf das Beispiel Jesu im Umgang mit diskriminierten Leuten verwiesen und andererseits auch darauf hingewiesen, daß jedenfalls in anderen Kirchen und Kirchengemeinden die Fragen längst reif seien zu einer Behandlung und auch weitgehend aufgegriffen würden.«[170]

Man schätzte, dass wohl 15 % der Teilnehmenden mit »diesem Problem« zu tun haben, denen man helfen müsste und auch eine »Befreiung« zu geben hätte.

Im Vorfeld war es besonders die gastgebende bayerische Landeskirche gewesen, die Bedenken gegen die Beteiligung der AG »Homosexuelle und Kirche« am Markt der Möglichkeiten erhoben hatte. Der bayerische Oberkirchenrat Hermann Greifenstein (1912–1988) hatte sich in einem Brief an die AG »Homosexuelle und Kirche« verteidigt, er sei kein Feind Homosexueller und selbst Vorsitzender der Arbeitsgruppe »Seelsorge an Homosexuellen«, er habe aber Angst,

---

mosexuellen befanden sich nach deren Meinung in einer exemplarischen Situation der Hoffnungslosigkeit und die Verweigerung eines Standes widerspreche der Losung des Kirchentags: »Sie verlangt, Hoffnung eben auch für Homosexuelle konkret werden zu lassen. Dafür scheint uns die permanente Kontaktmöglichkeit auf dem Markt der Möglichkeiten besser geeignet als eine einzelne Veranstaltung.«

[170] Protokoll Präsidialversammlung 12.–14. Oktober 1978 (Walz, 01.12.1978), in: EZA 71/199.

dass »der Akzent auf einer völlig alternativen Lebensweise analog der heterosexuellen Lebensweise gelegt werden sollte«.[171]

Letztlich bildete sich in der Position der bayerischen Landeskirche wie auch des Präsidiums des Kirchentages eine paternalistische Haltung gegenüber Homosexuellen ab. Die Mitwirkung der AG »Homosexuelle und Kirche« war im Rahmen von »Seelsorge« vorgesehen, um ein »Problem« für die einzelnen Betroffenen zu lösen. Doch die Gruppe wollte mehr als die Reduzierung von Homosexualität auf einen »Krankheitsfall«.

Zur Erklärung der schwankenden Position des Präsidiums des Kirchentags gilt es nicht nur auf die Denkschrift zur Sexualethik der EKD von 1971 zu verweisen, die trotz aller werbenden Anerkennung für die Not homosexuell lebender Menschen auch die vermeintliche »sexuelle Fehlform« von Homosexualität betont hatte.[172] Besonders von Seiten evangelikaler Gruppen, die in den Programmen des Kirchentages meinten sich nicht wiederfinden zu können, war der Kirchentag seit Mitte der 1960er Jahre verstärkt unter Druck. Im Jahr 1973 hatten sich die Konservativen einer Teilnahme am DEKT verweigert und eine Art Gegenkirchentag als »Gemeindetag unter dem Wort« veranstaltet.[173] Der DEKT wollte gerade auch diese Gruppen in die Gesamtorganisation des Kirchentags wieder einbinden. So hatten sich evangelikale

---

[171] »Das Lehrstück von Nürnberg«, in: AG Homosexuelle und Kirche 1979, S. 3-6.
[172] EKD 1971.
[173] Hermle 2012; Schroeter-Wittke 2012.

Gruppen im Vorfeld des Nürnberger Kirchentags offenbar nach der »Erklärung der bayerischen Arbeitsgemeinschaft ›Lebendige Gemeinde‹ vom April 1978« bereit erklärt, dass keine Absicht bestünde Namen aus der Programmplanung »herauszuschießen«. »Wohl wurde aber darum gebeten, bei umstrittenen Referenten eine Themenstellung ins Auge zu fassen, die auf die Anliegen der Evangelikalen Gruppen Rücksicht nimmt.«[174] Dieser Konsens einer Beteiligung geriet nun durch das Auftreten der AG »Homosexuelle und Kirche« nach Meinung evangelikaler Gruppen in Gefahr.

Stein des Anstoßes war die Benennung von Helmut Kentler für das nachträglich in das Kirchentagsprogramm aufgenommene Podium »Homosexualität und Evangelium« durch die AG »Homosexuelle und Kirche«. Kentler wurde vom Kirchentagsbüro eingeladen und sagte im Februar 1979 zu.[175] Anfang Mai fand eine Präsidiumssitzung statt, auf der man feststellte, dass man einen Stand auf dem »Markt der Möglichkeiten« nicht mehr verhindern könne und der Kirchentag jetzt ungünstiger als vorher dastehe. Erneut setzte

---

[174] Georg Kugler, Hermann v. Loewenich, Gotthart Preiser (Nürnberg) an Landesbischof Hanselmann, OKR Greifenstein, OKR Hofmann, OKR Viebig, K. v. Bismarck, Dr. E. Eppler, R. v. Weizsäcker, H. Simon, O. v. Stockhausen, Dr. H. Walz, Dr. C. Wolf, P. Mädl, H. Steege, Dr. Uhl 18.05.1979, in: EZA 71/3450.
[175] DEKT (Uhl) an Kentler 26.02.1979, in: EZA 71/3475. In der Konzeption des Referenten Uhl war auch der Sexualwissenschaftler Günter Amendt (1939–2011) vorgesehen, der 1970 mit dem Sexualaufklärungsbuch »Sexfront« hervorgetreten war, doch gegen dessen Beteiligung die Mehrheit des Präsidiums votierte. Vgl. Vermerk Uhl für Präsidium 19.01.1979 u. Notizen über die Sitzung des Präsidiums am 02.02.1979, in: EZA 71/213.

sich Frauke Krukenberg, die in Verhandlungen mit der AG »Homosexuelle und Kirche« gestanden hatte[176], für deren Anliegen ein. Kirchentagspräsident Klaus von Bismarck wollte die Dinge auch so gehen lassen, doch der anwesende Oberkirchenrat Greifenstein machte den Vorbehalt, sich erst noch mit dem bayerischen Landesbischof abstimmen zu müssen.[177] Von der dortigen Kirchenleitung gab es offenbar so starken Gegenwind, dass Präsident Klaus von Bismarck namens des Kirchentages Kentler mit einem Brief vom 15. Mai 1979 wieder auslud, da Kontroversen um seine Person bestehen, »die mit Auseinandersetzungen aus der Zeit Ihrer Tätigkeit in Bayern zusammenhängen«.[178] Kentler vermutete hinter der Ablehnung seiner Person die gleichen Gruppen wie vor drei Jahren, die gegen seine Einladung als Referent in die Evangelische Akademie Tutzing bei einer Tagung »Sexualität und Moral« protestiert hatten. Die Akademie hatte sich aber nicht beeindrucken lassen und an ihm als Vortragenden festgehalten.[179] Kentler schieb an den Kir-

---

[176] Krukenberg war im Sommer 1978 mit Bischof Kruse in Verhandlungen mit der AG HuK einbezogen worden. Uhl an Frauke Krukenberg 04.09.1978, in: EZA 71/3475.

[177] Notizen über die Sitzung des Präsidiums des DEKT am 04.05.1979 in Frankfurt (o. N.), in: EZA 71/265. Greifenstein hatte in der Sitzung dem Stand der AG HuK zugestimmt. »Ich sehe eigentlich nur die Möglichkeit, diesen Vorschlag der gastweisen Aufnahme in eine Kooperation zu tolerieren. Polizei kommt überhaupt nicht in Frage. Die Beteiligung an dem Podiumsgespräch müsste noch erweitert werden, damit die Dinge wenigstens einigermaßen ausgewogen sind.«

[178] DEKT (v. Bismarck) an Kentler 15.05.1979, in: EZA 71/3475.

[179] Die 1976 in der Ev. Akademie Tutzing stattfindende Tagung »Nor-

chentagspräsidenten, er habe »nie einen Zweifel aufkommen lassen, daß ich mich als evangelischer Christ verstehe«. Er sei öffentlich eingeladen, was solle er denn den ihn fragenden Journalisten erzählen? »Die unklaren Formulierungen Ihres Briefes müssen nun den Eindruck erwecken, das Präsidium des Deutschen Evangelischen Kirchentages habe nachträglich Erkenntnisse über mein persönliches Leben gewonnen, die mich derart belasten, daß meine plötzliche Ausladung gerechtfertigt ist.« Kentler bestand darauf, dass die Gründe seiner Ausladung öffentlich dargelegt werden müssten.[180] Auch die AG »Homosexuelle und Kirche« meinte in einem Protestbrief, dass die Kirche drohe, sich lächerlich zu machen, denn Kentler sei einer der »führenden Sexualwissenschaftler Deutschlands«.[181]

Da die Angelegenheit zu eskalieren drohte, wurde für den 23. Mai 1979 eine Sondersitzung des Präsidiums des DEKT zum »Fall Kentler« anberaumt. Präsident Klaus von Bismarck meinte, dass dieser »nicht dasselbe Gewicht wie der Fall Sölle« habe, »es müßte von Bayern aus ganz klar gesagt werden, was die Beschwerden gegen Kentler eigentlich sind«.[182]

---

men heutigen Sexualverhaltens« war von der eingeladenen Christa Meves boykottiert worden, weil ihr die Referentenliste zu unausgewogen gewesen sein soll (vgl. Nentwig 2021, S. 137).

[180] Kentler an v. Bismarck 21.05.1979, in: EZA 71/3475.
[181] AG HuK an Präsidium des DEKT 21.05.1979, in: EZA 71/3475.
[182] Siehe auch für die folgenden Zitate: Notizen über die Sondersitzung des Präsidiums des DEKT am 23.05.1979 in Frankfurt (o. N.), in: EZA 71/265. Dorothee Sölle war eine feministische deutsche evangelische Theologin, die mit neuen Formen wie dem Politischen Nachtgebet auch für eine neue Form des Protestantismus eintrat.

Es ging sehr deutlich um die Frage, wie man die Evangelikalen weiter einbinden könnte. Evangelikale Vertreter hatten offenbar »schon seit Monaten Vorwürfe dafür bekommen [...], weil sie sich bereit erklärt haben, beim Kirchentag mitzuarbeiten. Das wurde ihnen als Verrat an der Sache der Evangelikalen, ja am Evangelium vorgeworfen.« Nun kam neben dem Namen von Helmut Kentler auch noch der Name von Dorothee Sölle (1929-2003) ins Programm, beide ›rote Tücher‹ für die rechtgläubigen Christen. Die Einbindung von Sölle war mittels eines geplanten Zwiegesprächs von ihr mit dem Psychologen Tobias Brocher (1917-1998) vorgesehen, doch in der Abstimmung im Präsidium kam es mit zwölf gegen zwölf Stimmen zu einem Patt. Der Präsident sollte nun entscheiden.

Zur Frage des Umgangs mit der Ausladung von Kentler stellte Oberkirchenrat Greifenstein fest: »Unsere Ablehnung beruht keineswegs darauf, daß irgendwelches Material aus seiner Tätigkeit in Bayern vorliegt. Es geht mehr um seine jetzige Tätigkeit im Fernsehen (Sendung Mütter und Töchter). Ich halte es für sehr gefährlich, wenn das an die Öffentlichkeit kommt, was er jetzt vertritt.«[183] Gemeint waren hier öffentlich vertretene Thesen Kentlers zu einer frühen Aufklärung von Kindern. Hinweise auf pädophiliefreundliche Positionen gab es zu diesem Zeitpunkt offenbar noch nicht. Andere Präsidiumsmitglieder verwiesen darauf, dass Kentler nicht als Mitarbeiter der Kirche auf dem Podium sitze. Frauke Krukenberg meinte zudem, dass das Podium ja nicht

---

[183] Notizen über die Sondersitzung des Präsidiums des DEKT am 23.05.1979 in Frankfurt (o. N.), in: EZA 71/265.

nur mit Kentler besetzt sei und auf jeden Fall kontrovers diskutiert würde. »Wenn Kentler nicht auf dem Podium sitzt, wird es im Publikum eine Diskussion über seine Veröffentlichungen geben.« Sie verwies zudem darauf: »In Nürnberg gibt es eine Gruppe von Pädophilen. Die könnte sich als eine Gefahr für die Homosexuellen-Veranstaltung erweisen.«[184]

Gemeint waren Vertreter der 1975 in Heidelberg gegründeten »Indianer-Kommune«, die 1977 nach Nürnberg umgezogen war, und mit offensiven Forderungen zur Pädosexualität antraten. Sie konnten u.a. auch Einfluss auf Mitglieder der Partei »Die Grünen« ausüben.[185] Als Anfang der 1980er Jahre eine Polizeirazzia bei der Indianerkommune in Nürnberg gemacht wurde, fand sich eine ca. 2.000 Adressen umfassende Kartei, die zur Verteilung von weggelaufenen Kindern und Jugendlichen zu pädophilen Anbietern von Schlafplätzen diente.[186] Deutlich wurde in Krukenbergs Redebeitrag, dass man in dieser Gruppe, die im Schlepptau der Forderungen nach einer gleichberechtigten Anerkennung von Homosexualität sich befand[187], eine Gefahr für die Veranstaltung sah und damit das Partizipations- und Kontroversprinzip des Kirchentags selbst bedroht sah.

In der Sondersitzung des Präsidiums wandte sich die Mehrheit gegen die Intervention der bayerischen Kirche.

---

[184] Ebd.
[185] Institut für Demokratieforschung 2013, S. 85–90; Klecha 2017, S. 116f.; insgesamt zur Zeitlage Reichardt 2014, bes. S. 762–777.
[186] Füller 2015, S. 187–189; Friedrichs (Indianerkomune) 2017; Friedrichs 2018.
[187] Siehe zur transnationalen Dimension von Pädophilie-Aktivisten Friedrichs 2022.

Selbst Greifenstein sprach sich dafür aus, Kentler nicht abzusagen, aber »der bayerischen Kirchenleitung die Freiheit zu geben, [klar zu stellen] warum sie ihn ablehnt«.[188] In einer vorbereiteten Pressemeldung hieß es, dass der Kirchentag sich »Tabu-Themen« nicht gesucht habe, diese vielmehr an ihn herangetragen würden:

»Im Präsidium des Kirchentages bestand von Anfang an volle Übereinstimmung in der grundsätzlichen Bewertung dieses Problems. Als Christen können wir es nicht hinnehmen, dass eine Gruppe von Mitmenschen, nachdem ihre Kriminalisierung durch die Änderung der Strafgesetze beendet ist, einfach sich selbst und einem kirchlich-gesellschaftlichen Ghetto überlassen wird. Dieses grundsätzliche Verständnis hat dazu geführt, dass wir die Mitwirkung der Initiativgruppe ›Homosexuelle und Kirche‹ im Seelsorge- und Beratungszentrum, in einer Arbeitsgruppe und in einer öffentlichen Diskussionsveranstaltung vorgesehen haben. Die isolierte Darstellung des Problems in einer Koje des Markts der Möglichkeiten schien uns für die notwendigen Fortschritte des Verständnisses keine zusätzliche Hilfe zu bedeuten. Diese Ablehnung hat erneut Mißverständnisse und Ängste wach werden lassen, weil sie als Diskriminierung einer Randgruppe aufgefasst und zu wenig deutlich wurde, dass wir die schrittweisen Fortschritte des Verständnisses nicht von frontalen Durchsetzungsstrategien erwarten.«[189]

---

[188] Notizen über die Sondersitzung des Präsidiums des DEKT am 23.05.1979 in Frankfurt (o. N.), in: EZA 71/265.
[189] Siehe »Ansprache von Präs. Klaus v. Bismarck vor der Presse am 09.05.1979« (mit handschr. Ergänzungen) u. »Sprechzettel für

In der Folge wurde Kentler durch einen Brief von Kirchentagspräsident Klaus von Bismarck Ende Mai 1979 wieder eingeladen, denn es sei nicht mehr möglich, einen anderen Vertreter für das Podium zu gewinnen, aber zwei Vertreter seien der AG »Homosexuelle und Kirche« zugesagt worden. Dieser Grundsatz sei höher zu bewerten als »die immer noch bestehenden Befürchtungen, dass ihr Auftreten in Bayern bei manchen Teilnehmern Blockierungen hervorrufen könnte«.[190] Deutlich wurde in diesem Bezug auf die eigenen Regeln die Kapriole, welche die vorherige Ausladung und jetzige Wiedereinladung darstellte. Nur in der Abwägung der möglichen »Blockierungen« mancher Teilnehmer in Bayern und der eigenen Regeln wurde Kentler der Vorzug gegeben, nicht aus Überzeugung über die Wichtigkeit des Themas oder der Achtung seiner Person.

In der Woche vor dem Kirchentag erreichten die Geschäftsstelle des DEKT noch Proteste konservativer Christen wie des Dekans Johannes Rau vom Evangelisch-Lutherischen Dekanat Rothenburg ob der Tauber, der gegen Kentlers Einladung protestierte: »Seine perversen Thesen zur Sexualerziehung sind

13.06.1979«, in: EZA 71/3475. Nach diesen Notizen hat die bayerische Kirche ihre Ablehnung von Kentlers sexualpädagogischen Positionen in einem Kommuniqué am 31.05. formuliert.

[190] DEKT (v. Bismarck) an Kentler 29.05.1979, in: EZA 71/3475. Es hatten für die Podiumsveranstaltung bereits im Februar bis April 1979 der Psychoanalytiker H. G. Preuß, der Psychotherapeut Dr. med. Werner Huth, der Psychotherapeut Dr. med. Joachim Gneist, Prof. Dieter Eicke (GHH Kassel), Prof. H. Balz (Ruhr-Universität Bochum), Oberkirchenrat Kratz (Ev. Kirche in Hessen und Nassau) aus terminlichen Gründen oder auch aus mangelhaft empfundener Kompetenz abgesagt.

ein Hohn auf das christliche Menschenbild und speziell auf den zuvor erhobenen Anspruch des Kirchentages, Orientierungshilfen zu geben. Es ist schlichtweg ein Skandal, daß Herr Kentler durch die Einladung nach Nürnberg aufgewertet und kirchlich hoffähig gemacht wird. Ich möchte dagegen in aller Schärfe protestieren.«[191] Der Studienleiter Harald Uhl antwortete für den Kirchentag, dass das Präsidium zwei Vertreter der AG »Homosexuelle und Kirche« eingeladen habe und der Initiativgruppe das Nominierungsrecht zustehe. Auch andere Teilnehmer mit konträren Positionen seien vom Präsidium eingeladen.[192]

## 5.3 Die Podiumsveranstaltung »Homosexualität und Evangelium« beim Nürnberger Kirchentag 1979

Auf der Podiumsveranstaltung des DEKT am 15. Juni 1979 in Nürnberg, die der Dortmunder Sozialpädagoge Siegfried Keil (1934-2018)[193] moderierte, stellten sich die Teilnehmer vor und tauschten ihre Positionen aus, bevor aus dem

---

[191] Ev.-Luth. Dekanat Rothenburg ob der Tauber (Dekan Johannes Rau) an Präsidenten des DEKT 05.06.1979, in: EZA 71/3475.
[192] DEKT (Uhl) an Rau 07.06.1979, in: EZA 71/3475.
[193] Siegfried Keil, der Theologie und Soziologie studiert hatte, war Leiter der Evangelischen Hauptstelle für Familien und Lebensberatung im Rheinland in Düsseldorf gewesen. Er wurde 1973 ordentlicher Professor für Sozialpädagogik an der Hochschule Ruhr und war 1973 bis 2003 Präsident der Evangelischen Aktionsgemeinschaft für Familienfragen. Von 1985 bis 2002 hatte er eine Professur für Sozialethik an der Philipps-Universität Marburg. Siehe Jäger 2019, S. 301-309.

Plenum Fragen gestellt wurden.[194] Die Halle mit mehreren Tausend Zuhörenden war voll, die Stimmung aufgeladen. Versammlungsleiter Siegfried Keil forderte dazu auf, die Diskutanten ausreden zu lassen und nicht mit Sprechchören, Zwischenrufen oder Applaus übertönen zu wollen. Laut den Leserbriefen, die von der AG »Homosexuelle und Kirche« in einem Dokumentationsband im Anschluss an den Kirchentag veröffentlicht wurden, fanden sich junge Leute in den ersten Reihen mit Schildern auf der Brust: »Wir sind im Hungerstreik, für die Herrschaft Gottes – gegen homosexuelle Praktiken […]«, die in Sprechchören »Sünde« skandierten. Die »Indianerkommune« lenkte nach Meinung eines Leserbriefschreibers mit lautstarken Forderungen oft vom Thema ab, und ein Plakat »Wo bleiben die Lesben« hätte die Verwirrung komplett gemacht.[195] Frauke Krukenberg, die mit auf dem Podium saß, fühlte sich unter Druck gesetzt »wegen eines Stils, den ich unter Christen für sehr bedenklich und traurig halte«.[196]

Der katholische Vertreter Herman van de Spijker aus den Niederlanden[197] verwies auf die Pluralität der Positionen in

---

[194] DEKT-Dokumente 1979, S. 696–717. Teilnehmer waren Horst-Klaus Hofmann, Helmut Kentler, Frauke Krukenberg, Hans Gerch Philippi, A. M. J. M. Herman van de Spijker, ofm. Cap, Hans Georg Wiedemann.
[195] AG Homosexuelle und Kirche 1979, S. 45; ähnlich auch die Erfahrung von Hans Georg Wiedemann, der rückblickend von einer »Pogromstimmung« sprach (Wiedermann 1982, S. 203–207).
[196] DEKT-Dokumente 1979, S. 716.
[197] Der Theologe und Kapuzinerpater Antonius M. J. M. Herman van de Spijker (geb. 1936) schrieb mehrere Werke zu den Themen Theologie und Homosexualität und wurde in Deutschland auf-

der Katholischen Kirche. Die konservativeren Vertreter Horst-Klaus Hofmann aus Bensberg und Pfarrer Hans Gerch Philippi aus Ismaning trugen ihre Positionen vor, wonach sie zwar großes Verständnis für Homosexuelle hätten, es aber eine Heilbarkeit von Homosexualität gebe. Die Ablehnung von Homosexualität meinten sie biblisch begründen zu können. Frauke Krukenberg nahm eine vermittelnde Rolle ein zwischen den verschiedenen Gruppen. Von Seiten der AG »Homosexuelle und Kirche« waren der Gemeindepfarrer und Mitarbeiter der Telefonseelsorge Hans Georg Wiedemann (1936–2015)[198] und Helmut Kentler nominiert.

Wiedemann wies auf seine seelsorgerlichen Erfahrungen mit Homosexuellen und deren Ängsten in der Gesellschaft hin. Wiedemann hatte 1978 im Deutschen Pfarrerblatt einen vielbeachteten Aufsatz über »Angenommene (Homo) Sexualität« veröffentlicht.[199] Er verwies auf die Kontextgebundenheit der biblischen Aussagen über Homosexualität. Er war der zweite von der AG »Homosexuelle und Kirche« benannte Vertreter. Für die Sexualwissenschaft und deren Erkenntnisse zu Homosexualität saß Helmut Kentler auf dem

---

grund seiner Arbeit »Die gleichgeschlechtliche Zuneigung: Homotropie: Homosexualität, Homoerotik, Homophilie und die katholische Moraltheologie« (Spijker 1968) bekannt.

[198] Zur Biographie von Hans Georg Wiedemann, Gemeindepfarrer der Markus-Kirche in Düsseldorf 1973–2001; siehe https://rosa-courage.de/preistraegerinnen/1996-preistraeger-hans-georg-wiedemann/ (Stand: 12.03.2024). Wiedemann gehörte zu den Initiatoren der AG HuK-Gründung auf dem Berliner Kirchentag 1977.

[199] Wiedemann 1978. Siehe auch Wiedemann 1982.

Podium. Er stellte sich als 51-jähriger Sozialpädagoge vor, der einen Sohn habe.[200] Er vertrat die Position, dass man Homosexuellen vorurteilsfrei begegnen solle und verwies auf homosexuelle Anteile, die jeder Mensch habe. Kein Mensch könne zu Homosexualität »verführt« werden, was verschiedene Beiträge aus dem Plenum insinuierten. Auch eine »Umpolung« im Sinne der »Heilung« einer vermeintlichen Krankheit sei nicht möglich. Von ihm kamen vergleichsweise wenige Wortmeldungen, auch keine hinsichtlich der Frage nach Pädosexualität.

Kentlers Position zur Pädosexualität war allerdings zu jenem Zeitpunkt zumindest Lesern des »HuK-Info« bekannt, denn die Zeitschrift hatte einen Artikel von Kentler aus der Januarausgabe von »Psychologie heute« nachgedruckt, weil dieser wichtig für die »angelaufene Pädophilen-Debatte« sei.[201] Kentler leugnete darin vermeintlich schädliche Folgen für Kinder und Jugendliche und verwies nicht nur auf angebliche wissenschaftliche Studienergebnisse sondern auch

---

[200] Hierbei handelte es sich um einen Pflegesohn.
[201] Helmut Kentler, Sexualität ist ein Sozialprodukt, in: HuK-Info, Nr. 15, 01.05.1979, S. 21–24, hier S. 21 (urprünglich aus: Psychologie heute, Jan. 1979); zitiert nach Große Kracht 2024, S. 28. In der AG HuK kam die Debatte nach der Verhaftung des Berliner Pädophilie-Aktivisten Fred Karst im Jahre 1978 und der Gründung einer »AG Pädophilie« in der Allgemeinen Homosexuellen Arbeitsgemeinschaft 1979 in Gang (siehe Große Kracht 2024, S. 6f.; Hax/Reiss, S. 51–55). Siehe zur Pädophiliedebatte insgesamt, die ein eher »kurzlebiges Opportunitätsfenster« (Friedrichs 2017, S. 169) von 1970 bis Anfang der 1990er Jahre hatte, auch Liebeknecht 2020, S. 359–366.

auf seine eigene Erfahrung mit der Inpflegegabe von »hospitalismuskranken Jungen«, die »nachdem sie zwei bis drei Jahre bei pädagogisch besonders geschulten und ständig supervisierten Homosexuellen gelebt hatten«, vermeintlich »arbeits- und ehefähig« wurden.[202]

Eine Wortmeldung zum Thema Pädophilie kam während des Nürnberger Kirchentags aus dem Plenum, als ein Mitglied der »Indianerkommune« darauf hinwies, dass man im Hungerstreik sei und eintreten würde für »das Recht auf selbstbestimmte Sexualität, daß ich meine Sexualpartner selber wählen kann, egal wie alt ich bin«. Die Anwesenden sollten sich besser informieren und lernen, dass »viele Beziehungen, die als Verbrechen bezeichnet werden, viele Beziehungen zu Kindern kein Verbrechen sind, sondern das, wonach sich die Kinder sehnen, wonach die Kinder auch selber schreien«.[203] Das Plenum war zu einer Stellungnahme aufgerufen, dass die Kinder und Jugendlichen, die in das Haus der Kommune kommen wollten, nicht mehr von der Polizei abgefangen würden. Eine solche Resolution ist allerdings nicht erfolgt. Die von gut 4.700 Kirchentagsbesuchern unterschriebene Resolution aus dem Plenum setzte sich für

---

[202] Kentler 1979. Ähnlich hatte Kentler die vermeintliche Unschädlichkeit für Kinder bei pädosexuellen Handlungen im Vorwort des 1974 erstmals erschienenen Aufklärungsbuches »Zeig mal« behauptet (vgl. McBride 1980; dazu ausführlich Nentwig 2021, S. 113–120). Siehe bereits zeitgenössisch die Gegenposition bei Amendt 1980 (gekürzt in: HuK-Info Nr. 56 (Januar/Februar 1986), S. 56–59).

[203] DEKT-Dokumente 1979, S. 714. Die »Indianerkommune« veranstaltete zudem in Nürnberg auf dem Marktplatz einen Hungerstreik (siehe hierzu auch Friedrichs 2018, S. 554–556).

Pfarrer Klaus Brinker (1937–2003) ein, den Initiator für einen Stand der AG »Homosexuelle und Kirche« auf dem »Markt der Möglichkeiten«, der Anfang 1979 eine Pfarrstelle in Hannover nicht erhalten hatte, weil er offen in einer homosexuellen Partnerschaft lebte.[204]

Abb. 7: Hungerstreik der »Indianerkommune« während des DEKT 1979 in Nürnberg. Die untersten beiden Zeilen des Plakates lauten: »Straffreiheit für gewaltfreie sexuelle Liebesbeziehungen mit Kindern; Wiedergutmachung unserer Verfolgung durch die Nürnberger Polizei«

---

[204] Zur Debatte um Pfarrer Klaus Brinker siehe Fitschen 2018, S. 107–114.

Helmut Kentler sah das Podium an sich als einen Erfolg für die AG »Homosexuelle und Kirche« an. Er meinte, dass die »Fundamentalisten« ihre Ideologie als »Halt und Abwehrmechanismus« bräuchten. Die Bibelsprüche könnten auch gegen sie gewendet werden. Die interessantesten Gesprächspartner seien ohnehin die Interessierten, die Kritischen und die Unsicheren. »Christsein bewährt sich für Homosexuelle wie Heterosexuelle unter anderem darin, wie sie ihre Beziehungen gestalten: wie es gelingt, Menschlichkeit in einer Beziehung überhaupt erst einmal zu schaffen.« Homosexualität sei nicht ein der Kirche von außen aufgedrängtes Problem sondern in ihr. Diese Tatsache werde aber verdrängt und nicht wahrgenommen. Die durch das offensive Auftreten von Homosexuellen aufgerufenen Abwehrmechanismen waren bei der Veranstaltung sichtbar in Wut und Verfolgungswahn. Der folgende Kirchentag 1981 sollte aus dem »Ghetto« einer Sonderveranstaltung herausführen.[205]

## 5.4 Kentlers Engagement in der Arbeitsgemeinschaft »Homosexuelle und Kirche« bei Kirchentagen

Auf den folgenden Kirchentagen gehörte ein Stand der AG »Homosexuelle und Kirche« auf dem »Markt der Möglichkeiten« dazu.[206] Auch Frauke Krukenberg befürwortete eine künf-

---

[205] Leserbrief Helmut Kentler: Von Nürnberg lernen!, in: AG Homosexuelle und Kirche 1979, S. 43–44. Kentler war vom 01.07.1979 bis 31.12.2001 Mitglied der AG HuK (Regionalgruppe Hannover); siehe Kracht 2024, S. 1.

tige Beteiligung der Gruppe.[207] Im April 1980 meldete die AG »Homosexuelle und Kirche« ihre Mitarbeit für den folgenden DEKT in Hamburg mit Bezug auf die Losung »Fürchte Dich nicht« an. »Der Bezug unserer Arbeit zur DEKT-Losung liegt auf der Hand: Viele Homosexuelle – gerade auch in den Kirchen – leben in Angst und Isolation. Angst haben aber auch die anderen, nämlich vor dem ihnen ungewohnten sexuellen Verhalten oder auch vor ihren eigenen verdrängten sexuellen Wünschen.« Die Gruppe verstand sich als Auffangbecken für von der Kirche enttäuschte Homosexuelle, die öffentlich ein Zeichen setzen wollte, dass »Gottes Liebe vor Homosexuellen nicht halt macht und daß auch sie ihren Platz in der Kirche haben«. Auch die Heterosexuellen sollten »am Beispiel Jesu erkennen, wie man mit einer ungeliebten Gruppe umgeht, wenn man Christ ist.« Man wolle nicht im Kontext einer vermeintlichen Krankheit im Programm teilhaben. Zunächst wurde eine Koje im Markt der Möglichkeiten angemeldet.[208] Im Herbst 1980 meldete der Berliner Krankenhauspfarrer Heinz Brink für die AG »Homosexuelle und Kirche« eine grö-

---

[206] Vgl. z.B. AG Homosexuelle und Kirche (Pfr. Brink) an DEKT 29.04.1982, in: EZA 71/3818.
[207] Frauke Krukenberg an K. v. Bismarck 06.07.1979, in: EZA 71/304. »Der Kirchentag hat bisher vielfach dazu beigetragen, Themen, mit denen Ängste und religiöse Moralvorstellungen verbunden waren, öffentlich bewußt zu machen. Dies war, aus den Erfahrungen in Nürnberg zu schließen, bei diesem Thema höchste Zeit. Es wurde erschreckend deutlich, daß Homosexuelle begründete Angst vor pogromartigen Situationen haben. Sie selbst haben sich vor, während und nach der Veranstaltung konstruktiv verhalten.«
[208] AG Homosexuelle und Kirche an DEKT 15.04.1980, in: EZA 71/3615.

ßere Veranstaltung an, man brauche einen Raum in der Größe von 3.000 Teilnehmern.[209] Doch er erhielt die Antwort, dass man keinen so großen Raum auf dem Kirchentagsgelände zur Verfügung stellen könne.[210] Die Bedenken der Kirchentagsleitung waren aber offenbar nicht nur technisch-organisatorischer sondern inhaltlicher und prinzipieller Natur. Studienleiter Harald Uhl antwortete, dass »eine neuerliche Großveranstaltung auf dem Kirchentag zum Thema Homosexuelle und Kirche nicht den Erfahrungen des Nürnberger Kirchentags« entspreche. Nach dem »kräftigen Impuls, den der Nürnberger Kirchentag für die Behandlung dieser Frage gegeben« habe, sollte »nun eine Phase der Vertiefung und der Differenzierung folgen«. Die Teilnahme am Markt der Möglichkeiten sei auch mit der »Erwartung verbunden, daß die Behandlung des Themas in intensiver Gesprächsform weiter geführt wird«. Eine Veranstaltung sollte »in überschaubaren Rahmen« stattfinden als eine »Sonderveranstaltung in eigener Verantwortung«. Die würde auch ins Programmheft übernommen.[211] Die AG »Homosexuelle und Kirche« stellte in einer Liste des Studienleiters unter der Rubrik »Gruppen, deren Themen oder Selbstverständnis besonders kontrovers erscheinen«, den einzigen Eintrag dar.[212] Letztlich kam es beim DEKT in Hamburg zu einer »Sonderveranstaltung« in der St. Stepha-

---

[209] AG Homosexuelle und Kirche (Pfr. Brink) an DEKT (Uhl) 22.09.1980, in: EZA 71/3711.
[210] DEKT (Uhl) an Pf. Heinz Brink (Berlin) 15.09.1980, in: EZA 71/3626.
[211] DEKT (Uhl) an Brink 30.09.1980, in: EZA 71/3626.
[212] Liste in: EZA 71/3615.

nus-Kirche »Was haben homosexuelle Männer und Frauen von der Kirche zu erwarten? Zum Verhältnis von Kirche und Homosexuellen«, einem Raum, der für rund 500 Menschen Platz bot.[213].

Die AG »Homosexuelle und Kirche« begleitete in ihrem internen Organ »HuK-Info« (1983 in einer Auflage von 800 Exemplaren) die Kirchentage sowohl vorbereitend wie berichtend. Es wurden Veranstaltungen und Diskussionen zum Teil protokolliert.[214] Im Jahre 1983 wurde die AG »Homosexuelle und Kirche« zu einem eingetragenen Verein.[215]

Dreizehn Jahre später resümierte die AG »Homosexuelle und Kirche«, dass sie seit zehn Jahren mit derzeit 23 Regionalgruppen wirke, rund 500 Mitglieder und inzwischen auch eine Ökumenische Arbeitsgruppe »Homosexuelle und Kirche e. V.« gegründet habe. Der Abbau von Berührungsängsten und Informationsmangel über die »Lebenswirklichkeit

---

[213] Antrag auf Eintrag im Programmheft (Kurt Hohmann, 01. 03. 1981), in: EZA 71/3711. Zudem gab es noch »Gruppengespräche im Beratungs- und Seelsorgezentrum St. Petri an der Hauptkirche zum 19. DEKT Hamburg 1981«, darin u. a. täglich 17–18.30 Uhr: »Selbsterfahrungsgruppe (für Homosexxuelle)«, in: EZA 71/3710.

[214] Siehe z. B. HuK-Info Nr. 40, Sonderinfo zum 20. DEKT Hannover 1983; HuK-Info Nr. 53/54 (Juli–Oktober 1985); HuK-Info Nr. 75 (März/April 1989); HuK-Info Nr. 76/77 (Mai–August 1989); HuK-Info Nr. 78 (September/Oktober 1989); HuK-Info Sonderheft zum 24. DEKT 05.–09.06.1991; HuK-Info Nr. 89/90 (Juli–Oktober 1991); HuK-Info Nr. 101/102 (Juli–Oktober 1993); HuK-Info Nr. 112, (Mai–Juni) 1995; HuK-Info Nr. 113/114 (Juli–Oktober) 1995; HuK-Info Nr. 125 (Juli–August) 1997; HuK-Info Nr. 133 (Juli–September) 1999.

[215] Kleine Geschichte der HuK (Udo Kelch), in: HuK-Info Nr. 40, Sonderinfo zum 20. DEKT Hannover 1983, S. 22–24.

homosexueller Frauen und Männer in Kirche und Gesellschaft« war ihr Ziel.[216] Es ging ihr unter anderem um eine Gleichberechtigung von homosexuellen Pfarrern im Rahmen des kirchlichen Anstellungsrechts, wie beispielsweise die Fälle der diskriminierten Pfarrer Klaus Brinker und Hans-Jürgen Meyer immer wieder zeigten.[217] Helmut Kentler unterstützte diesen Kampf der AG »Homosexuelle und Kirche« durch seine Expertise in Fragen der Sexualität.[218]

Auf dem DEKT 1985 in Düsseldorf veranstaltete die AG »Homosexuelle und Kirche« ein Tribunal gegen Menschenrechtsverletzungen der Kirche, da sie Mitarbeiterinnen und Mitarbeiter wegen homosexuellen Lebens kündigte. Als Gutachter war neben der katholischen Theologin Bernadette Joan Brooten auch Helmut Kentler im sogenannten »Marktzelt« auf dem Messegelände aktiv. Er forderte von der Kirche, die Erkenntnisse moderner Sexualwissenschaft anzuerkennen.[219] Zudem hielt Kentler am 6. Juni 1985 in der Markus-Kirche einen Vortrag »Wir als Sexualwesen«, in dem er die leib- und sexualfeindliche Haltung der Kirche kritisierte, die sich aber nicht aus der Bibel herleiten lasse.[220]

---

[216] AG HuK an DEKT 23.06.1986, in: EZA 71/4090.
[217] Vgl. Fitschen 2018, S. 107–123.
[218] Kentler 1983; Helmut Kentler / Hans Georg Wiedemann, Antwort auf Horst Hirschlers Vorlage »Homosexualität und Pfarrberuf«, in: HuK-Info Nr. 58 (Mai–Juni 1986), S. 3–8; Ein Gespräch mit Helmut Kentler, in: Wiedemann 1982, S. 26–38.
[219] Die Kirche ist schuldig am ›Homo-Problem‹ (Bernhard Pasche / Michael Wörner) (aus: Gay-Journal 7/1985), in: HuK-Info Nr. 53/54 (Juli–Oktober 1985), S. 46–47.
[220] »H. Kentler: Wir als Sexualwesen«. Bericht vom Vortrag am 06.06.1985, in: HuK-Info Nr. 53/54 (Juli–Oktober 1985), S. 52.

Kentlers Infragestellung der ehelichen Treue mit der Bemerkung, dass ein Seitensprung auch »ungeheuer lustvoll« und für das Eheleben sogar förderlich sein könne, blieb von evangelikaler Seite nicht unwidersprochen. Die Kritik von Gerhard Naujokat (1932–2017) gegen Helmut Kentler als »Scheinprophet« wandte sich gegen die im Kirchentag sich abbildende Vielfalt, die durch die Ablehnung der Ehe »einseitig« werde. Die »Aufwertung der Sexualität bis zur Gleichwertigkeit aller anderen Betätigungsformen« in Kentlers Vortrag erschien ihm gefährlich. »Wann wird Kentler – wie kürzlich bei den ›Grünen‹ in Nordrhein-Westfalen geschehen – Sexualität von Kindern und mit Kindern für harmlos und gleichwertig erklären, und wann folgt die Selbstverwirklichung von Perversen – nach Kentler sind sie ›im Grunde harmlos‹ – oder gar Sadisten?«[221] Der konservative Kritiker hatte hier also einen Punkt, wenn er diesen auch durch eine undifferenzierte Generalkritik an allen Formen sexueller Selbstbestimmung entwertete.

Auf dem Kirchentag in Frankfurt 1987 betonte Kentler, dass Sexualität Gestaltung brauche und Ausdruck des Menschseins sei.[222] Dass er allerdings bei der Erwähnung

---

[221] Gerhard Naujokat: Ist ein Seitensprung ›ungeheuer lustvoll‹? (aus: idea-spektrum 25/85), in: HuK-Info Nr. 53/54 (Juli–Oktober 1985), S. 53. Gerhard Naujokat war von 1969 bis 1999 Generalsekretär des »Weißen Kreuzes«, des eine konservativ-christliche Sexualmoral vertretenden »Evangelischen Fachverbandes für Sexualethik und Seelsorge«, der sich 1890 in Berlin im Umfeld der Erweckungsbewegung gegründet hatte.

[222] Helmut Kentler, Menschliche Sexualität verlangt Gestaltung, in: HuK-Info Nr. 66 (September/Oktober 1987), S. 16–18.

des Menschen, »den ich am meisten liebe« und der sich »nun schon 14 Jahre« mit ihm abrackere, wohl den von ihm im minderjährigen Alter aufgenommenen Pflegesohn meinte, ging aus seiner Äußerung nicht hervor.[223]

Auch auf dem Kirchentag 1989 in Berlin, auf dem es ansonsten heftige physische Auseinandersetzungen mit der rechtskonservativen Internationalen Gesellschaft für Menschenrechte (IGFM) gab, deren Veranstaltung von schwarz vermummten Aktivisten gesprengt wurde[224], gab es zum ersten Mal in einer Messehalle eine Podiumsveranstaltung »Sexualität hat ihre/seine Zeit«, auf der Helmut Kentler zusammen mit den Psychologinnen Ursel Bucher und Sophinette Becker sprach.[225] Kentler redete dabei auch über seine Sexualität, die als Kind »mehr Neugier, Spielerei« umfasst habe. Als Jugendlicher sei er sehr »bedürftig nach Sexualität« gewesen. In Berlin habe er sehr lang in einer Wohngemeinschaft mit einem Freund und vier Leuten, die verheiratet waren und kleine Kinder hatten, gelebt. Hier fand er nach eigener Aussage das Zusammenleben aufregender als Sexualität. Erst jetzt im

---

[223] A.a.O., S. 18. Zu dem Pflegesohn, den Kentler Anfang der 1970er-Jahre, als dieser ca. 13 Jahre alt war, aufnahm und 1984 adoptierte, siehe Nentwig 2021, S. 572 f.

[224] Diskussionsrunde von Autonomen gewaltsam gesprengt, in: Berliner Morgenpost 11. 06. 1989, zitiert nach EZA 71/4704.

[225] AG HuK an DEKT 28. 10. 1988, in: EZA 71/4716. In einem Vorgespräch im April 1988 war mit Organisationsleiter Degenhardt eine Beteiligung am Markt der Möglichkeiten und einem thematischen Zentrum vereinbart worden. Sophinette Becker (1950-2019) war die Tochter von Hellmut und Antoinette Becker. Vgl. HuK-Info Nr. 76/77 (Mai-August 1989) und HuK-Info Nr. 78 (September/Oktober 1989), S. 14-15 (Bericht von Horst Gorski).

fortgeschrittenen Alter sei er wieder sehr bedürftig.[226] Details seines Lebens oder gar der von ihm initiierten Unterbringung von Kindern und Jugendlichen aus dem Feld der Jugendhilfe bei wegen Kindesmissbrauch vorbestraften Männern teilte er nicht mit. Allerdings erschien in diesem Jahr auch sein Buch »Leihväter«, das dieses »Experiment« offen ansprach.[227]

Es war allerdings eher die Offenheit, die Kentler hinsichtlich der Frage der Sexualität insgesamt zeigte, als ganz spezielle Äußerungen, die er machte, welche den Protest badischer Pietisten hervorlockten, die ansonsten eine Generalkritik am Kirchentag wegen der Einbeziehung fremder Religionen, Homosexueller und »Gewalttäter« übten. Man wandte sich gegen einen »uferlosen Pluralismus und das Ausmaß theologischer wie ethischer Verwirrung« auf dem Kirchentag. Der Vorsitzende der »pietistischen Vereinigung«, Pfarrer Adolf Mall (1928–2009) aus Eppingen, übte scharfe Kritik an der Mitwirkung Kentlers, »der auf dem Kirchentag die völlige Gleichberechtigung von Homosexuellen in der Kirche gefordert« und auch angeregt hatte, dass Pfarrer in homosexuellen Beziehungen leben dürfen sollten.[228]

---

[226] DEKT 1989 in Berlin (Audiodatei der Veranstaltung »Sexualität hat ihre/seine Zeit« am 09.06.1989, in: Stiftung Medienarchiv Bielefeld, DEKT 1989, Bd. 181); hier zitiert nach Nentwig 2021, S. 572f.
[227] Kentler 1989.
[228] Badische Pietisten üben massive Kritik am Kirchentag. Einbeziehung fremder Religionen, Homosexueller u. Gewalttätter verurteilt, in: Idea 56/89 v. 15.06.1989, S. 9 (zitiert nach: EZA 71/4703). Pfarrer Adolf Mall war von 1962–1992 Gemeindepfarrer in Adelshofen und von 1987 bis 1997 Vorsitzender der Evangelischen Vereinigung für Bibel und Bekenntnis in Baden.

Auch beim Münchner Kirchentag 1993 warb Kentler für ein anderes Sexualitätsverständnis: »Die Kirche hat von uns zu lernen, was Sexualität ist«, zitierte die Süddeutsche Zeitung aus seinem Vortrag.[229] Kentler war einer der hauptsächlichen Bezugspunkte für vermeintliche sexualwissenschaftliche Erkenntnisse, die er im Rahmen der AG »Homosexuelle und Kirche« und auch auf Kirchentagen verbreitete.[230]

Von einer Propagierung von Pädosexualität durch Kentler auf dem Kirchentag kann nach den mit der Geschäftsstelle des Kirchentags geführten Schriftwechseln und protokollierten Äußerungen keine Rede sein. Dass Helmut Kentler allerdings im Rahmen der erwünschten »sexuellen Befreiung« Positionen vertrat, die auch Pädosexualität ermöglichten und begünstigten, hätte bekannt sein können, auch wenn dies nach bisheriger Aktenansicht nicht offen auf Veranstaltungen des Kirchentags erfolgte.[231] Womöglich war dies einem strategischen Kalkül Kentlers entsprungen, denn laut einem Bericht in dem »HuK-Info« über ein Gespräch mit Kentler 1986 soll er gemeint haben, dass die gleichzeitige Behandlung von Pädophilie und Homosexualität kontraproduktiv für den Kampf um die Anerkennung von Homosexualität sei. »In politischer Hinsicht könne sich das gemein-

---

[229] Presseerklärungen der AG HuK auf dem Kirchentag, in: HuK-Info Nr. 101/102 (Juli–Oktober 1993), S. 7–8.
[230] Siehe z. B. Helmut Kentler, Sexuelle Orientierung und alternative Lebensgemeinschaften, in: HuK-Info Nr. 80 (Januar–Februar 1990), S. 28–32; siehe insgesamt Große Kracht 2024, S. 25–34.
[231] Zu erinnern wäre an sein Vorwort zu dem Aufklärungsbuch »Zeig mal« (Erstausgabe 1974), seinen Beitrag im HuK-Info 1979 und sein Buch Leihväter 1989.

same Vorgehen sogar fatal auswirken, wenn die radikaleren Forderungen der Pädophilen nach Abschaffung von § 176 die politisch vernünftige Forderung der Homosexuellen nach Abschaffung des § 175 verhinderten.«[232]

Was allerdings schon auf dem Nürnberger Kirchentag 1979 sichtbar geworden war, war der Versuch von Pädophilie-Aktivisten (Indianerkommune) im »Fahrwasser der Emanzipation« (Nentwig) das Ziel der Anerkennung von pädosexuellen Aktivitäten zu verfolgen. Dies betraf nicht nur Veranstaltungsformate wie den DEKT als »Forum des deutschen Protestantismus«, aber eben auch diesen. Selbst die konservative Reaktion gegen die Ermöglichung verschiedener Formen der Sexualität blieb polemisch und verfehlte in ihrer Generalkritik gegen alle Formen der Liberalisierung eine notwendige Differenzierung. Auch der AG »Homosexuelle und Kirche« wurde vor kurzem in einem in Auftrag gegebenen unabhängigen Forschungsbericht die unzureichende Abgrenzung zu Pädosexualität begünstigenden Positionen nachgewiesen.[233] Der wegen seiner Forderungen nach einer umfänglichen Sexualaufklärung angegriffene Helmut Kentler war einer der wissenschaftlichen Aktivisten der Emanzipationsbewegung für die Anerkennung von Homosexualität. Wie mittlerweile bekannt ist, beging er selbst

---

[232] D. G., Pädophilie als Therapieobjekt. Eine Diskussion mit Helmut Kentler, in: HuK-Info Nr. 59/60, Juli–Okt. 1986, S. 20.
[233] Große Kracht 2024; siehe auch die Stellungnahme des HuK-Vorstands [https://www.huk.org/images/documents/aufarbeitung/20240115_Padosexualitat-Stellungnahme-VS_final.pdf (Stand: 03.04.2024)].

pädosexuelle Übergriffe (er hatte ein Verhältnis mit seinem Pflegesohn), betrieb die Vermittlung von Kindern und Jugendlichen aus der Jugendhilfe an wegen Päderastie vorbestrafte »Pflegeväter« und gutachtete in juristischen Verfahren über sexuellen Missbrauch.[234] Er bestritt die Schädlichkeit pädosexueller Handlungen für die minderjährigen Opfer. Dabei war er Teil eines »Netzwerks«, das mit den Personen Martin Bonhoeffer und indirekt auch Gerold Becker verknüpft ist.[235]

---

[234] Siehe ausführlich Nentwig 2021, S. 510–516 (Gutachter in sieben gelisteten Fällen); 563–579, bes. 572 (Pflegesohn); Kentler 1989; Baader u. a. 2024.
[235] Baader u. a. 2024.

# 6. Hartmut von Hentig und Gerold Becker bei den Foren »Kinder und Erziehung« und »Schule« beim DEKT 1987 bis 1997

## 6.1 Von Erziehung zur Beziehung – Hartmut von Hentig und Gerold Beckers erneute Beteiligung am DEKT

Hartmut von Hentig und Gerold Becker traten erst wieder Anfang/Mitte der 1980er-Jahre bei Kirchentagen in Aktion. Offenbar beteiligten sich beide während ihres beruflichen Engagements an der Universität Bielefeld beziehungsweise an der Odenwaldschule nicht an Kirchentagen. Hartmut von Hentig nahm nach eigener Aussage seit 1983 mit acht Bibelarbeiten, fünf Vorträgen, zwei von ihm mitverantworteten halb- oder ganztägigen Foren und seiner Mitarbeit im Präsidium teil.[236] Im Jahr seiner selbstgewählten vorzeitigen Emeritierung an der Universität Bielefeld 1988 berief ihn das Präsidium des DEKT zu ihrem Mitglied. Ab dem Herbst 1986 wurde auch Gerold Becker, der 1985 seinen Schulleiterposten an der Odenwaldschule aufgegeben hatte, an der Planung eines Forums »Erziehung« für den kommenden Kirchentag einbezogen. Von den sexuellen Übergriffen Gerold Beckers war zu jenem Zeitpunkt noch nichts bekannt.

---

[236] Hentig 2007, S. 581. Siehe z. B. Hartmut von Hentig, Bibelarbeit zu Lukas 15,11–32, in: DEKT-Dokumente 1983, S. 82–95.

Im Januar 1986 sandte ein hessischer Pfarrer eine für das Thema Erziehung werbende Abhandlung an den erst kurz zuvor von der Evangelischen Akademie Hofgeismar zum DEKT gewechselten Studienleiter Konrad von Bonin. Der Pfarrer meinte, dass der Umgang von Erwachsenen mit Kindern zum Problem geworden sei, das Kind zu einem »virtuellen Thema«. »Fortschrittliche bis Grüne« seien skeptisch gegenüber dem Begriff der Erziehung. Viel eher würde vom Begriff der Beziehung gesprochen. Der Pfarrer meinte: »Theologisch haben wir keine zeitgenössische Systematik, die von der Erziehung wirklich etwas versteht und etwas dazu zu sagen hätte, was über den Bereich anderer Disziplinen hinausginge.«[237] Konrad von Bonin nahm daraufhin Kontakt mit dem in der Abhandlung ausdrücklich als Ausnahme genannten Hartmut von Hentig auf. Im März 1986 führte von Bonin im Auftrag des DEKT mit Hartmut von Hentig in der Forschungsstätte der Evangelischen Studiengemeinschaft in Heidelberg ein Gespräch über ein zu planendes Forum »Erziehung«.[238] Anfänglich war Hentig »skeptisch hinsichtlich einer Kirchentagsveran-

---

[237] Hans Rauschenberger (Pfr. in Edertal-Herrnfurth) an v. Bonin 02.01.1986, in: EZA 71/4194. Der Jurist Konrad von Bonin (Jg. 1944) war seit 1970 wissenschaftlicher Assistent an der FU in Berlin (Verfassungsrecht), seit 1978 Studienleiter an der Akademie Hofgeismar, 1984 Studienleiter beim DEKT und leitete von 2000 bis 2009 den Evangelischen Entwicklungsdienst.

[238] Konrad v. Bonin an Huber 02.02.1986 u. Vermerk über ein Gespräch mit Hartmut von Hentig am 12.03.1986 in Heidelberg zu einem Forum »Erziehung« (Konrad v. Bonin, 02.04.1986), in: EZA/71/4410. Ob Wolfgang Huber an diesem Gespräch teilgenommen hat, ist nicht

staltung, die an Begriffen wie ›Bildung‹ und ›Erziehung‹ und die heutige Diskussion unter Erziehungswissenschaftlern oder unter Lehrern anknüpft«. Er meinte, dass eine seinerzeit feststellbare »Verzagtheit unter Erziehern« mehr mit dem Leben der Erwachsenen zu tun habe und nicht mit Erziehung. »Der Kirchentag darf hier nicht als falscher Tröster, Ermutiger auftreten.« Hentig wollte dagegen eine Pädagogik setzen, die laut den Aufzeichnungen von Bonins aus dem »Lernen an Gestalten« wie Christus, Sokrates oder Franziskus bestehen sollte. Das Verhältnis von Vorbild und Nachfolge bzw. Meister und Schüler sollte zentral werden. Die Glaubwürdigkeit von Erziehung erweise sich »an dem Vorbild, der Persönlichkeit von Erziehern«. Hentig wollte die Wirkung von festen Sakramenten in der Urgemeinde, von »Lebensritualen« wie auch Schlüsselgeschichten betonen, »dem Kind Ritus geben«. In einer Zeit der Bilderflut seien feste Bilder notwendig, wie z. B. ›Der gute Hirte‹.[239] Nur »im Sinne einer solchen pädagogischen Gegenvision« könne sich Hentig ein Forum vorstellen als »ein Versuch, sich an ein ›Menschenbild‹ christlicher Erziehung heranzuwagen«. Obwohl oder gerade weil Hentig als Mitarbeiter auch an »Nicht-Pädagogen« dachte, nannte er als Personen für das vorzubereitende Forum unter anderen Gerold Ummo Becker, »bisheriger Leiter der Odenwaldschule«, den Pädagogen

---

eindeutig überliefert, ihm wurde zumindest dafür gedankt, dass »Ihr das Gespräch in Heidelberg logistisch vorbereitet« habt.

[239] Siehe zur hier nicht im Detail zu untersuchenden humanistischen Schul- und Bildungstheorie von Hentigs in theologischer Sicht Kutting 2004.

Jürgen Zimmer, Antoinette Becker (die Ehefrau von Hellmut Becker), die in Religionspädagogik »gründlich bewandert« sei, den Pädagogen Andreas Flitner und als »Opfer/Objekt der Pädagogik« einen »Schüler«. Hentig erkannte im Christentum drei Alternativen zur gegenwärtigen Art, mit Kindern umzugehen, erstens »vorleben statt belehren« bzw. »erzählen statt erklären«, zweitens Zuversicht, »weil in der christlichen Lehre die Welt zu unserer Freude und zu unserem Frommen geschaffen ist« und drittens eine andere Einstellung zum Kind und damit zum Erwachsenen (Lukas 18, 16–17, Matthäus 7,9; Lukas 11,11).[240]

Konrad von Bonin hoffte auf die starke Mitarbeit Hartmut von Hentigs selbst, doch dieser empfahl stattdessen Personen für eine einzurichtende Arbeitsgruppe. Im Rahmen der Diskussion über Erziehung meinte Konrad von Bonin auch, dass man sich »vor dem Mißverständnis einer ›Wende-Pädagogik‹ à la Christa Meves, also vor Beifall von der falschen Seite«, hüten müsse.[241]

Im Sommer 1986 lud von Bonin zu einer Arbeitsgruppe ein, die das Forum im Themenbereich »Wege des Menschen – Wege zum Menschen« planen sollte.[242] Die erste Sitzung der Forumsleitung fand Ende Oktober 1986 bei Hartmut von Hentig in Enger bei Bielefeld statt. Anwesend waren laut des Protokolls neben dem Gastgeber Antoinette Becker,

---

[240] Prof. Hartmut v. Hentig (Universität Bielefeld) an DEKT (Bonin) 25.03.1986, in: EZA 71/4194.
[241] Vermerk über ein Gespräch mit Hartmut von Hentig am 12.03.1986 in Heidelberg zu einem Forum »Erziehung« (Konrad v. Bonin, 02.04.1986), in: EZA 71/4410.
[242] DEKT (v. Bonin) an [Eingeladene] 01.07.1986, in: EZA 71/4410.

Gerold Becker, Konrad von Bonin, Klaus Haendler, Kara Huber-Kaldrack, Manfred Kopp und Jürgen Zimmer.[243] Man war sich einig: »Die Losung ›Seht, welch ein Mensch‹ weitet den Blick auf die Kinder als Träger unserer Zukunft.« Bislang wurde auf Kirchentagen den Kindern wenig Beachtung geschenkt. In den folgenden Treffen der Forumsleitung »Erziehung« nahm auch zeitweise Hellmut Becker teil.[244]

Man einigte sich auf einen Ablauf, in dem zunächst eine Bibelarbeit von Hartmut von Hentig »über das unmittelbare Verstehen des Jesaja-Textes hinaus« anklagen sollte, dass »wir zutiefst unchristlich mit Kindern umgehen«. Dann wurden verschiedene Lebenssituationen von Kindern erzählt.[245] Der Pädagoge Jürgen Zimmer stellte die Situation von Kindern in Entwicklungsländern vor (»Das Leben selbst lehrt das Überleben und mehr«). Dem schloss sich die Darstellung eines Kindes »in wohlgeordneten Verhältnissen« durch Antoinette

---

[243] Protokollnotizen der Sitzung der Forumsleitung Erziehung am 17.10.1986 bei Hartmut von Hentig in Enger bei Bielefeld (31.10.1986, Kara Huber-Kaldrack), in: EZA 71/4121.

[244] Protokoll 2. Treffen der Forumsleitung »Erziehung« am 12./13.12. in Berlin (Gerold Becker, 18.12.1986) u. Protokollnotizen aus der Sitzung der Forumsleitung Kinder am 18.01.1987 in Frankfurt (Konrad von Bonin, 05.02.1987)), in: EZA 71/4121; vgl. auch Schriftwechsel in: DIPF/BBF/Archiv, NL Gerold Becker Nr. 483. Hellmut Becker soll bereits 1970 von seinem Patensohn über einen versuchten Übergriff von Gerold Becker informiert gewesen sein, den er in einem anschließenden Gespräch zu einer Therapie aufgefordert haben soll (Füller 2011, S. 225–226).

[245] Die Bibelarbeit v. Hentigs »Der glimmende Docht – oder Seht, die Kinder!«, in: DEKT-Dokumente 1987, S. 128–148, u. Ablauf des Forums »Kinder und Erziehung (a. a. O., S. 413–437).

Becker unter dem Titel »Überwältigung durch Erwartung« an. Die Bezeichnung »Vergewaltigung« hatte man fallen lassen. Über die »vorsorgliche Anpassung« eines Jugendlichen im Schulalltag sprach Hartmut von Hentig. Ein Gespräch über »Aufwachsen in einer widersprüchlichen Zeit« zwischen der Pädagogin Anne Frommann und Gerold Becker (den Publizisten Hans-Magnus Enzensberger konnte man nicht dafür gewinnen) beschloss die Veranstaltung, welche in diesem Ablauf so realisiert wurde. Hierin verwiesen diese einerseits auf die vielen weltweit wahrgenommenen Krisen und Probleme (von Tschernobyl bis zur Stationierung von Atomwaffen in Deutschland), unter denen die Kinder schwer leiden würden, doch auch auf die Fähigkeiten von Kindern auch solche Probleme meistern zu können, wenn man sie stärke.

Am Nachmittag ging es zunächst um den Brief eines Sechzehnjährigen, der aus einer Internatsschule weggelaufen war, an seine Eltern und Lehrer. In diesem beklagte er, dass er von diesen immer nur als Kind behandelt und nicht als eigenständig wahrgenommen worden war. Am Ende schloss sich ein von Gerold Becker, Hartmut von Hentig und Jürgen Zimmer verantwortetes »Manifest« »Die Verantwortung der Christen für die Kinder und ihre Zukunft« an.[246] Die drei Autoren, »deren Beruf es ist, Kindern zu helfen und den Helfern von Kindern zu helfen«, verwiesen auf die Bergpredigt und meinten, dass man »die Radikalität der christlichen

---

[246] Dieses Manifest war seit dem Januar 1987 arbeitsreich von den drei Autoren vorbereitet worden. Hartmut von Hentig meinte, »der Kirchentag wächst sich zu einem Nebenberuf für mich aus« (Hartmut v. Hentig an DEKT (v. Bonin) 16.02.1987, in: EZA 71/4194).

Lehre braucht, um die Trägheit und Phantasielosigkeit zu überwinden«. In einem Rundumschlag wurden alle belastenden Faktoren von der Plutoniumwirtschaft, der Umweltverschmutzung, der Rüstung, des Waffenhandels, der ungerechten Weltwirtschaftsordnung etc. aufgezählt und letztlich zum Argument für die Durchsetzung einer »befreienden (christlichen) Utopie: Die Lilien auf dem Felde« gemacht. »Lebt doch einmal so, daß die Kinder Dir das Leben glauben! Was denkt mein Sohn, wenn ich diesen Weg gehe?«, wie es im Protokoll des Treffens der Vorbereitungsgruppe festgehalten wurde.[247]

In dem apologetisch gefärbten dritten Band seiner Autobiographie verweist Hartmut von Hentig darauf, dass er gerade aufgrund seiner Schriften wie der Bibelarbeit, die mit »Zehn Geboten für den Umgang mit Kindern« abschloss, und dem Manifest auf diesem Kirchentag hätte »mehr Zweifel« auch gegenüber seinem Partner haben müssen.[248] Allerdings standen die in dem Forum des Kirchentags getroffenen Aussagen im Bannkreis einer pädagogisch-advokatorischen Selbstermächtigung, die auch missdeutet werden konnten, wenn es beispielsweise im sechsten Gebot der Bibelarbeit Hartmut von Hentigs hieß: »Du sollst eines Kindes Liebe und Vertrauen nicht zurückweisen – so wenig wie seine Trauer, seine Angst, seine Neugier, seine Phantasie.«[249]

---

[247] Protokollnotizen aus der Sitzung der Forumsleitung Kinder am 18. 01. 1987 in Frankfurt (Konrad von Bonin, 05. 02. 1987), in: EZA 71/4121.
[248] Hentig 2016, S. 586. Hentig meint dabei den Kirchentag in Frankfurt auf das Jahr 1989 datieren zu können, richtig ist allerdings 1987.
[249] Dokumente 1987, S. 148. Siehe ansonsten zur positiven Rezeption

Abb. 8: DEKT 1987 in Frankfurt. Bibelarbeit

Die Veranstaltung des Forums war Teil der »verwirrenden Vielfalt«, wie der Generalsekretär Christian Krause den Frankfurter Kirchentag 1987 beschrieb. Krause meinte, dass trotz der im allgemeinen positiven Medienberichterstattung, der Kirchentag sich in einem tiefgreifenden Wandlungsprozess befinde. Die »Harmoniedarstellung« des »Politisch und Fromm« würde dem nicht unbedingt entsprechen. Das Verhältnis von Kirche und Kirchentag wäre oft dasjenige einer Identifikation, einer Gemeinschaft und nicht mehr einer

> des Forums Religionspädagogisches Studienzentrum der Ev. Kirche Hessen u. Nassau (Manfred Kopp) an DEKT (v. Bonin) 16.09.1987; Gerhard Vicktor: Lehrer halten sich den Spiegel vor, in: Mitteilungsblatt des Religionspädagogischen Instituts der Ev. Kirche in Baden 1987, S. 18–20 u. Studienleiter Eckhard Marggraf (Religionspädagogisches Institut der Ev. Kirche in Baden) an Prof. Wolfgang Huber 02.07.1987 (in: EZA 71/4194).

»pluralistisch gedachten Individualität«. Der »Marktstreit wird zur Tempelreinigung«. Die 1973 eingeführten »sich bedingenden Kontrovers- und Partizipationsprinzipien« hatten zwar in der Folge viele Teilnehmende für die Kirchentage erbracht, doch sah Krause diese an einem Auslaufpunkt. Er nahm eine Spannung von »Volumen und Inhalt« wahr. Er schlug vor, die Themenbereiche zu verringern. Aus erfolgreichen Veranstaltungen dürfe nicht der Anspruch erwachsen, auf dem nächsten Kirchentag wieder aufzutreten, sonst werde eine Steuerung unmöglich.[250]

Das Forum Erziehung auf dem Kirchentag war ein Erfolg. Gerold Becker war z. B. für den Kirchentag 1989 in Berlin angefragt einen Vortrag über »Die Sehnsucht nach Ganzheitlichkeit und die Gegenwart der Aufklärung« zusammen mit der evangelischen Theologin und Lektorin Hildegunde Wöller[251] zu halten, der allerdings nicht zustande kam, weil er absagte.[252] Becker hatte diese Idee der Auseinandersetzung mit

---

[250] Christian Krause: Frankfurt ›87. Auf der Suche nach dem Kirchentag (25.09.1987), in: EZA 71/4267. Der Theologe Christian Krause (geb. 1940) hatte nach seinem Studium u. a. beim Lutherischen Weltbund gearbeitet. Von 1985 bis 1994 war er Generalsekretär des DEKT, 1994 bis 2002 Landesbischof in Braunschweig und seit 1997 Präsident des Lutherischen Weltbundes.
[251] Hildegunde Wöller (1938–2011) war eine evangelische Theologin und Lektorin. Von 1963 bis 1969 war sie in der kirchlichen Rundfunkarbeit und im Sender Freies Berlin tätig. Freiberufliche Tätigkeit in Publizistik und Erwachsenenbildung. Veröffentlichungen im Bereich christlicher Glaube, feministische Theologie, Tiefenpsychologie [https://opus-magnum.com/autoren-und-werke-4/woeller-hildegunde/ (Stand: 16.11.2023)].
[252] DEKT (v. Bonin) an Michael Albus 17.10.1988, in: EZA 71/4638.

»Ganzheitlichkeit« selbst im Frühjahr 1988 angeregt, als er dem Studienleiter Konrad von Bonin schrieb:

»Mein Gemüt ist aus vielen Anlässen im Augenblick sehr viel mehr beschäftigt mit dieser ›Ganzheitlichkeits‹-Euphorie, von der ich auch in Frankfurt gestottert habe. Da brodelt sich eine neue Gefahr zusammen (denke ich), und die lieben progressiven evangelischen, schon wieder in Angst, den Anschluß an den Zeitgeist zu verlieren (aber auch, weil ihnen das Programm ›Aufklärung‹ eigentlich nie wirklich gepaßt hat), sind flugs dabei, auf den falschen Zug aufzuspringen. Diese ganzen ungemein heutigen Capras & Co. sind doch die Dunkelmänner und Dumpfmeister der sogenannten Postmoderne, deren Anhänger dann auf die neue ›Zeitenwende‹ lauern und für ihre geliebte ›Ganzheitlichkeit‹ dann die erstaunlichsten Opfer (nicht nur das sacrificium intellectus) bringen werden.«[253]

Gerold Becker, der laut der Erinnerung von Konrad von Bonin ein sehr guter Moderator war, avancierte nachfolgend zu einem wesentlichen Gestalter der Foren »Kinder und Erziehung« beim Kirchentag. Dies galt 1989 beim Kirchentag in Berlin (Motto: »Unsere Zeit in Gottes Händen«), wo das Thema am Prüfstein »Zeit« (Zeit für Kinder, ihnen Zeit lassen, Zeitgebrauch etc.) ausbuchstabiert wurde[254], und auch für den nachfolgenden Kirchentag 1991 im Ruhrgebiet (Motto: »Gottes Geist befreit zum Leben«). Becker schlug für den Themenbereich 4 (»Gelingendes Leben – Komm, heilender

---

[253] Becker an v. Bonin 08.03.1988, in: EZA 71/4750. Zur Zentralfigur der New-Age-Bewegung Fritjof Capra siehe Eitler 2011.
[254] Vgl. v. Bonin 1990.

Geist«) ein Forum vor, dass Kinder und Jugendliche »nicht als Objekt unserer wohlmeinenden pädagogischen Bemühungen und moralischen Skrupel« wahrnehme, sondern als »solche, die anders als wir sind (nämlich: Kinder und Jugendliche), aber die uns ›gleichberechtigt‹ sind, so daß unser Leben nur ›gelingen‹ wird, wenn auch ihres ›gelingt‹.« Dabei sollte das Verhältnis der Generationen beleuchtet werden.[255]

So lauteten die Vorüberlegungen des planenden Gerold Becker. Sie vereinten einige der konzeptionellen Elemente im Denken der Reformpädagogik Hentigs mit den Vorstellungen Beckers von Kindern und ihrer Gleichberechtigung bei der Suche nach einem »gelingenden Leben« gegenüber Erwachsenen. Becker wollte Kinder und Jugendliche aufwerten und »befreien« von Pädagogik und Vormundschaft. Angesichts der mittlerweile bekannten Missbrauchstaten Beckers hat man hier schnell den Eindruck, dass es ihm auch um Rechtfertigung ging, um die Verwischung der Grenze zwischen Erwachsenen und Kindern.

Das Präsidium bat Gerold Becker zudem um eine Bibelarbeit zu 4. Mose 11,4b–33, die mit dem Forum verbunden werden könnte.[256] Bibelarbeiten waren allerdings wohl nicht das geeignete Format, in dem Becker brillieren konnte. Nicht nur die Erinnerungen von Konrad von Bonin verweisen

---

[255] Gerold Becker: Vorschlag für das Forum »Kinder und Erziehung« (Vorschlag 07.06.1991) (am 17.10.1990 von Gerold Becker an DEKT übermittelt), in: EZA 71/5171.

[256] Protokollnotizen aus der Sitzung der Forumsleitung »Kinder und Erziehung« am 16.10.1990 in Berlin (v. Bonin, im Okt. 1990), in: EZA 71/5171.

darauf, auch ein Brief, den Becker an von Bonin im August 1990 schrieb, belegt dessen Schwierigkeit mit den seiner Ansicht nach »ziemlich schrecklichen Texten«. Er meinte, wohl nur eine »ziemlich sture textkritische Exegese« machen zu können.[257]

In der Veranstaltung sollte es nicht nur um einen »kulturkritischen Trip« gehen, vielmehr sollten konkrete Formen gelingenden Lebens gezeigt werden. Die Jugendforschung habe gezeigt, dass »sich die Wertorientierungen der christlichen Tradition zum Teil aufgelöst haben, daß es eine ›Entstandardisierung‹ gibt. Was heißt dies für die heutige Lebenssituation? Es ist sicherlich nicht nur eine Befreiung, auch eine Belastung.« Die Schwierigkeit eine liberale Gesellschaft auszuhalten, zeige sich besonders bei Jugendlichen aus der früheren DDR als Gegensatz zum Solidaritätszwang in Form von Ausländerfeindlichkeit, Rechtsradikalismus etc.[258]

Im Ablauf der Veranstaltung ging es unter dem Motto »Kinder haben ihre Zeit« zunächst um Kindergeschichten. Am Nachmittag führte Gerold Becker in den Bereich »Die

---

[257] Gerold Becker an Konrad von Bonin 15.08.1990, in: EZA 71/5322. In dem Bibeltext wird das aus Hunger von Gott abfallende Volk nach langem Jammern mit Fleisch bedacht, doch dann wegen seines Abfalls vom Glauben und seiner Gier bestraft. Der Text endet mit der Namensgebung des Ortes Kibrot-Taawa (»Lustgräber«), »weil man dort die Leute begrub, die von der Gier gepackt worden waren« (4. Mose 11,34).
[258] Protokollnotizen aus der Sitzung der Forumsleitung »Kinder und Erziehung« am 16.10.1990 in Berlin (v. Bonin, im Okt. 1990), in: EZA 71/5171.

Kinder und die Zeit der Erwachsenen« ein und füllte zugleich die Rolle des »Anwalts des Publikums« aus.[259] In einem Bericht über das »Forum Erziehung«, dass rund 2.000 Zuhörende anzog, wurde die unterschiedliche Sicht der Generationen aufeinander herausgestellt. Ein Gespräch zwischen dem Pädagogen Andreas Flitner und dem Psychoanalytiker Horst Eberhard Richter über Generationenunterschiede unterstrich die wachsende körperliche Selbstbehauptung und Egozentrik von Jugendlichen, was als Folge einer gestiegenen Zukunftsangst gedeutet wurde. Der Psychologe Otto Herz verwies auf veränderte Lernbedingungen angesichts veränderter Lebensbedingungen durch »Medienkindheit«.[260]

## 6.2 »Was sind uns die Kinder wert?« – Forum Schule

Auf den Kirchentagen 1993 und 1995 beteiligten sich weder Hartmut von Hentig noch Gerold Becker an den dort stattfindenden »Jugendforen«. Allerdings führte Hartmut von Hentig am 11. Juni 1993 in München eine Bibelarbeit (zu Matthäus 25,31–46) durch.[261] Er sprach auch vor dem Hin-

---

[259] So nach Auszug aus dem Programmheft des 23. DEKT, in: EZA 71/5171.
[260] Veränderte Lebensbedingungen fordern veränderte Lernbedingungen, in: ru intern. Korrespondenz für evangelische Religionslehrer in Westfalen und Lippe 20. 1991, H. 3., S. 7-8 (EZA 71/5171). Eine Podiumsdiskussion mit Ute Andresen, Elisabeth Dessai, Reiner Gronemeyer und Marianne Birthler sowie ein Gespräch zwischen Eckart Schwerin und Anne Fromman schlossen das Thema ab.
[261] Hartmut von Hentig: Wir haben dich aufgenommen? Bibelarbeit

tergrund der fremdenfeindlichen Anschläge von Hoyerswerda, Hünxe, Rostock, Mölln, Solingen und Frankfurt »an Hilflosen oder Schwachen – Ausländern, Behinderten, Homosexuellen«. Diese Taten seien so zahlreich, dass »sie nicht mehr genannt, sondern nur noch gezählt werden« könnten. Er meinte, dass nach seiner Kritik der Kirchentag angefangen habe, sich auf eine Losung zu konzentrieren, auf eine Absicht mit z. B. einer Aufforderung zur Suche nach einer Lösung, wie z. B. »Zukunft der Kinder«. Doch er verstand dies tiefgehender, dass es auch darum gehe die Denkgewohnheit der Christenheit zu prüfen, »beispielsweise die Kirche / die Sakramente, die Verkündigung, das Menschenbild und das Gottesbild / die Leibfeindlichkeit / den Fundamentalismus und den Liberalismus im Glauben«. Auf die Frage, warum man nicht das »Richtige« tue, meinte er zwei Antworten geben zu können: erstens dass man zu schwach und feige sei und zweitens dass man nicht könne, weil die Verhältnisse einen hindern: »Wir wären gut – anstatt so roh / doch die Verhältnisse, die sind nicht so« (Brecht). Er sah in der Verbindung dieser Antworten eine Lösung im Sinne einer Moral. »In der Moral sind Sicht-Verhältnisse Grundverhältnisse: Armut und Wohlstand, Arbeit und Arbeitslosigkeit, Freiheit und Befreiung, Wissen und Unwissen, Friede und Unfriede, Fortschritt und Rückschritt, Vernunft und Normalität, Gesundheit und Wohlbefinden, Produktivität und Verschwendung, Natur und Natürlichkeit, Privatheit und Recht auf Öffentlichkeit, Heimat und Recht auf Hei-

zu Matthäus 25,31–46 auf dem Deutschen Evangelischen Kirchentag in München am 11. Juni 1993, in: EZA 71/5424.

mat und so fort. An ihnen mißt sich das sittliche Bewußtsein im Alltag – und kann's heute nicht mehr.« Hentig maß das an der wenige Wochen zuvor stattgefundenen Demonstration gegen den zeitgenössisch in der politischen Debatte stehenden »Asylkompromiß«. Hierin seien auch »seine Schüler« gefahren im Bewusstsein, sie müssten gegen eine Willkürherrschaft vorgehen, die ein Grundrecht auf Asyl beseitige. »Sie hatten und taten damit nicht recht, denn die Freiheit der Volksvertreter ist ihre eigene Freiheit; aber sie empfanden recht: daß die Vernunftfreiheit, die die Verfassung uns sichern will, arg beschränkt ist. Diese Wahrnehmung demütigt sie. Eigentlich sehnen sie sich nach einem Tyrann, den sie im Namen der Freiheit bekämpfen können. Sie wollen Drachen töten. Befreiung ist Lust, die mit anderen geteilte Freiheit Frust.« Hentig meinte, dass man sich mit Lebenslügen schützen würde, da Grundvorstellungen nicht mehr zu Grundverhältnissen passten. [262]

Gerold Becker war beim Hamburger Kirchentag 1995 am »Forum Schule« beteiligt, dass unter der Überschrift »Es muss nicht alles bleiben, wie es ist« reformierend die »Schulen in Bewegung« bringen wollte. »Was sind uns die Kinder wert?«, fragte eine Veranstaltung, die gezielt die Frage nach der »Verantwortung für die junge Generation« stellte.[263] In

---

[262] Alle vorstehenden Zitate aus ebd.
[263] An dem »Forum Schule« nahmen teil: Burkhard Jung, Barbara Krau, Prof. Dr. Fritz Oser, Prof. Dr. Peter Fauser, Annegrethe Stoltenberg sowie Dr. Christoph Th. Scheilke; Prof. Dr. Klaus Klemm; Ministerpräsidentin Heide Simonis; Prof. Dr. Kurt H. Biedenkopf; Dr. Dieter Wunder; Dr. Jürgen Frank; Prof. Dr. Klaus-Jürgen Tillmann; Dr. Hildegard Hamm-Brücher; Prof. Dr. Friedrich Schweitzer (so nach Pro-

der ersten Sitzung der Forumsleitung im Oktober 1994 in Frankfurt/Main überlegte man, wie man einerseits ermüdete Lehrer motivieren könnte, und zum anderen dachten die Teilnehmer darüber nach, »ob andere Erwachsene als Lehrer in die Schule gehören: Die Kinder sollen sehen: da ist jemand, der wird mit dem Leben fertig«.[264] Man wollte das Gehäuse der Schule verändern, die Gebäude, die Zeitrhythmen, »mehr Experimentierfreiheit« als »herrliche Freiheit der Kinder Gottes, auch in der Schule« ermöglichen. Die Schule sollte als eine gerechte Gemeinschaft demokratisch gestaltet werden. Die Aktualität dieser Gedanken wurde durch einen in der Akte des Kirchentags abgelegten Artikel aus dem »Spiegel« unterstrichen, der einen kritischen Zustandsbericht über deutsche Schulen gab, die zunehmend unter Vorfällen von Gewalt litten.[265]

Gerold Becker war mit der Organisation dieses Forums sehr beschäftigt und lehnte deshalb die Anfrage des Kirchentags, auch einen Vortrag zum Thema »Bildung« zu halten, ab.[266] Er schrieb an den Studienleiter von Bonin: »Der Mann, den Sie für den von Ihnen vorgesehenen Vortrag eigentlich brauchen würden, lebt nicht mehr: Bruno Bettelheim. Der hat (übrigens, was die meisten nicht glauben würden, Alexander Neill auch) wirklich etwas von ›Autorität‹ verstanden – und von der Notwendigkeit, die sie auch für den

---

grammübersicht DEKT 1995). Ein Abdruck der Beiträge der Veranstaltung im Dokumentenband hat nicht stattgefunden.
[264] Protokoll 1. Sitzung der Forumsleitung am 28.10.1994 in Frankfurt/Main (Konrad von Bonin), in: EZA 71/03/187.
[265] Fit für die Zukunft, in: Der Spiegel 35/1994 ( EZA 71/03/187).
[266] Becker an von Bonin 11.01.1995, in: EZA 71/03/187.

›Seelenhaushalt‹ bei Heranwachsenden hat. Tote können Sie nicht erwecken, Urie Bronfenbrenner nicht aus Cornell heranfliegen lassen.«[267]

Das »Forum Schule« wurde von Gerold Becker eingeleitet. Er hatte im Vorfeld Kontakte zu Burkhard Jung (Leiter des Evangelischen Schulzentrums Leipzig) und Barbara Krau (Leiterin der Max-Brauer-Schule Hamburg) hergestellt, die Reformen an ihren Schulen als gute Beispiele vorstellen durften. Den Nachmittag moderierte Christoph Th. Scheilke vom Comenius-Institut mit Beiträgen des Bildungsforschers Klaus Klemm, der Ministerpräsidentin Heide Simonis, der Politikerin Hildegard Hamm-Brücher und weiteren mit der Frage nach der Verantwortung für die junge Generation. Becker beteiligte sich auch daran, Teilnehmende für den Themenbereich IV »Vorbilder und Bilder des Menschen«, in dem am Vormittag sein Partner Hartmut von Hentig einen Vortrag hielt, zu gewinnen. So schrieb er an die im Deutschen Philologenverband engagierte Pädagogin Elisabeth von der Lieth, die in ein Streitgespräch mit dem von Becker als »anarchischen Individualisten« gekennzeichneten Sozialwissenschaftler Rolf Schwendtner gehen sollte.[268] Die Beschreibun-

---

[267] Ebd. Bruno Bettelheim (1903–1990) war ein aus Österreich stammender US-amerikanischer Psychoanalytiker und Kinderpsychologe, der ein Jahr in den Konzentrationslagern Dachau und Buchenwald interniert gewesen war. Alexander Sutherland Neill (1883–1973) war Gründer der Reformschule Summerhill in Leiston (Suffolk). Urie Bronfenbrenner (1917–2005) war ein amerikanischer Entwicklungspsychologe, der für seinen ökosystemischen Ansatz bekannt wurde.
[268] Becker an Elisabeth von der Lieth 17.03.1995, in: EZA 71/03/187.

gen zeigen, wie gut Gerold Becker seine Verbindungen im reformpädagogischen und politischen Feld einsetzen und auf dem Kirchentag ein Forum gestalten konnte.[269]

Vor dem Kirchentag in Hamburg 1995 beteiligte sich Hartmut von Hentig daran, einen Brief an Wolf Biermann zu schreiben, um ihn zu einem Konzertabend zum Abschluss des Jugendforums zu bewegen.[270] Hentig hielt auf dem Hamburger Kirchentag die Rede »Was bildet den Menschen?«. Er ging darin die Bildungsbegriffe durch und betonte neben den körperlichen Bedürfnissen des Menschen »nach Nahrung, Sexus, Schlaf, Bewegung, angemessener Wärme« auch »geistige und seelische Bedürfnisse nach Geselligkeit, Sicherheit, Neuigkeit, Geltung«. Bildung schaffe »eine menschenwürdige Normalität«. Der Mensch würde

---

    Mit Elisabeth von der Lieth (1918–2002) wollte er sich zudem noch bei Gelegenheit über die »2. Phase der Lehrerausbildung« austauschen.

[269]  Nach dem Kirchentag schrieben Friedrich Schweitzer und Christopf Th. Scheilke, dass sie trotz »enttäuschender Äußerungen der Politiker« auf dem Podium rückblickend eine gute Erinnerung daran hätten. Sie schlugen vor, dass die Themen des Religionsunterrichts und des neuen Unterrichtsfachs Lebensgestaltung – Ethik – Religionskunde in Brandenburg auch beim nächsten DEKT aufgegriffen werden sollten. Comenius-Institut. Ev. Arbeitsstätte für Erziehungswissenschaft e.V. (Schweitzer/Scheilke) an Becker/ v. Bonin 27.06.1995, in: EZA 71/03/187.

[270]  Hentig an Aulepp 09.03.1995, in: EZA 71/4164. Zuvor hatte es im Januar 1995 eine kontroverse Diskussion im Präsidium gegeben, ob Wolf Biermann im Rahmen des »Jugendforums« eine Bibelarbeit machen dürfe, da er erklärter Atheist sei (Niederschrift über die die Sitzung des Präsidiums des DEKT am 20./21.01.1995 in Fulda, in: EZA 71/259).

»nach berichtetem oder erlebtem Weltkrieg, nach Aufklärung über Umweltschäden, Ansteckungsgefahr, Staatskrise, die Folgen von sozialen Vorurteilen, nach der Lektüre von Homer und Thukydides, von Shakespeare und Schiller, von Flaubert und Dostojewski« trotzdem tun, was er »eigentlich nicht mehr tun« wolle.

Hentig wollte einen Schutz aufrichten »gegen den Pädagogen in mir, der ein Menschen-Macher oder Menschen-Verführer oder beides« sei. Sein Credo von der Abwehr von Unmenschlichkeit, der Wahrnehmung von Glück, der Fähigkeit und dem Willen, sich zu verständigen, von einem Bewusstsein von der Geschichtlichkeit der eigenen Existenz, der Wachheit für letzte Fragen und der Bereitschaft zur Selbstverantwortung sprach von einem tiefen Humanismus. Sein Rat, man solle Kindern Gelegenheit geben »Wanderburschen« zu sein, traf den Nerv des Publikums.[271] In der Pressemeldung des Kirchentags zu seinem Vortrag wurde unterstrichen, dass sein Plädoyer für eine Schulreform, die wichtiger als Rüstung sei, dazu dienen solle, dass »Auschwitz nicht ein zweites Mal möglich« werde. Der Kirchentag sei ein guter Ort, um über das Unwahrscheinliche, das Utopische nachzudenken.[272]

Die Verbindung zwischen seinem eigenen reformpädagogischen Engagement und dem »Nie wieder«-Mantra deutscher Bildungspolitik zu jener Zeit beschreibt einen hinter-

---

[271] Hartmut von Hentig, Was bildet den Menschen? In: Dokumente 1995, S. 751–768 (auch in: EZA 71/03/1062).
[272] Hartmut von Hentig: Seine Bildung selbst in die Hand nehmen, in: EZA 71/03/1067.

gründigen Grundzug in Hartmut von Hentigs und auch Gerold Beckers Wirken. Es ist allerdings gerade diese Form der Verknüpfung, die auch Grenzüberschreitungen möglich machte. Das Argument der Überwindung repressiver »schwarzer« Pädagogik, die für die Gräuel des Nationalsozialismus und die Vernichtung von Menschen verantwortlich gemacht wurde, relativierte nicht selten eigene Grenzüberschreitungen. Nachweisbar ist dies beispielsweise in der Pädophilenbewegung, die Handlungen sexualisierter Gewalt als Emanzipation gegen eine repressive Gesellschaft und deren Sexualmoral rechtfertigen wollte.[273] Die Absolutheit des Arguments, das die nationalsozialistische Verfolgung von z. B. Homosexuellen gegen die vermeintlich ›liebende‹ Zuwendung von Pädosexuellen setzte, war nicht nur ein Hinweis auf die Relativität von Moral sondern auch auf die nur instrumentelle Benutzung von Geschichte.

Der Kirchentag 1997 in Leipzig stellte angesichts der Teilnahme an verschiedenen Veranstaltungen wohl den Höhepunkt des Wirkens von Hartmut von Hentig und Gerold Becker im Rahmen dieser protestantischen Laienorganisation dar. Erneut fand ein Forum »Schule« unter der Einleitung von Gerold Becker statt, doch ebenso ein Forum »Religionsunterricht / Religion in der Schule«, was laut der überlieferten Protokolle ohne Beteiligung von Becker vorbereitet wurde[274] und

---

[273] Vgl. hierzu Friedrichs 2018; dieser weist darauf hin, dass insbesondere in der Perspektive von Kindern und Jugendlichen alternative Angebote wie z. B. in der »Indianerkommune« gegenüber einer repressiven Heimerziehung Attraktivität besaßen.

[274] Siehe die Protokollnotizen zur 1. Sitzung Forumsleitung Religions-

zumindest in Konkurrenz zueinander wahrgenommen werden kann. Bei der ersten Sitzung der Forumsleitung »Schule« im September 1996 in Fulda erläuterte Becker seine Erfahrungen mit den bisherigen Kirchentagen seit 1987. Er verwies darauf, dass mehr als die Hälfte der Teilnehmenden unter 27 Jahren alt gewesen sei, wobei die unterste Grenze bei 14 Jahren gelegen habe. Diese hätten besonders Interesse an Musik sowie an politischen und ökologischen Themen, die sie unmittelbar angingen. Jedes Mitglied der Vorbereitungsgruppe sollte mit Blick auf die nächste Sitzung Gedanken aufschreiben und an ihn oder Konrad von Bonin senden.[275] In der zweiten Sitzung der Vorbereitungsgruppe wurden dann Vorschläge zu Themenschwerpunkten wie der Informationsflut, der Medienexplosion und die vielbeschworene Sinnkrise gemacht. Man hielt hier die Schule als »Haus des Lernens« und Ort zwischenmenschlicher Beziehungen hoch und machte erste Vorschläge für eine mögliche Gestaltung.[276] Bei den folgenden beiden Sitzungen war Gerold Becker verhindert und

---

unterricht/Religion in der Schule 16.07.1996 in Fulda; Protokoll der Sitzung der Forumsleitung Religionsunterricht/Religion in der Schule am 12.09.1996 (Schweitzer, Scheilke); Protokoll der Sitzung der Forumsleitung Religionsunterricht/Religion in der Schule 04.10.1996 in Fulda, in: EZA 71/4989.

[275] Protokollnotizen zur ersten Sitzung der Forumsleitung »Schule« am 10.09.1996 in Fulda, in: EZA 71/4989. Teilnehmer waren Gerold Becker, Prof. Christoph Bizer, Christina Carl (Soest), Dr. Angelika Dittrich (Dresden), Annmarie von der Groeben (Bielefeld), Silke Öhrlich (Leipzig), Elke Urban (Leipzig).

[276] Protokollnotizen zur Sitzung der Forumsleitung »Schule« am 31.10.1996, in: EZA 71/4989. Eine Teilnehmerliste ist nicht überliefert.

bei der letzten Vorbereitungssitzung im April 1997 nicht mehr unter den Teilnehmenden.[277] Im Dezember wurde zwar noch der Text des abwesenden Becker zum Anmeldeprospekt des Kirchentags verlesen, doch einigten sich die Anwesenden nach langen Diskussionen auf die Fragestellung: »Was ist der spezifisch christliche Beitrag zur Schule?«. Der Ablaufplan blieb allerdings so, wie Becker diesen skizziert hatte. Neben dem Beginn mit einer Collage sollten statistisch untermauerte Fakten zum Schulleben gegeben werden, die nicht nur eine Befindlichkeit mitteilen, sondern auch ein Deutungsangebot geben sollten. Es war zudem ein Vortrag von Hartmut von Hentig »Was ist eine ›christliche‹ Schule?« vorgesehen. Am Nachmittag sollte die Schule in der Medienwelt problematisiert werden.[278]

Hentig hielt im Rahmen des Forums einen klassischen Vortrag auf hohem Niveau und meinte:. »Es kann uns einerseits darum gehen, gute Christen zu sein – in der Verrichtung unserer Arbeit, in der Regelung unseres Gemeinwesens, unserer polis, im Umgang mit der Schöpfung, mit anderen Völkern, mit der Zukunft. Dazu gehört dann auch eine Einübung unserer Kinder in dieses christliche Leben. Die Einrichtung, die wir hierfür treffen, könnte eine ›Schule‹ sein – eine ›christliche‹ müßte sie sein. Es kann uns andererseits,

---

[277] Siehe Protokollnotizen zur Sitzung der Forumsleitung »Schule« am 10./11. 12. 1996 u. Protokollnotizen zur Sitzung der Forumsleitung »Schule« am 27./28. 01. 1997, in: EZA 71/4989.

[278] Protokollnotizen zur Sitzung der Forumsleitung »Schule« am 10./11. 12. 1996; Protokollnotizen zur Sitzung der Forumsleitung »Schule« am 27./28. 01. 1997 u. Protokollnotizen zur Sitzung der Forumsleitung »Schule« am 15. 04. 1997, in: EZA 71/4989.

als Bürger dieser Gesellschaft und in dieser Zeit lebend, darum zu tun sein, eine gute Schule zu machen; da wir aber Christen sind oder sein wollen, soll diese Schule auch christlich sein.«[279]

Hentig zählte verschiedene in seiner Sicht gute Schulformen vor dem Hintergrund von Makarenko, der Kibbuz-Bewegung oder eines christlichen Klosters bei Bern auf. Er meinte aber mit Blick auf den schwelenden Streit um den Religionsunterricht in der Schule um das Fach LER[280], dass hier jeder Eifer verfehlt wäre. Er kritisierte die Stellungnahme der Synode der EKD, dass es keine »bekenntnisfreie Ethik« gebe. Dies widerspreche der Bemühung »all derer, die sich um eine humanistische Ethik bemüht haben – von Sokrates über Kant bis zu Bertrand Russell«. In dieser Hinsicht verstand er seinen Beitrag als »heilsam – und christlich«.[281]

In ihrem Erfahrungsbericht zum Forum »Schule« merkte die mitwirkende Annemarie von der Groeben[282] an, dass der

---

[279] Hartmut v. Hentig: Was ist eine christliche Schule 21. 06. 1997 (Dokument 4/062), in: EZA 71/4976 (Dokumente 1997, S. 849–867).
[280] Siehe hierzu Wolfgang Huber: Welche Zukunft hat der Religionsunterricht? (Dokument 4/055), in: EZA 71/4976; Wolfgang Huber: Religion und Ethik in der Schule. Zur grundsätzlichen Bedeutung einer aktuellen Debatte, in: EZA 71/4989. Huber ging es dabei nicht grundsätzlich um LER, sondern darum dass Religion dann kein Pflichtfach mehr sein sollte. Rückblickend Huber/Schultz 2003.
[281] Hartmut v. Hentig: Was ist eine christliche Schule 21. 06. 1997 (Dokument 4/062), in: EZA 71/4976 (Dokumente 1997, S. 849–867).
[282] Annemarie von der Groeben (1940–2021) war eine Lehrerin, die von 1976 bis 2006 an der Laborschule in Bielefeld, zuletzt als Didaktische Leiterin, arbeitete und als Pädagogin eine Reform der Schule »von unten« propagierte.

Vormittag mit Collage eher ein »schulkultureller Potpourri« als eine Folge von »flash-lights« gewesen sei. Hentigs Vortrag verlangte viel Konzentration von den Zuhörenden und hätte auf »seine Pädagogik« hingewiesen, was für sie eine Bestätigung angesichts der »Dauerkontroverse« der Gruppe gewesen sei. Der Inhalt der Dauerkontroverse wurde allerdings nicht ausgeführt. Am Nachmittag hatte Gerold Becker moderiert, doch sei der Vortrag über Kinder und Computer zum Teil zu anspruchsvoll für die Zuhörenden gewesen. Der Bezug zum Christentum blieb nach ihrer Meinung unklar. Die Vorstellung von vier Schulen war danach jedoch gelungen und Gerold Becker befragte die Schulverantwortlichen. Das »Christliche« blieb nach ihrem Eindruck unbestimmt und auch Gerold Becker konnte keinen roten Faden hineinbringen.[283]

Doch Hentig und Becker waren noch bei weiteren Veranstaltungen auf dem Leipziger Kirchentag präsent. Gerold Becker sprach ein »Schlusswort« zum Forum Religionsunterricht.[284] Dabei unterstrich er, dass Schule als »Ort ernsthaften Lernens«, als Lebensort und nicht nur der Wissensvermittlung begriffen werden müsse. »Hier reden die Angehörigen der verschiedenen Altersstufen und Generationen ernsthaft und offen miteinander, können ihre Rollenzwänge immer wieder einmal auch überwinden. Hier sind die Beziehungen zwischen Personen und Generationen ver-

---

[283] Annemarie von der Groeben an Konrad Bonin 26.06.1997, in: EZA 71/4989.
[284] Gerold Becker: Ernsthaft miteinander reden. Über Religion in der Schule (Schlusswort zum Forum RU am 19.06.1997), DEKT Leipzig, in: EZA 71/4976 (auch in: EZA 71/4989; DIPF/BBF/Archiv NL Gerold Becker Nr. 659).

läßlich und belastbar – wenn auch nicht konfliktfrei, so doch ›fair‹.« Er plädierte wie Hartmut von Hentig für einen Pluralismus im Religionsunterricht, der erst Fragen nach Recht und Gerechtigkeit, den Sinn der Existenz oder auch Liebe hervorbringe: »ob es die Erfahrung ist, einem anderen Menschen liebend und nach seiner Nähe mich sehnend vollkommen ausgeliefert zu sein und zugleich zu wissen, daß mir außer Hoffnung nichts bleibt, weil jeder Besitzanspruch meine Liebe vergiften würde, oder ob es die Erfahrung ist, daß ich gescheitert bin, obgleich ich alles eingesetzt habe, was ich an Kräften und gutem Willen besaß oder auch die Erfahrung des Scheiterns, von dem keiner außer mir selbst weiß«. Er meinte, dass jemandem das Göttliche im Irdischen begegnen könne und nicht entrückt sei, wie Religionen dies immer wieder behauptet hätten. Dies sei der Grund für Verbrechen im Namen der Religion.[285] »Liebe« gegen »Verbrechen« zu setzen, war ein nicht nur rhetorischer Kniff des missbrauchenden Gerold Becker. Die Verbrechen im Namen der Religion relativierten auch eigenes »Scheitern«.

Hartmut von Hentig war im Rahmen des Themenbereichs IV »Zukunft« mit einem zweiten Vortrag, der über die parlamentarische Demokratie handelte, auf dem Leipziger Kirchentag präsent.[286] Er hatte sich hier bereits in der Vorbereitungsgruppe engagiert und diese bei einem Vorbereitungstreffen im März 1997 zur »vorprotokollarischen Einstimmung auf Berlin« sowohl mit einem selbst »zubereiteten

---

[285] Ebd.
[286] Hartmut von Hentig, Was die parlamentarische Demokratie nicht leistet, in: Dokumente 1997, S. 758–768.

Abendessen als auch einem von ihm kurzfristig ermöglichten Besuch des Grips-Theaters« beschenkt. Hentig bereitete ein Thesenpapier für die Arbeitsgruppen und einen Brief an die sogenannten Prominenten (es sollten 400 Prominente angeschrieben werden und 200 Kleingruppen in der Halle installiert werden) vor. Als Moderator für ein Gespräch mit dem damaligen Fraktionsvorsitzenden der CDU/CSU-Fraktion im Deutschen Bundestag Wolfgang Schäuble konnte man Giovanni di Lorenzo gewinnen.[287] Hentig sah die parlamentarische Demokratie in einer Krise, die er auch im Parteienstaat und Fraktionszwang der Abgeordneten ausmachte. Er schlug u. a. eine Verkleinerung des Parlaments, eine Aufhebung der festen Sitzordnung, ein Ruhen der Parteizugehörigkeit der Abgeordneten mit dem Einzug ins Parlament und ein Verbot von Lobby-Arbeit vor, womit er zwar das Publikum auf seiner Seite hatte, aber den Widerspruch des seit 1972 im Bundestag sitzenden Fraktionsvorsitzenden Schäuble erhielt.[288]

Hentig instrumentierte auch bei den folgenden Kirchentagen 1999 in Stuttgart oder 2001 in Frankfurt/Main immer wieder die gleichen Vorstellungen einer Selbstbescheidung, eines Politik-fähig-machens der Bürger und einer zuwendenden Erziehung, dass »wir lernen, uns den Kindern zuzuwenden, ohne sie zu erdrücken, sie an unserem Leben zu beteiligen und dieses dann so einzurichten, dass das gut

---

[287] Protokoll der Sitzung der AGL 4 des DEK am 21./22. 03. 1997 in Berlin, in: EZA 71/4161.
[288] So der Eindruck von Annemarie von der Groeben an Konrad Bonin 26. 06. 1997, in: EZA 71/4989.

Abb. 9: Hartmut von Hentig beim Deutschen Evangelischen Kirchentag (DEKT) 1999, Bibelarbeit in der Stiftskirche Stuttgart

geht«.[289] Bei diesem vorerst letzten Auftritt auf einem Deutschen Evangelischen Kirchentag 2001 war er von der Vorbereitungsgruppe allerdings ursprünglich abgelehnt worden und ist wohl nur als Vortragender präsent gewesen, weil die Zusagen der noch im Februar 2001 vorgesehenen Personen ausgeblieben waren.[290]

[289] Hartmut von Hentig: Der Boden der Gewißheit und die Macht der Vorstellung. Bibelarbeit zu Jesaja 65,16b-25 (Dokumente 1999, S. 87-101) (auch in EZA 71/5046); Hartmut von Hentig: »I can't get no Education. Bildung für das 21. Jahrhundert«, in: Dokumente 2001, S. 797-803.

[290] Protokoll der 4. Vorbereitungssitzung 22. 02. 2001 in Fulda, in: EZA 71/4806. Beim Ökumenischen Kirchentag 2003 machte Hartmut von Hentig noch eine weitere Bibelarbeit: ÖKT Berlin 2003, Bibelarbeit zu 1. Mose 1,26-2,3. Es handelte sich um Tom Stromberg (Intendant Schauspielhaus Hamburg) oder Thomas Krüger (Bundeszentrale für Politische Bildung).

# 7. Die Mitgliedschaft Hartmut von Hentigs und Gerold Beckers im Präsidium des DEKT

## 7.1 Die Profilsuche Hartmut von Hentigs 1988 bis 2000

Hartmut von Hentig kann mit dem im englischen Sprachraum kursierenden Begriff eines »public intellectual« bezeichnet werden. Er hatte sich in Debatten über den Bildungsbegriff und reformpädagogische Konzepte seit den 1950er Jahren vielfach ausgezeichnet und in Bielefeld die »Laborschule« als eine alternative Schule mit Erprobungscharakter für Schulexperimente wie das Oberstufenkolleg gegründet.[291] Die Festschrift zu seinem 60. Geburtstag, die 1985 von Gerold Becker, Hellmut Becker und Ludwig Huber herausgegeben wurde, konnte namhafte Beitragende verzeichnen.[292] Die Schriftsteller Heinrich Böll und Günter Grass, die Pädagogen Ivan Illich, Ernest Jouhy, Klaus Mollenhauer, Urie Bronfenbrenner, der Historiker Golo Mann, der Physiker Carl Friedrich von Weizsäcker, der Sozialwissenschaftler Klaus Hurrelmann, die Publizistin Marion Gräfin Dönhoff, die Politikerin Hildegard Hamm-Brücher und viele andere erwiesen Hartmut von Hentig ihre Referenz. Beim Fest zu seinem 60. Geburtstag waren zudem noch George Kennan und der ein Jahr zuvor zum Bundespräsidenten gewählte Richard von Weizsäcker an-

---

[291] Siehe hierzu Hentig 2007, S. 271–497; Döpp u. a. 1996.
[292] Becker u. a. 1985.

wesend.²⁹³ Verschiedene Dissertationen über sein Wirken als Pädagoge oder auch sein theologisches Profil zeugen nicht nur von seiner intellektuellen Breite, sondern auch von seinen humanen Anliegen und seiner politischen Wirksamkeit.²⁹⁴

Abb. 10: Helmut Simon, Richter, Präsident des Deutschen Evangelischen Kirchentags 1987–1989

---

²⁹³ Hentig 2007, S. 601. George Kennan (1904–2005) war von 1926 bis 1950 amerikanischer Diplomat (u. a. 1939–1942 in Berlin) und ab 1950 Hochschullehrer in Chicago, wo ihn Hartmut von Hentig kennenlernte.
²⁹⁴ Kutting 2004; Zenke 2018; Wiersing 2020.

Seine Berufung in das Präsidium des DEKT 1988, die offenbar von Helmut Simon (1922–2013)[295] angeregt worden war[296], erfolgte in Form der Zuwahl durch das Präsidium selbst. Das Präsidium setzte sich aus verschiedenen Quellen zusammen, worunter die Kooptation nur eine von verschiedenen Möglichkeiten gewesen ist. Es existierte zudem die Einschaltung eines aus dem Präsidium bestimmten Nominierungsausschusses, der nach einer Vorauswahl möglicher Kandidaten der Präsidialversammlung Vorschläge unterbreitete, die dann Mitglieder wählte.[297] Zudem waren ›geborene‹ Mitglieder des Präsidiums der Vorstand der Geschäftsstelle, Vertreter von Landeskirchen etc. Der Aufbau des Kirchentages und seiner Gremien unterliegt bis zur Gegenwart einer gewissen Komplexität. Neben dem Präsidium existiert zudem noch die Präsidialversammlung, die inhaltliche Schwerpunkte und Strukturen des Kirchentages diskutiert, Empfehlungen für die Losung gibt und Mitglieder des Präsidiums wählt.[298] Das Präsidium trägt die »Gesamtverant-

---

[295] Helmut Simon war Jurist und von 1970 bis 1987 Richter am Bundesverfassungsgericht. Von 1970 bis 1995 war er Mitglied im Präsidium und 1987 bis 1989 Präsident des Deutschen Evangelischen Kirchentags.
[296] So Hentig 2007, S. 581.
[297] Siehe zum von der Präsidialversammlung und vom Präsidium gemeinsam gebildeten Nominierungsausschuss (lt. § 28 der Ordnung des DEKT): Neuwahl des Nominierungsausschusses (Zur Einführung durch Klaus von Bismarck) [o. D., Okt. 1989], in: EZA 71/245.
[298] Siehe hierzu die »Ordnung des Deutschen Evangelischen Kirchentages« (vom 01.11.1991 mit Veränderungen in § 2 am 27. April 1996, in §§ 9, 15 und 16 am 24. März 2006 und in §§ 3 und 18 am 8. Oktober 2015). [https://static.kirchentag.de/production/htdocs/file-

wortung«, bestimmt Ort, Zeit und Programm des Kirchentags und beruft auf Vorschlag des Vorstands die Vorbereitungsgruppen für die einzelnen Programmteile. Es wurde früh versucht, vonseiten des operativ agierenden Vorstands verschiedene gesellschaftliche Gruppen darin abzubilden, um ein weites Meinungsspektrum zu umfassen. Im Januar 1987 wurden beispielsweise mehr Vertreter aus Kultur, Wirtschaft, der Arbeiterschaft, der Landwirtschaft und von Ausländern gefordert, und 1989 umriss Klaus von Bismarck die Zusammensetzung des Präsidiums als ein »buntes Gemisch« von »Kontinuität und Innovation, von Frauen und Männern und von Personen aus den verschiedenen Kategorien Landesausschüsse, Werke und Verbände, Vorsitzende der Ständigen Ausschüsse und ›aus besonderen Gründen‹ Berufener«.[299]

Laut einem Leserbrief des stellvertretenden Landrats von Starnberg hatte die Präsidentin Eleonore von Rotenhan bei einem Gemeindeabend im Frühjahr 1987 gesagt, der Kirchentag erlebe eine seiner größten Krisen seit 1949, was das zeitgenössische Empfinden unterstreicht.[300] Dies hing mit den politisch wie moralisch hoch aufgeladenen Debatten um die Nachrüstung und mit dem zunehmenden Engagement

---

admin/user_upload/_temp_/ordnung_des_kirchentages_stand_20 18_01.pdf (Stand: 12.04.2024)]; zur ersten Ordnung des DEKT vom 30.11.1955 siehe Schroeter 1993, S. 172–176.

[299] Siehe Protokoll der Sitzung des Präsidiums des DEKT am 16.01. 1987 in Frankfurt/Main, in: EZA 71/241 u. Neuwahl des Nominierungsausschusses (Zur Einführung durch Klaus von Bismarck) [o. D., Okt. 1989], in: EZA 71/245.

[300] Leserbrief von Manfred Gutsch (stellv. Landrat Starnberg) an die SZ 22.03.1987, in: EZA 71/241.

für die Anti-Apartheid-Bewegung zusammen, die den Kirchentag zu zerreissen drohten. Anti-Apartheid-Aktivisten forderten immer wieder, alle Verbindungen zu Banken, die Geschäfte mit dem Apartheidregime in Südafrika machten, sofort zu beenden.[301] Ein weiterer Umstand war das enorme Anwachsen der Besucherzahlen des Kirchentags in den 1980er Jahren, z. B. auf 125.000 Dauerteilnehmer beim Frankfurter Kirchentag 1987. Es drohte durch die enorm wachsende Themenvielfalt Unübersichtlichkeit und Profillosigkeit.

Zudem stand ein Revirement in den Gremien an, weil die Amtszeiten zahlreicher Mitglieder im Herbst 1987 ausliefen.[302] So wurden im Mai 1987 im Präsidium Vorschläge für die Kooptation neuer Mitglieder verlangt.[303] In diesem Kontext ist offenbar Hartmut von Hentig benannt worden, der als Mitarbeiter im Forum Erziehung und bei Bibelarbeiten bereits hohe Anerkennung und einen guten fachlichen Ruf als Pädagoge genoss. Hentig trat im gleichen Jahr mit

---

[301] Protokoll der Sitzung des Präsidiums des DEKT am 16.01.1987 in Frankfurt/Main u. Protokoll der Sitzung des Präsidiums des DEKT am 08.05.1987 in Frankfurt/Main, in: EZA 71/241. Siehe insgesamt zu christlichen Anti-Apartheid-Gruppen in ihrer Bedeutung für den westdeutschen Protestantismus Tripp 2015, bes. S. 187–282.

[302] Im Januar 1987 wurden in der Präsidiumssitzung die auslaufenden Mandate von Ulrich Duchrow, Hildegard Hamm-Brücher, Günter Ewald, Erika Reihlen (alle Präsidium) und in der Präsidialversammlung von Gerlinde Back, Ulrich Frey, Manfred Heldt und Walter Hollenweger genannt (Protokoll der Sitzung des Präsidiums des DEKT am 16.01.1987 in Frankfurt/Main, in: EZA 71/241).

[303] Protokoll der Sitzung des Präsidiums des DEKT am 08.05.1987 in Frankfurt/Main, in: EZA 71/241.

einem Buch über »Bibelarbeit. Verheißung und Verantwortung für unsere Welt« hervor.³⁰⁴ Er wurde in der Januarsitzung des Präsidiums des DEKT zusammen mit der Humangenetikerin Traute Schroeder-Kurth einstimmig in das Präsidium gewählt.³⁰⁵

In der Sitzung des Präsidiums Anfang Mai 1988 nahm Hartmut von Hentig erstmals als Mitglied teil. Allerdings wurde ihm bei der Diskussion über die Vorbereitung des Kirchentags 1989 in Westberlin deutlich, dass er als Präsidiumsmitglied nicht die erhofften Einflussmöglichkeiten hatte. So schlug er vor, »grundsätzlich mehr Bibelarbeiter:innen aus der DDR einzuladen«, doch hielt man ihm »die Beschränkung« entgegen, »die sich aus dem praktizierten Verfahren der Delegationszusammensetzung ergibt«. Auch die Arbeitsgruppenleitungen, welche die Themen des Kirchentags inhaltlich vorbereiteten, waren bereits besetzt. Hentig fragte, welche Möglichkeiten der Einflussnahme des Präsidiums es denn auf die »Ausgestaltung der thematischen Programme« gebe. Helmut Simon meinte, man könne eher indirekt durch die Auswahl von bestimmten Personen prägen, die Planung würden die Gruppen selbst machen.³⁰⁶

Hentig formulierte in einem Brief an die scheidende Präsidentin Eleonore von Rotenhan, den kommenden Präsidenten Helmut Simon und Wolfgang Huber (diese stellten den

---

[304] Hentig 1988.
[305] Protokoll der Präsidiumssitzung des DEKT am 29.01.1988 in Fulda, in: EZA 71/242. DEKT (Generalsekretär Krause) an Hartmut v. Hentig 09.02.1988, in: EZA 71/295. Traute Schroeder-Kurth (geb. 1930) war 1988–1994 Präsidiumsmitglied.
[306] Protokoll der Präsidiumssitzung am 06.05.1988, in: EZA 71/243.

damaligen Präsidiumsvorstand dar) sein Unbehagen, dass er bei seinem »erstemal dabei« empfunden hatte. Er kam sich vor wie in Sitzungen von Kuratorien, Aufsichtsräten etc., wo man nicht wage, den Vorschlägen einer Kommission nicht zu folgen, nicht mal mehr Fragen stelle. Er fand das Motto der Losung (»Unsere Zeit in Gottes Händen«) nicht gut, weil man bei vorherigen Kirchentagen gerade »unsere christliche Verantwortung für unsere Erde/unsere Zeit« betont hatte und sich jetzt die Frage stellen würde, wieso nicht in unseren Händen. Der Kirchentag drohe den »kairos« zu versäumen und nur noch »Ereignis« zu sein. Er wolle die nächsten Sitzungen abwarten, um seine Rolle im Präsidium zu hinterfragen.[307] Bei den folgenden Sitzungen im September 1988 hatte sich Hartmut von Hentig nicht zu Wort gemeldet und im Januar 1989 ebenfalls entschuldigt. Dass er dennoch an der Vorbereitung des Kirchentags mitarbeitete, wird an dem durch ihn persönlich im Sommer 1988 für eine Veranstaltung des Kirchentags gewonnenen Klaus von Dohnanyi deutlich.[308] Hartmut von Hentigs Beziehungen zu verschiedenen Persönlichkeiten im politischen wie geistigen Leben der Bundesrepublik waren für den Kirchentag nützlich.

---

[307] Hartmut v. Hentig an Eleonore von Rotenhan, Dr. Helmut Simon, Dr. Wolgang Huber 09.05.1988, in: EZA 71/269 (auch in: EZA 71/295).
[308] Hentig an v. Bonin 28.07.1988 u. v. Bonin an Hentig 02.08.1988, in: EZA 71/4657. Den geplanten Titel des Beitrags »Kurzfristiges und langfristiges Planen und Handeln in der Demokratie« soll Gerold Becker konzipiert haben.

In der im April 1989 stattfindenden Sitzung des als Rechtsträger fungierenden »Vereins zur Förderung des DEKT in Frankfurt/Main«, an denen auch die Präsidiumsmitglieder teilnahmen, ging es u. a. um die Kontenfrage für Wirtschaftsspenden. Die Solidaritätsgruppen für Südafrika nahmen Anstoß an Konten des DEKT bei der Deutschen, Dresdner, Commerz- und Bayerischen Vereinsbank und hatten ihre Teilnahme vom »Markt der Möglichkeiten« zurückgezogen. Auch der Afrikanische Nationalkongress (ANC) und die in Südwestafrika um die Befreiung kämpfende SWAPO hatten brieflich um die Kündigung dieser Konten gebeten. Das Präsidium fühlte sich unter Druck gesetzt und Helmut Simon wie auch Hartmut von Hentig meinten, man dürfe nicht auf »Pressionen« reagieren oder sich »in seiner eigenen Meinungsbildung nicht von Methoden und Stil anderer abhängig machen«. Obwohl die Konten wirtschaftlich bedeutungslos waren, ging es um deren symbolpolitische Bedeutung. Eine Mehrheit der Mitglieder sprach sich allerdings (Hartmut von Hentig gehörte dabei der Minderheit an) für eine Vertagung der Entscheidung aus, da man meinte, mit einer eigens eingesetzten »Gemischten Kommission« wichtigere Strukturfragen des DEKT insgesamt auf der Tagesordnung zu haben.[309]

In der sich anschließenden Präsidiumssitzung im April 1989 wurde jedoch eine Beratung über den Bericht der 1987 eingesetzten Kommission erneut vertagt. Hier dominierte einerseits der Konflikt mit der konservativen »Evangelischen Sammlung« und deren Forderung das Feierabendmahl abzu-

---

[309] Protokoll der Mitgliederversammlung des Vereins zur Förderung des DEKT 28. 04. 1989 in Frankfurt/Main, in: EZA 71/244.

sagen. Zudem ging es um die Beteiligung von Menschen aus der DDR am Westberliner Kirchentag. Laut der Pressereferentin Carola Wolf war die DDR angesichts der am 7. Mai 1989 bevorstehenden Kommunalwahlen noch zögerlich und in einem »Entscheidungsvakuum«. Kirchentagspräsident Helmut Simon berichtete von einem Gespräch mit dem Staatssekretariat für Kirchenfragen: »Der Wunsch der um destabilisierende Entwicklungen besorgten DDR, jeden Anschein eines gesamtdeutschen Kirchentages zu vermeiden, sei berechtigt.«[310] Letztlich konnten mehrere hundert DDR-Bürger am Kirchentag teilnehmen. Zudem gab es anhaltende Proteste gegen die Nichtzulassung der Internationalen Gesellschaft für Menschenrechte (IGFM) beim »Markt der Möglichkeiten«, besonders von den Kirchen in Bayern und aus Württemberg. Beim vorhergehenden Kirchentag in Frankfurt war es zu gewaltvollen Auseinandersetzungen an deren Stand gekommen. Man hatte der IGFM ersatzweise die Beteiligung an einer Zusatzveranstaltung zum Thema »Unteilbarkeit der Menschenrechte« zugesagt. Konservative Kritiker waren zudem gegen die Einladung des nicaraguanischen Ministers Tomas Borge, der angeblich Menschen gefoltert habe. Hier wurde mitgeteilt, dass man diese Behauptungen als nicht belegt ansehe.[311]

Der Kirchentag 1989 in Berlin-West war mit 150.000 Teilnehmern der teilnehmerstärkste Kirchentag in der zu Ende gehenden Geschichte Westdeutschlands und blieb es bis heute. Auf ihm wurde die »Deutsche Frage« unter Beteiligung

---

[310] Prokoll der Präsidiumssitzung am 28.04.1989 (Runge/Krause 28.08.1989), in: EZA 71/244.
[311] Ebd.

auch von ostdeutschen Vertretern wie Friedrich Schorlemmer, Almut Berger, Konrad Weiß oder Vera Wollenberger diskutiert. Es kam auch zu dem befürchteten Konflikt bei der Veranstaltung mit Beteiligten der IGFM. Diese wurde laut eines Artikels in der Berliner Morgenpost von 150 Maskierten in Tarnanzügen in Halle 25 gesprengt. Sie besetzten die Bühne, bewarfen den Vorsitzenden der IGFM, Ziegler, mit Farbbeuteln und Eiern und drängten ihn aus dem Saal. Der stellvertretende Kirchentagspräsident Wolfgang Huber brach die Veranstaltung ab und überließ den Störern für ungefähr 30 Minuten das Mikrophon. Huber sprach anschließend von einer »Niederlage für Geist und Gemeinschaft des Kirchentages«.[312] Die IGFM beschrieb sich nachfolgend als Opfer einer Kampagne.

Abb. 11: Christian Krause, Generalsekretär des DEKT

[312] Diskussionsrunde von Autonomen gewaltsam gesprengt, in: Berliner Morgenpost 11. 06. 1989, in: EZA 71/4704.

Als der Generalsekretär Christian Krause im Herbst 1989 ein Resümee des Kirchentages versuchte, verwies er auf einen tadelnden Brief von Hartmut von Hentig an den IGFM-Geschäftsführer zur Frage des ›Opfers‹. Hentig hatte im Hinblick auf die Veranstaltung in Berlin diesem geschrieben: »Sie sollen und dürfen polemisch argumentieren – aber dann bitte nicht im Schafspelz des Opfers, des Opfers eines um Fairneß und praktisches Christentum bemühten Kirchentagspräsidiums. Dieses Opfer sind Sie nicht, Sie sind das Opfer einer Öffentlichkeit, die noch immer nicht verstanden hat, daß die Freiheit immer die Freiheit des Andersdenkenden ist.‹«[313]

Der polemische Brief Hartmut von Hentigs gegen den Geschäftsführer einer rechtskonservativen Gruppe unterstreicht sein politisches Engagement, das er an verschiedenen Stellen seines Eintretens für den Kirchentag immer wieder aufblitzen ließ.

Hartmut von Hentig beteiligte sich nachfolgend an Debatten um die Losung für die Kirchentage wie auch um eine Strukturreform des Gebildes DEKT. So hielt er Anfang November 1989 bei einer Präsidiumssitzung trotz Krankheit einen Vortrag über die Losung.[314] Allerdings standen seine Ausführungen bei der am gleichen Tag zusammenkommenden Präsidialversammlung im Schatten des Zusammenbrechens der DDR und des beginnenden Prozesses der deut-

---

[313] Der Berliner Kirchentag 89. Was aus der Erfahrung im Blick auf die weitere Entwicklung des Kirchentages zu bedenken ist (Christian Krause für das Präsidium 22.09.1989), in: EZA 71/245.
[314] Protokoll der Präsidiumssitzung am 02.11.1989, in: EZA 71/245.

schen Wiedervereinigung. Auch die Präsidiumsklausur Anfang Februar 1990 in Bad Herrenalb, die sich mit dem Bericht der »Gemischten Kommission« beschäftigte, die 1987/88 Strukturreformvorschläge für den Kirchentag erarbeitet hatte, sah sich mit einer ungewissen Entwicklung in der DDR konfrontiert. Ob es nun um »lebendige Liturgie als Dimension des Kirchentages«, die »Perspektive der verschiedenen Initiativ- und Solidaritätsgruppen und anderer Gruppierungen im Kirchentagsprozeß«, das »Verhältnis zwischen Kirchentag und verfaßter Kirche« oder »Entscheidungsprozesse, Demokratisierung, leitende Gremien im Kirchentag« ging: alle Themen standen unter dem Vorbehalt der Vereinigung der Kirchentagsbewegungen aus West und Ost. Auch wenn Hartmut von Hentig noch meinte, den »Bericht der ›Gemischten Kommission‹ zum ›rekurrierensfähigen‹ Papier über den Stand gegenwärtiger Selbstreflektion« erheben zu wollen, meinte Präsidiumsmitglied Erhard Eppler den Prozess der Vereinigung und damit einer Strukturveränderung »sympathisch-kritisch« begleiten zu müssen.[315] Ein Umbruch stand an.

Hartmut von Hentig hatte anfänglich bei einer der Kernaufgaben des Präsidiums, der Suche nach einer Losung für den nächsten Kirchentag, wenig Erfolg. In den Präsidiumsprotokollen ist eine Ausarbeitung von Hentigs »Von Predigten, die die Ohren taub machen. Oder: Schwierigkeiten mit

---

[315] Zusammenfassende Gesprächsnotizen von der Präsidiumsklausur des DEKT zum Bericht der »Gemischten Kommission« am 02./03. 02. 1990 in Bad Herrenalb (Rüdiger Runge 07. 03. 1990), in: EZA 71/245.

Abb. 12: DEKT Pressekonferenz 1991. An einem Tisch sitzen v. l. n. r. Dr. Erhard Eppler, Dr. Siegfried von Kortzfleisch, Dr. Helmut Simon (Richter am BverfG Karlsruhe), Dr. Carola Wolf

dem Unbezweifelbaren« überliefert, in der er die gewählte Losung für den Kirchentag im Ruhrgebiet 1991 »Gottes Geist befreit zum Leben« kritisiert und eine Bibelarbeit zu den vorgeschlagenen Texten verweigert. »Nicht Trauer, gar Ärger über die Ablehnung meiner Gedanken hat mich der Geschäftsstelle des Kirchentages mitteilen lassen, daß ich diesmal nicht für eine Bibelarbeit zur Verfügung stehe, sondern die Unfähigkeit, den dafür vorgeschlagenen Texten etwas abzugewinnen, was die (vorher noch unvereinten) großen Versprechungen der gewählten Losung einlöst: [...]« Hentig meinte: »Nicht die Ohren sind taub – sie lauschen angestrengt. Die Sprache Kanaans aber verstopft sie.«[316]

[316] Hartmut von Hentig: Von Predigten, die die Ohren taub machen.

Nichtsdestotrotz blieb Hentig dem DEKT verbunden und meinte beispielsweise im Rahmen einer Diskussion, ob Bibelarbeiten in Messehallen stattfinden sollten, dass er volle Gemeindekirchen für eine der schönsten Erlebnisse auf Kirchentagen halte.[317] Er beteiligte sich an der Diskussion im Präsidium, welche das Verhältnis zwischen Kirchentag und Kirche problematisierte und sah, ähnlich wie Rudolf von Thadden, darin eine Anfrage an die Rolle der Laien. Auch hinsichtlich der »3+3-Verhandlungen« mit dem Ost-Kirchentag unterstrich er, dass grundsätzliche Fragen weiter bedacht werden müssen und nicht mit dem Abschluss der Verhandlungen erledigt seien.[318]

Auf der folgenden Präsidiumssitzung, die einen Tag nach dem Beginn des »Golfkriegs« stattfand, setzte sich Antje Vollmer dafür ein, eine Stellungnahme zum Golfkrieg aus dem Kreis des Präsidiums vorzulegen. Dieser Vorschlag löste eine kontroverse Diskussion über die Grundsatzfrage öffentlicher Erklärungen des Kirchentagspräsidiums und »sinnvolle Adressaten« aus. Eine Abstimmung darüber ergab zehn Stimmen dafür, fünf dagegen und zwei Enthaltungen. Es wurde eine Arbeitsgruppe aus Hartmut von Hentig, Rudolf von Thadden, Antje Vollmer und Heinz Zahrnt eingesetzt, um einen Entwurf zu erarbeiten. Dieser Entwurf (»Es gibt keinen gerechten Krieg mehr. Gedanken der Ermutigung zur

---

Oder: Schwierigkeiten mit dem Unbezweifelbaren (August 1990), in: EZA 71/246.
[317] Niederschrift der Sitzung des Präsidiums am 14./15.09.1990, in Fulda, in: EZA 71/246.
[318] Niederschrift der Sitzung des Präsidiums am 01.11.1990 in Schwerte (Villigst), in Fulda, in: EZA 71/246.

Arbeit für den Frieden«) wurde am Ende der Präsidiumssitzung diskutiert. Im Ergebnis sollte dieser nur als »Äußerung von Persönlichkeiten aus der Kirchentagsarbeit« erscheinen und nicht als eine »Äußerung des Präsidiums des Deutschen Evangelischen Kirchtages«, aber vom Fuldaer Büro an die Presse verteilt werden.[319]

In der Resolution hieß es: »Nicht nur die Politik der Regierenden ist gescheitert; wir alle erkennen beschämt und entsetzt, daß wir die Unrechtshandlungen im Nahen Osten zu spät beachtet und zu wenig oder das Falsche für einen gerechten Frieden in dieser Region getan haben.« Bis zum Ausbruch des Krieges war es »angebracht, gegen die leichtfertige Kriegsbereitschaft der Mächte, gegen den Automatismus von Ultimaten, gegen das harthörige Pochen auf dem Recht zu protestieren«, um den offenen Krieg zu verhindern. Jetzt blieben nur noch zwei Möglichkeiten. Erstens könnten nur Verhandlungen Kampfhandlungen ersetzen und zweitens seien Gebet, Geduld und Hilfe für betroffene Menschen gefordert. Man solle die Hoffnung auf eine »friedliche Weltordnung« nach dem Ende des Ost-West-Konfliktes und Zuwendung zum Nord-Süd-Konflikt »aus dem jetzt ausgebrochenen Brand« retten.[320]

---

[319] Niederschrift über die Sitzung des Präsidiums des DEKT am 18./19. 01. 1991 in Frankfurt, in: EZA 71/247.

[320] Resolution: Es gibt keinen gerechten Krieg mehr. Gedanken der Ermutigung zur Arbeit für den Frieden (19. 01. 1991), in: EZA 71/247. Unterschrieben hatten Carola von Braun, Berlin; Hartmut von Hentig, Bielefeld; Hans-Detlef Peter, Berlin; Annemarie Schönherr, Berlin; Helmut Simon, Karlsruhe; Curt Stauss, Lauchhammer; Rudolf von Thadden, Paris; Antje Vollmer, Bielefeld; Heinz Zahrnt, Soest.

Der Kirchentag im Ruhrgebiet 1991 war über mehrere Städte in seinen Veranstaltungen verstreut. Er hatte auch geringere Teilnehmerzahlen zu verzeichnen. Studienleiter Konrad von Bonin hatte für die Auswertungstagung des Präsidiums im Herbst 1991 »Einige Rückfragen zum Programm des Ruhrgebiets-Kirchentages« formuliert.[321] Er stellte die Kirchentagsformel der »Zeitansage« in Frage und meinte, dass verschiedene Podien sich kaum noch von Fachkongressen unterschieden haben. Warum seien in manchen Foren, wie beispielsweise demjenigen zur Sexualität, »die Antworten aus protestantischer Perspektive ausgeblieben oder so vorsichtig, so vage, manchmal so ›beliebig‹ geblieben?«. In der Sitzung des Präsidiums im September 1991 wurde der Vorwurf der Beliebigkeit erhoben. Die Konzentration auf Themen führte nach Ansicht von Wolfgang Huber zu Defiziten in der theologischen Kontur. Hartmut von Hentig war für die Trennung der Funktionen zwischen thematischen Angeboten der Region und ihrer Gemeindebasis einerseits und Foren, die von ausgewählten Gruppen sorgfältig vorbereitet werden, andererseits. Zudem sollte die theologische Auseinandersetzung mit der Losung und biblischen Texten seitens des Präsidiums geführt werden. Dieses dürfe aber nicht »Führer für jegliche noch so interessante Meinung sein«, sondern solle »Führer zum Evangelium« sein. Man könne auch auf einzelne Themen verzichten. Dagegen war

---

[321] Konrad von Bonin: Einige Rückfragen zum Programm des Ruhrgebiets-Kirchentages (16.09.1991), in: EZA 71/248. Siehe auch Carola Wolf: Der Ruhrgebietskirchentag im Spiegel der Presse. Aspekte, Gedanken, Wünsche, in: ebd.

ihm der Dialog von Kirche und Künsten wichtig, weil die Vermittlung des Evangeliums nicht über das Wort allein erfolge.[322]

Hentig beteiligte sich in der Folgezeit an einer »Profilgruppe«, die auch auf der Präsidialversammlung 1991 erste Ergebnisse einer neuen »philosophy« für mehr »Kontur« des Kirchentags präsentierte.[323] Er trug die Gedanken der »Profilgruppe auch bei der nächsten Präsidiumssitzung vor, in der es um eine »losungsgeleitete Themenbeschränkung« und gegen die »Vielfalt der Partizipationsinteressen und -bereitschaften« auf dem Kirchentag gehen sollte. Er wollte einen »Kristallkern« schaffen, an den sich vieles sinnvoll ansetzen könne.[324] Obwohl Hentig den Themenaufriss des Studienleiters Konrad von Bonin als »irritierend« und »ausufernd«, »einander überschneidend«, »gegensätzlich und dimensional unvereinbar« kritisierte, blieb es in der Abstimmung des Präsidiums doch bei den ursprünglich vorgeschlagenen fünf Themenbereichen.

---

[322] Sitzung des Präsidiums des DEKT am 20./21.09.1991 in Fulda, in: EZA 71/248.

[323] Hartmut von Hentig: Versuch einer Rekonstruktion meines Berichts an die Präsidialversammlung über die Arbeit der sogenannten »Profilgruppe« (20.11.1991), in: EZA 71/249 u. Bericht über die zweite Sitzung der sogenannten Profilgruppe des DEKT am 14.12.1991 (Hartmut von Hentig, 19.12.1991), in: EZA 71/250. Mitglieder der »Profilgruppe« waren Konrad von Bonin, Hartmut von Hentig, Wolfgang Huber, Christian Krause, Frauke Krukenberg, Erika Reihlen und Annemarie Schönherr.

[324] Niederschrift über die Sitzung des Präsidiums des DEKT am 17./18.01.1992 in Frankfurt/Main (Krause, Runge 20.02.1992), in: EZA 71/250.

Bei der folgenden Präsidialversammlung mit einer Präsidiumssitzung, bei der Hartmut von Hentig nicht teilnahm, wurde in einem Bericht zur Lage des Generalsekretärs Christian Krause auf die Aufgaben wie auch Problemstellungen des Kirchentags durch die Vereinigung der Kirchentage in Ost und West, den unverdauten Golfkrieg und die sinkenden Eigenmittel verwiesen.[325]

Hartmut von Hentig ordnete sich bei der Präsidiumssitzung Ende des Monats Mai 1992 einer Arbeitsgruppenleitung mit dem Oberthema »Gewalt« zu.[326] Trotz der Niederlagen, die Hartmut von Hentig im Präsidium bei seinen Versuchen erlitt, einen stärker thematisch fokussierten Kirchentag zu gestalten, blieb er bei der Vorbereitung des folgenden Kirchentags 1993 in München engagiert. So schlug er für eine vorgesehene »Stellungnahme ›Deutsche Verantwortung‹«, die in der KZ-Gedenkstätte Dachau von Kirchentagsseite gemacht werden sollte, einen Politiker vor, »der zugleich über die Hilfe, die das Christentum für den Weg der Reue und Umkehr gibt, sprechen könne«. Zugleich war er selbst für einen Vortrag im Themenbereich »Gewalt« vorgeschlagen, was er aber absagte, weil er an dem Tag noch nicht in München sein könne.[327] Er hielt allerdings eine Bibelarbeit »Wir haben dich aufgenommen? Bibelarbeit zu

---

[325] Bericht zur Lage (Christian Krause, zur Präsidialversammlung vom 07.–09.05.1992 in Fulda, Anlage 2), in: EZA 71/251.
[326] Siehe Liste der Arbeitsgruppenleitungen (für Präsidiumssitzung am 27.05.1992), in: EZA 71/251.
[327] Niederschrift der Präsidiumssitzung vom 22./23.01.1993, in: EZA 71/252.

Matthäus 25,31-46« auf diesem Deutschen Evangelischen Kirchentag.

Im Rückblick auf den DEKT in München 1993 lobte Hentig das Jugendforum als »eine der schönsten Veranstaltungen«, obwohl der Nachmittag der Veranstaltung wohl missglückt gewesen war. Er machte einen neuen Anlauf, auf sein Anliegen einer deutlicheren Profilierung, einer »Einstellung auf Askese« (die Besucher sollten nicht die Vorstellung entwickeln, dass der Kirchentag ihnen keine Arbeit abverlange und ein »geistliches Strandbad« sei) und zur Stärkung des Gedankens einer »christlichen Bürgerbewegung« hinzuweisen. Hierzu regte er auch einen regelmäßigen Wechsel zwischen Veranstaltungsorten in Ost und West an.[328]

Hartmut von Hentig hatte in den ersten fünf Jahren seiner Mitgliedschaft im Präsidiums des DEKT eine respektierte, wenn auch keine entscheidende Position inne. Er trieb den Prozess einer Umgestaltung des Kirchentages, seiner Organisation, der Konzentration auf weniger Themenfelder wie der Verankerung der Losung in den Veranstaltungen voran, auch wenn er sich mit seinen Vorstellungen nicht immer durchsetzen konnte. Er gehörte aber zu einem Kreis von Persönlichkeiten, die hier Akzente setzten. Zugleich wird deutlich, dass er selbst nicht die Geschicke lenken konnte. Der frühe Hinweis, über die Personalauswahl der aktiv Beteiligten zu steuern, mag als empfohlene Durchsetzungsstrategie gedeutet werden. Ende des Jahres 1993 wurde auch sein Partner Gerold Becker in das Präsidium gewählt. Auf

---

[328] Niederschrift der Sitzung des Präsidiums des DEKT am 17./18. 09.1993 in Fulda, in: EZA 71/254.

wen der Vorschlag, Becker ins Prsäidium zu wählen, zurückgeht, kann bislang nicht ermittelt werden. Dass von Hentig diesem Vorschlag nicht ablehnend gegenüber gestanden haben dürfte, kann vermutet werden.

## 7.2 Der stille Beisitzer Gerold Becker 1993 bis 1997

Ende 1993 wurde Gerold Becker ins Präsidium des DEKT gewählt. Er arbeitete zu diesem Zeitpunkt als Schulentwickler in Hessen.[329] Bereits in den Jahren 1991 und 1992 war er in eine Planungsgruppe zur Schulentwicklung berufen worden und erhielt 1992 eine Stelle im hessischen Kultusministerium beim Hessischen Institut für Bildungsplanung und Schulentwicklung. Er lebte von immer wieder neuen Beauftragungen nach seinem Ausscheiden als Leiter in der Odenwaldschule.

Gerold Becker hatte offenbar bereits seit dem Beginn der 1980er-Jahre nach einem neuen Betätigungsfeld gesucht. Bei einer sogenannten »Teekonferenz« mit den Lehrkräften kündigte er im Mai 1983 sein Ausscheiden für den Sommer 1985 an.[330] Es sind Briefe von ihm überliefert, wonach er seinem Bruder bereits Mitte der 1970er-Jahre angekündigt hatte mit Erreichen des fünfzigsten Lebensjahrs in der Odenwaldschule aufhören zu wollen. Im Sommer 1981 sprach offenbar

---

[329] Siehe zu den biographischen Stationen Gerold Beckers ab 1985 ausführlich Brachmann 2015, S. 28–37; Oelkers 2016, S. 426–451.
[330] Erklärung in der Teekonferenz am 02.05.1983, in: DIPF/BBF/Archiv, NL Gerold Becker Nr. 751 (auch in: Nr. 166).

Hartmut von Hentig den späteren Nachfolger in der Schulleitung, Wolfgang Harder, an, ob er nicht angesichts des geplanten Ausscheidens von Gerold Becker dessen Nachfolger werden wolle.[331] Die Suche Beckers nach einem neuen Betätigungsfeld erstreckte sich über Bildungsarbeit im Rahmen der Goethe-Institute und über eine mögliche Arbeit bei Rundfunkanstalten bis hin zu einer Arbeit im Rahmen der Entwicklungshilfe.[332]

Die Hilfe seines Freundes hat Becker allerdings wohl nichts genutzt. Weder beim Goethe-Institut, das unter der Präsidentschaft von Klaus von Bismarck stand, noch beim Hessischen Rundfunk, wo sich Becker offenbar Hoffnungen gemacht hatte, den in den Ruhestand gehenden Leiter der Hauptabteilung Bildung und Erziehung im Hörfunk des Hessischen Rundfunks, Gerd Kadelbach (1919–1996), zu beerben, hatte er Erfolg.

So geriet Becker nach seinem Ausscheiden aus der Odenwaldschule in eine wohl erzwungene Pause. Offenbar konn-

---

[331] Konrad Becker an Gerold Becker 16.08.1983; Wolfgang Harder an Gerold Becker 09.08.1981 (handschr.), in: DIPF/BBF/Archiv, NL Gerold Becker Nr. 166. Die hier vorliegenden Briefe widersprechen der Deutung Brachmanns (2015, S. 284–288), wonach Becker aufgrund einer Angst vor Entdeckung seiner Pädophilie hier zu einem Ausscheiden gezwungen gewesen sei.

[332] Siehe hierzu die Durchschriften der Briefe Becker an Dr. Horst Harnischfeger (Goethe-Institut) 05.01.1982; Becker an Klaus v. Bismarck 05.01.1983; Becker an Gerd Kadelbach (Frankfurt) 26.02.1985 u. Hartmut von Hentig an Intendanten des Hessischen Rundfunks, Wolfgang Lehr 03.09.1985; Gerold Becker an K. Z. (ehem. Schüler Odenwaldschule) 07.01.1989, in: DIPF/BBF/Archiv, NL Gerold Becker Nr. 166.

ten ihm die bestehenden Beziehungen nicht zu einer neuen ihn befriedigenden Tätigkeit bringen. Er erarbeitete seit dem Sommer 1986 das Curriculum für einen alternativen Lehrerstudiengang an der Universität Witten-Herdecke. Dieser Studiengang wurde allerdings mangels Unterstützung im NRW-Kultusministerium nicht verwirklicht.[333] Becker erhielt ab November 1987 einen Vertrag zur Bestreitung der Öffentlichkeitsarbeit der Vereinigung Deutscher Landerziehungsheime, womit er die Nachfolge seines Mentors Hellmut Becker antrat, der sich im Alter von 74 Jahren zurückzog.[334] Er beriet nachfolgend einzelne Schulen und wurde in den Herausgeberkreis der reformpädagogischen Zeitschrift »Neue Sammlung« aufgenommen. Er galt zu jenem Zeitpunkt als pädagogischer Fachmann und Schulexperte. Im Frühjahr 1993 übernahm er von Hellmut Becker auch den Vorsitz der Vereinigung Deutscher Landerziehungsheime, den er bis 1999 inne hatte.

Auch wenn sich seine beruflichen Pläne nicht verwirklichen ließen, so wurde Gerold Becker im März 1992 als Schulexperte auch in die Kammer der EKD für Bildung und Erziehung berufen.[335] In dem Berufungsschreiben hieß es:

---

[333] Siehe Konzeptpapiere für eine »pädagogische Fakultät und eine »Universitätsschule« in DIPF/BBF/Archiv, NL Gerold Becker Nr. 454.
[334] Brachmann 2015, S. 290.
[335] Kirchenamt EKD (Hartmut Löwe) an Gerold Becker 25.03.1992, in: EZA 3/20/493. Über die Hintergründe der Berufung konnte kein Aufschluß erlangt werden. Becker war erst spät auf die Berufungsliste gekommen (erst mit Vorlage vom 11.03.1992; aber noch nicht am 31.01.1992 oder 04.03.1992).

»Die Kammern dienen der Beratung des Rates der EKD für bestimmte Sachgebiete. Sie sollen einen Ausschnitt gesellschaftlicher Wirklichkeit, der für Zeugnis und Dienst der Kirche wichtig ist, insgesamt in den Blick nehmen, zur Zeitgenossenschaft unserer Kirche beitragen und in die Meinungsbildung der Gesellschaft einen Beitrag der Christen einbringen.« Die Berufung galt für die Dauer einer Ratsperiode, also etwa sechs Jahre, wobei die Kammer zwei zweitägige Sitzungen im Jahr durchführte. Die Kammer der EKD für Bildung und Erziehung beruhte auf der auf der EKD-Synode 1990 in Travemünde beschlossenen »Bildungsverantwortung der Kirche«, die sowohl als pädagogische Verantwortung der Kirche für die menschliche Qualität von Erziehung und Bildung im öffentlichen Bildungssystem als auch als ungeteilte Verantwortung für die Erschließung und Weitergabe der christlichen Glaubensüberlieferung im Generationenzusammenhang verstanden wurde.[336] Der konkrete Hintergrund bestand in der versuchsweisen Einführung des Schulfachs »Lebensgestaltung, Ethik, Religionskunde« (LER) in Brandenburg.[337] Im ersten Protokoll

---

[336] So laut der Einführung des Vorsitzenden Nipkow im Protokoll der 1. Sitzung der Kammer der EKD für Bildung und Erziehung am 17./18.09.1992 in Hannover, in: EZA 3/20/496.
[337] Mit dem Schulgesetz von 1996 wurde LER schließlich zu einem allgemein bildenden Unterrichtsfach, das »bekenntnisfrei, religiös und weltanschaulich neutral« unterrichtet wird (§11 Abs. 3 BbgSchulG). Es wurde seitdem auch benotet und ist versetzungsrelevant. Allerdings besteht Befreiungsmöglichkeit für Schülerinnen und Schüler, die am konfessionellen Religionsunterricht teilnehmen. Zudem müssen es die Schulen den Schülerinnen und

der Kammer hieß es: »Eine eigenständige Vermittlung des Faches Religion müsse erhalten bleiben.« Bei einer Integration in ein Fach Ethik drohe Religion auf der Strecke zu bleiben, denn es finde in LER keinen Ersatz. Man sah die Gefahr eines »Dammbruchs« zuungunsten des Religionsunterrichts. Gerade in Ostdeutschland werde oft eine »unfaire« Gegenargumentation »auf dem falschen Hintergrund eines dialogunfähigen klerikal gesteuerten Religionsunterrichts«, den es schon lange nicht mehr gebe, geführt. Zwar habe der Religionsunterricht auch eine »missionarische Dimension, ohne allerdings eine Bekehrungsveranstaltung der Kirche zu sein«.[338]

Der Auftrag an die Kammer bestand darin, eine Stellungnahme zum Religionsunterricht und eine zur Evangelischen Erwachsenenbildung zu erarbeiten. Bei der Stellungnahme zum Religionsunterricht ging es darum, diesen als ordentliches Lehrfach »vor allen Dingen pädagogisch« zu begründen, wofür beim »Verhältnis der jungen Generation zu Kirche, Christentum, Religion und Religionsunterricht sowie der aktuellen Veränderungen von Schule« angesetzt werden sollte.[339] Hier beteiligte sich Gerold Becker indem er einen allgemeinen Teil zu »Schule: Schulpädagogik, Schulentwicklung, Schul-

---

Schülern ermöglichen, an beiden Fächern teilzunehmen, sofern sie dies wünschen. Kramer 2013.

[338] Protokoll der 1. Sitzung der Kammer der EKD für Bildung und Erziehung am 17./18.09.1992 in Hannover, in: EZA 3/20/496.

[339] So die rückblickende Beschreibung in einem Text zur Entstehung und Rezeption der EKD-Denkschrift als Anlage zu einem Schreiben Kirchenamt EKD (Otte) an Jörg Natho (Dessau) 28.03.1996, in: EZA 3/20/508.

erneuerung« beisteuerte. Dies geschah von Herbst 1993 bis Frühjahr 1994.[340] Die Denkschrift »Identität und Verständigung. Standort und Perspektiven des Religionsunterrichts in der Pluralität« erschien 1994.[341] In Beckers Teil hieß es:

»Zusammengefaßt: Es wird zunehmend erkannt, daß sich die Aufgaben der Schule und der einzelnen Fächer nicht darin erschöpfen können, den Schülerinnen und Schülern möglichst viel ›solide Kenntnisse‹ und abprüfbares Wissen zu vermitteln. Vielmehr muß der Beitrag eines jeden Schulfaches zu einer ›neuen allgemeinen Bildung‹ immer auch Hilfe einschließen bei der Orientierung in der Welt, der Bewältigung der Zukunftsaufgaben und der Vergewisserung über die eigene Identität. Das bessere Verstehen dieser zentralen Aufgabe aller schulischen Bildungsprozesse könnte in den Schulen zugleich eine größere Offenheit gegenüber dem besonderen Bildungsauftrag des Religionsunterrichts befördern.«[342]

Auch wenn Gerold Becker in den Protokollen nach dem März 1994 wohl nur noch selten oder gar nicht mehr an Sitzungen der Kammer der EKD für Bildung und Erziehung

---

[340] Vgl. Becker an Otte 21.02.1994 u. »1.2 Schule: Schulpädagogik, Schulentwicklung, Schulerneuerung (4. Fassung G. Becker)«, in: EZA 3/20/500; vgl. auch DIPF/BBF/Archiv, NL Gerold Becker Nr. 939.

[341] Siehe EKD 1994; als Textfassung im Internet: https://www.ekd.de/ekd_de/ds_doc/identitaet_und_verstaendigung_neu.pdf (Stand: 01.03.2024). Die Denkschrift der zweiten Arbeitsgruppe in der Kammer der EKD für Bildung und Erziehung »Auswachsen in schwieriger Zeit – Kinder in Gemeinde und Gesellschaft« (EKD 1995) erschien ein Jahr später.

[342] EKD 1994, S. 25.

teilgenommen hat[343], war er doch als Bildungsexperte im Bereich der EKD präsent. Er trug bei der 8. Synode der EKD zum Thema »Aufwachsen in schwieriger Zeit – Kinder in Gemeinde und Gesellschaft« vor und war auch Mitglied des Vorbereitungsausschusses und der Arbeitsgruppe »Kindsein 1994 – zur Lage der Kinder«.[344]

Als der Kirchentag, der sich 1991 in vereinigter Struktur von Ost und West eine neue Ordnung gegeben hatte, sich 1993 anschickte, neue Präsidiumsmitglieder zu wählen, gehörte Gerold Becker zu den rund 120 Wahlvorschlägen, die für 15 neu zu besetzende Plätze im Umlauf waren.[345] Man hatte angesichts der Sondersituation der Vereinigung der Kirchentage Ost und West im November 1991 beschlossen, dass »alle Präsidiumsmitglieder aus Ost und West, die nicht dem jetzigen oder dem unmittelbar vorherigen Vorstand angehören, nach dem Münchener Kirchentag 1993 ihre Mitgliedschaft beenden«. Es waren damit 15 Plätze im Präsidium neu zu besetzen. Die Präsidialversammlung hatte acht Kandidaten mit der höchsten Stimmenzahl auf sechs Jahre und sieben weitere auf vier Jahre zu wählen. Es sollte sich »um Persönlichkeiten handeln«, die »bereit und im-

---

[343] Siehe die Protokolle in: EZA 3/20/496.
[344] Synode der EKD 1995, S. 96/97, zitiert nach: Oelkers 2016, S. 448. Dass Becker allerdings, wie Oelkers meint, »die Pädagogik der EKD in den neunziger Jahren wesentlich mitbestimmt« habe, überschätzt seinen Einfluß.
[345] Erläuterungen zum Wahlverfahren für das Präsidium des Deutschen Evangelischen Kirchentages im Herbst 1993 (CK/eh, 22.04.1993), in: DEKT Geschäftsstelle, »Nominierungsausschuß 1993–1995«.

stande sind, den Kirchentag nach außen zu interpretieren und zu vertreten, die Erfahrungen und Fachkompetenz zu den Bereichen mitbringen, welche auf Kirchentagen eine Rolle spielen, und unter denen auch ›öffentliche Protestanten‹ sind«.[346] Darunter war auch Gerold Becker, der auf einer Liste des Nominierungsausschusses in der Rubrik »Sonstiges« stand. Ansonsten waren Vertreter für die Bereiche Politik, Wissenschaft und Technologie, Internationales, Publizistik, Wirtschaft und Kirche vorgesehen.[347] Unter den ausscheidenden Präsidiumsmitgliedern befand sich auch Hartmut von Hentig, der allerdings auf einer Liste der vom Präsidium selbst zu kooptierenden Mitglieder stand, und damit weiter Mitglied im Präsidium des DEKT blieb.[348]

---

[346] Protokoll der Präsidialversammlung 21.-23.10.1993 in Reinhardsbrunn (Krause/Runge 22.12.1993), in: DEKT Geschäftsstelle, »Nominierungsausschuß 1993-1995«. Es waren 65 Stimmberechtigte anwesend, fünf weitere hatten ihre Stimmen schriftlich hinterlegt, so dass eine absolute Mehrheit für die Wahl von 35 Stimmen reichte. Im ersten Wahlgang wurden Martin Dolde, Rudolf von Thadden, Hermann Rauhe, Carola von Braun, Ulrike Poppe, Curt Stauss, Marianne Birthler, Anke Martiny gewählt. In einem zweiten Wahlgang wurde dann auch Gerold Becker mitgewählt. Es gab eine Auseinandersetzung um dieses gesplittete Wahlverfahren, die zum Rücktritt des Vorsitzenden des Nominierungsausschusses, Siegfried von Kortzfleisch, von seinem Posten führte.

[347] Vertrauliche Vorlage zur Sitzung des Nominierungsausschusses am 03.09.1993 (Stand: 05.08.1993), in: DEKT Geschäftsstelle, »Nominierungsausschuß 1993-1995«.

[348] Betr. Nominierungen und Wahlen 1993 für die Mitgliedschaft im Präsidium des Deutschen Evangelischen Kirchentages (Chr. Krause, 07.09.1993), in: DEKT Geschäftsstelle, »Nominierungsausschuß 1993-1995«.

Ansonsten ging es bei der Präsidialversammlung im Oktober 1993 um Vorüberlegungen zu Losung, Thematik und Ortsanbindung des nächsten Kirchentags in Hamburg. Hieran beteiligte sich erneut Hartmut von Hentig, der mit dem Vorschlag des Themenfeldes »Wahrhaftigkeit« eine »starke Resonanz« erhielt. Es wurde auf die von »Lebens- und Gesellschaftslügen geprägte Zeitsituation hingewiesen, auf Verführ- und Versuchbarkeit, etwa im Umgang mit Medien«. Der Kirchentag sollte als ein »Ort der Einübung in Wahrhaftigkeit verstanden werden« und zu einer »neuen Alphabetisierungskampagne des Glaubens beitragen«. Die Losung sollte sich an jene wenden, »die ungläubig oder von Zweifeln am eigenen Glauben erfüllt sind«.[349]

Becker war während der Sitzungen des Präsidiums eher selten aktiv. Er stand im Schatten der Auftritte seines Partners Hartmut von Hentig.[350] Nennenswerte Äußerungen von ihm sind kaum protokolliert. Als im Herbst 1994 im Rahmen der Programmdiskussion die Rede auf neue Angebote von »Ordnungen« kam, wurde der in den USA diskutierte Kommunitarismus erwähnt. Hier pflichtete Becker dem zu und meinte, dass »die Bereiche von Arbeitsorganisation, Familie,

---

[349] Protokoll der Präsidialversammlung 21.–23.10.1993 in Reinhardsbrunn (Krause/Runge 22.12.1993), in: DEKT Geschäftsstelle, »Nominierungsausschuß 1993–1995«.

[350] So die Eindrücke nach Erinnerungen der befragten ehemaligen Präsidiumsmitglieder. In den Sitzungen trat er nach den Protokollen mit Redebeiträgen kaum hervor (vgl. die Protokolle in: EZA 71/256 bis 259; DEKT, Geschäftsstelle, »Präsidialversammlung 1996/97« [ab 1994]) u. »Protokolle Präsidium 1997«.

Geschlechter- und Generationenverhältnis« behandelnswert seien. In der gleichen Sitzung wurde auch der abwesende Hartmut von Hentig für einen Vortrag im Themenbereich 4 »Bilder und Vorbilder des Menschen« gewählt.[351] Als Präsidiumsmitglied erhielt er auch im Jahr 1995 einen Geburtstagsgruß mit der Tageslosung: »Ich will reines Wasser über euch sprengen, daß ihr rein werdet.« (Hesekiel 36,25). Die Generalsekretärin dankte ihm für seine Mitarbeit beim Forum Schule und im Präsidium. Man müsse als Protestant keine Vorleistung bringen um vor Gott »rein« zu sein, denn dies sei Gottes Tat. »Für uns als Evangelische ist dies ein wesentliches Element der protestantischen Freiheit.«[352]

Eine herausgehobene Rolle kam Gerold Becker nur insoweit zu, als er im November 1996 Mitglied des Nominierungsausschusses wurde, der sich über neue Mitglieder von Präsidium und Präsidialversammlung Gedanken zu machen und Kandidaten vorauszuwählen hatte.[353] Hentig dagegen

---

[351] Niederschrift über die die Sitzung des Präsdiums des DEKT am 23./24.09.1994 in Fulda, in: EZA 71/257. Beim Themenfeld des Kommunitarismus, der den Menschen im Gegensatz zum Liberalismus immer sprachlich, ethnisch, kulturell, religiös oder anders in eine Gemeinschaft eingebettet sieht, kannte sich Gerold Becker aus (siehe oben).

[352] Generalsekretärin Käßmann an Gerold Becker 06.04.1995, in: DEKT, Geschäftsstelle »Präsidium Schriftwechsel ab Neuwahl 1993«.

[353] Siehe Protokoll über die Sitzung des Nominierungsausschusses des Deutschen Evangelischen Kirchentages am 24. Oktober 1996 in Fulda, in: DEKT, Geschäftsstelle »Nominierungsausschuss 1996« (unverz.); TOP 3: Vorstellung der Kandidatinnen und Kandidaten für die Wahlen zum Präsidium und zur Präsidialversammlung des DEKT (Gerhild Frasch) (zur Niederschrift über die Tagung der

engagierte sich sehr stark in den Fragen der Findung einer Losung und ihrer Umsetzung in Vortragsreihen.[354] In Vorbereitung auf den DEKT in Hamburg 1995 machte Hentig eine Vorlage für die Präsidialversammlung 1994 »Was will der Kirchentag mit dieser Losung?« (»Es ist Dir gesagt Mensch, was gut ist«) und trug eine gekürzte Fassung vor. Er meinte in der Diskussion darüber, »das Reden von Orientierungslosigkeit sei nur ein dürftiger Vorwand, hinter dem das Problem der Wahrhaftigkeit verschleiert werde«, doch bestehe auch die Gefahr der »fundamentalistischen Besserwisserei«. Er wollte daraus »besseres Wissen« machen. Er gab zu, dass »seine Feststellung von dem Lebensvollzug innewohnenden ›Notwendigkeiten‹, die der Beliebigkeit eines ›Anything goes‹ entgegengehalten werden müssten, natürlich auch missbraucht werden könne. In einer Lebenswirklichkeit, in der man sich auf ›Systemzwänge‹ nicht herausreden dürfe, ›Sachzwänge‹ aber durchaus bestünden, sei es um so wichtiger, darum zu ringen, was gut ist – und dies dann auch tätig zu verwirklichen. Abschließend zitierte er einen jungen Menschen mit dem Satz: ›Es muß doch so eingerichtet sein, daß ich einen Sinn erkennen kann!‹«[355]

    Präsidialversammlung des DEKT vom 23.–25.10.1997 in Hofgeismar), in: DEKT, Geschäftsstelle, »Präsidialversammlung 1996/97« [ab 1994!]).
[354] So z. B. Niederschrift über die Präsidiumssitzung am 27./28. 09.1996 in Fulda, in: DEKT, Geschäftsstelle »Protokolle Präsidium 1996«. Hentig monierte die Übersetzung eines griechischen Begriffs in den zu verteilenden Erläuterungen zu den Bibelarbeiten und schlug Untertitel für Arbeitsgruppenthemen vor.
[355] Niederschrift über die Tagung der Präsidialversammlung des DEKT

Aufgrund einer Meldung im Evangelischen Pressedienst (epd), wonach die Humanistische Union an die Kirchen appelliert habe, nicht auf die Kirchensteuer zu bestehen, meldete sich im Februar 1995 der für die Finanzierung in der Hamburger Bischofskanzlei zuständige Jurist Kurt Ziehbold mit einem Einspruch gegen die doppelte Mitgliedschaft Hartmut von Hentigs im Präsidium des DEKT und bei der Humanistischen Union zu Wort. Hartmut von Hentig war seit gut 30 Jahren im Briefkopf als Beiratsmitglied der Humanistischen Union mit 50 anderen Personen beispielsweise Helmut Gollwitzer aufgeführt, doch hatte er den in der Pressemeldung erwähnten Aufruf nicht unterschrieben. Er schrieb an Ziehbold, dass er nach seinen Erfahrungen in den USA wirklich denke, dass die Kirche vom Staat getrennt gehöre, denn die Scheu vor der Aufklärung bekomme der Kirche nicht gut.[356] Der 63-jährige Jurist Ziehbold sah dagegen die Kirchensteuererhebung nicht als ein vermeintliches Privileg der Kirchen an, denn sie zahle für diesen Dienst der Finanzverwaltung. »Es scheint mir ein grundlegender Dissens zwischen uns darin zu liegen, daß Sie die Grundlagen dieses Staates nicht mehr in seinem geschichtlichen Herkommen in Werten des christlichen Abendlandes sehen.«

    vom 05.05.–07.05.1994 in Hamburg, in: EZA 71/03/566 (auch in: DEKT, Geschäftsstelle »Präsidialversammlung 1996/97« [ab 1994!]).
[356] Humanistische Aktion will mehr Trennung von Staat und Kirche, in: epd ZA 25.10.1994 u. Hartmut von Hentig an Ziehbold (Bischofskanzlei Hamburg) 25.02.1995 (auch an Generalsekretärin Käßmann übersandt), in: DEKT, Geschäftsstelle »Präsidium Schriftwechsel ab Neuwahl 1993«.

Er meinte, dass der von ihm durchaus geehrte »große Pädagoge und Mensch« Hartmut von Hentig in diesen Dingen »etwas zu philosophisch abgehoben der verfaßten Kirche fernstehe«.[357] Hentig antwortete: »Die Kluft ist unter uns Christen freilich größer als zwischen ihnen und den geborenen Zweiflern (wie ich einer bin). Evangelikale und Liberale, Anhänger einer neuen Liturgischen Bewegung und solche, die ihren Glauben auf das Wort stellen, liegen unendlich weit auseinander.« Aber deswegen sei das Zusammenkommen bei einem Kirchentag wichtig, denn auch Atheisten gehörten zu einer »offenen Vielfalt«. Hartmut von Hentig gab seinen Schriftwechsel auch der Generalsekretärin Margot Käßmann zur Kenntnis, die diesen Konflikt aber nicht aufbauschen wollte.[358]

Zugleich verfolgte Hentig weiter seine Linie, den Kirchentag stärker zu profilieren. Als mit Blick auf den Hamburger Kirchentag 1995 im Präsidium diskutiert wurde, ob man die »Sektenfrage« stärker im Programm betonen sollte, wurde seine Äußerung notiert: »Gegenüber einer intensiven Auseinandersetzung mit der Frage nach dem ›Kern des Christentums‹ scheint ihm die Beschäftigung mit dem vielschichtigen Spektrum von Sekten und Weltanschauungen nachrangig und in dem ohnehin vorgesehenen Zentrum besser aufgeho-

---

[357] Ziehbold (Bischofskanzlei Hamburg) an Hartmut von Hentig 21.03.1995, in: DEKT, Geschäftsstelle »Präsidium Schriftwechsel ab Neuwahl 1993«.

[358] Hartmut von Hentig an Ziehbold 16.07.1995; Hartmut von Hentig an Käßmann 24.10.1995 u. Käßmann an Hartmut von Hentig 26.05.1995, in: DEKT, Geschäftsstelle »Präsidium Schriftwechsel ab Neuwahl 1993«.

ben.«[359] Als in Vorbereitung des Leipziger Kirchentags 1997 sich eine Finanzierungslücke von 3,5 Mio DM auftat, meinte er, dass das Defizit auch die Möglichkeit der Bescheidung mit sich bringe.[360]

Weder Hentig noch Becker beteiligten sich in den zur Vorbereitung des Kirchentags 1995 geschaffenen Arbeitsgruppenleitungen. Anders war dies hinsichtlich des 1997 stattfindenden Kirchentags in Leipzig. Es war der erste Kirchentag in einem »neuen Bundesland«, der ursprünglich bereits für 1995 in den Blick genommen war, doch aus organisatorischen Gründen und verzögerten Zusagen dann nicht mehr realisiert werden konnte. Als im Herbst 1996 der »unmittelbare Bezug auf die erwartete gesellschaftlich-politische Realität des Jahres 1997 und auf die Fragen welche Menschen in Ost und West bewegen«, vermisst wurde, schlug Hartmut von Hentig für die Reihentitel konkretisierende Untertitel hinsichtlich des Themas Gerechtigkeit vor.[361]

Bei einer Präsidiumssitzung im September 1997 gab Gerold Becker eine biblische Besinnung über den Losungstext (Jesaja 65,24). Er stellte den Text als Sammlung verschiedener Autoren; über »endzeitliche Erwartungen« und das Beklagen von Recht und Gerechtigkeit vor, der teilweise »von schreck-

---

[359] Niederschrift über die Sitzung des Präsidiums des DEKT am 23./24. 05.1994 in Fulda, in: EZA 71/256.
[360] Niederschrift über die Präsidialversammlung am 25.04.1996 in Leipzig, in: DEKT, »Präsidialversammlung 1996/97« [ab 1994!]).
[361] Niederschrift über die Präsidiumssitzung am 27./28.09.1996 in Fulda, in: DEKT, Geschäftsstelle, »Protokolle Präsidium 1996«.

lichen Rachephantasien geprägt« sei, aber auch Abschnitte mit einem »universalistischen Verstehen« mit Blick auf eine Offenbarung enthalte. »Das Alte bestimmt noch das Bewußtsein und die Sprache. Aber: das ›Neue‹ ist auch schon da!« Becker sprach sich für die Wichtigkeit von Visionen aus, gerade auch angesichts von »Populärdarwinismus«, Neoliberalismus oder Globalisierung, die eine vermeintliche Unabänderlichkeit behaupten würden. Man brauche »eine transzendentale Gewißheit und Geborgenheit«, doch ob das in christlicher Sprache als »Zusage Gottes« gedeutet werden könne, ließ er dahingestellt.[362]

Verglichen mit Hentigs textexegetischen Beiträgen in den Diskussionen des Präsidiums und in Bibelarbeiten bei den Kirchentagen waren seine Beiträge eher diesseitsbezogen und religionsdistanziert. Becker spielte in den Verhandlungen des Präsidiums keine größere Rolle. Er schied im Herbst 1997 turnusmäßig nach Ablauf seiner vierjährigen Wahlzeit wieder aus dem Präsidium und damit auch aus dem Nominierungsausschuss wie der Präsidialversammlung aus.[363] Bereits im Oktober 1996 kündigte Gerold Becker bei seiner erst-

---

[362] Gerold Becker: Zum Losungstext für den 27. September 1997, in: DEKT, Geschäftsstelle »Protokolle Präsidium 1997« (auch in: DIPF/BBF/Archiv, NL Gerold Becker Nr. 651).

[363] Becker wurde zusammen mit Erhard Eppler, Reinhard Göhner, Gottfried Hänisch, Wolfgang Müller-Michaelis, Gert Silber-Bonz, Susanne Willems und dem Ehrenmitglied Richard von Weizsäcker in der Tagung der Präsidialversammlung im Oktober 1997 verabschiedet. Niederschrift über die Tagung der Präsidialversammlung des DEKT vom 23.–25. 10. 1997 in Hofgeismar, in: DEKT Geschäftsstelle »Präsidialversammlung 1996/97« [ab 1994!]«.

maligen Teilnahme im Nominierungsausschuss an, dass er »für eine erneute Wahl nicht zur Verfügung stehen wolle, zumal ihm sehr an einer Wiedernominierung anderer Ausscheidender liege«.[364] Gerold Becker moderierte aber noch auf der Präsidialversammlung im Oktober 1997 die Vorstellung der Kandidaten.[365] Es waren neun Plätze neu zu besetzen und 15 Personen standen zur Wahl. Nach den Kriterien waren unterrepräsentierte Bereiche (Naturwissenschaft, Gesundheit/Medizin, Bildung, Kunst/Kultur, Sport, Arbeitswelt, öffentliche Protestantinnen) auszugleichen, ein ausgewogenes Verhältnis von Männern zu Frauen, Vertreterinnen und Vertreter aus alten und neuen Bundesländern, aus älterer, mittlerer und jüngerer Generation wie aus unterschiedlichen politischen Richtungen zu beachten und eine

---

[364] Protokoll über die Sitzung des Nominierungsausschusses des Deutschen Evangelischen Kirchentages am 24. Oktober 1996 in Fulda, in: DEKT, Geschäftsstelle »Nominierungsausschuss 1996« (unverz.). In der Sitzung des Präsidiums knapp eine Woche vor der Wahl neuer Kandidaten durch die Präsidialversammlung stand sein Ausscheiden fest. Niederschrift über die Sitzung des Präsidiums des DEKT 23.10.1997 in Hofgeismar, in: DEKT, Geschäftsstelle »Präsidialversammlung 1997«. Im Tagesordnungspunkt 8 wurde festgehalten, dass nach dem Ausscheiden von Gerold Becker aus dem Präsidium ein entsprechender Platz im Nominierungsausschuß neu besetzt werden solle.

[365] Niederschrift über die Tagung der Präsidialversammlung des DEKT vom 23.-25.10.1997 in Hofgeismar, in: DEKT Geschäftsstelle »Präsidialversammlung 1996/97« [ab 1994!]« und Anlage 4 zu TOP 3: Vorstellung der Kandidatinnen und Kandidaten für die Wahlen zum Präsidium und zur Präsidialversammlung des DEKT (Gerhild Frasch) in: ebda. Es galt aus 15 Kandidierenden 9 Plätze zu besetzen.

»zu starke Binnenkirchlichkeit« zu vermeiden. Bemühungen von Gerold Becker oder anderen, ihn in diesem Gremium zu belassen, sind nicht überliefert.[366]

---

[366] Rüdiger Runge erinnerte sich allerdings daran, dass es bei einer (internen) Abstimmung über neue Mitglieder zu einer Stimmengleichheit gekommen sei und Becker dann zurückgezogen habe.

# 8. Der erste öffentliche Missbrauchsvorwurf gegen Gerold Becker 1999

Gerold Becker beriet nach 1985 auch immer wieder Schulen und agierte als Lehrer. Er wurde in seiner Funktion als Vorsitzender der Vereinigung der Landerziehungsheime in Diskussionen einbezogen, in denen er laut der Einschätzung von Jens Brachmann jedoch keine inspirierende Rolle spielen konnte.[367] Als Becker bei einem Altschülertreffen im Herbst 1997 einen Vortrag hielt, Anfang 1998 als Lehrer befristet erneut an der Odenwaldschule Religionsunterricht erteilte und auch die Prüfung der Abiturklasse übernahm, schrieben zwei Opfer seiner sexuellen Übergriffe einen Brief an Schulleiter Wolfgang Harder.[368] Becker soll später seinem Partner Hartmut von Hentig nach dessen Darstellung gestanden haben, dass er bereits im November 1997 einen ersten Brief von einem der Opfer, Andreas Huckele, erhalten hatte und diesen in einem Antwortbrief ohne Erfolg zu besänftigen versucht hatte.[369]

---

[367] Brachmann 2015, S. 294–298.
[368] Siehe z. B. den Wortlaut des Briefes vom 10. Juni 1998 abgedruckt bei Brachmann 2015, S. 298–299.
[369] Becker hatte geschrieben, dass er eine andere Erinnerung an die »Beziehung« habe und die Liedzeile von Simon & Garfunkel: »A time it was / And what time it was! / A time of innocence / A time of confidence« zitierte (Hentig 2016, S. 591); siehe dagegen die Darstellung des Opfers Dehmers 2011, bes. S. 113–136.

Die Offenbarung führte seit dem Sommer 1998 an der Odenwaldschule zu einem zögerlichen und erfolglosen Versuch ein Einvernehmen mit den Ehemaligen zu erreichen. Gerold Becker wurde zum Rücktritt als Vorsitzender der Vereinigung der Landerziehungsheime gedrängt, der aber nur verzögert und halbherzig stattfand. Zu den Vorwürfen äußerte sich Becker nicht. Wolfgang Harder berichtete in einem Interview mit Jens Brachmann 2012, dass er zu seinem Schweigen von Richard von Weizsäcker, der zwei Jahre zuvor zusammen mit Becker aus dem Präsidium des Deutschen Evangelischen Kirchentags verabschiedet worden war, beraten wurde, der ihm gesagt habe: »Wenn du dich verteidigst, dann beschimpfst du die Opfer in der Wahrnehmung und wenn du irgend etwas zugibst, dann bist du Dutroux. Und beides ist unerträglich, also äußere dich überhaupt nicht.«[370] Dieser Rat, wenn er so erfolgt sein sollte – die einzige Quelle ist dieses Interview – verwies auf die kommunikative Dynamik, die angesichts des Vorwurfs des Kindesmissbrauchs in Gang kam, sah allerdings von den Opfern ab und hatte nur das Wohl oder Wehe des beschuldigten Gerold Becker und seines öffentlichen Bildes im Blick. Richard von Weizsäcker hatte seinen Sohn Andreas (der war Patensohn Hartmut von Hentigs) von 1969 bis 1976 auf der Odenwaldschule und war auch nach seiner Wahl zum Bundespräsi-

---

[370] Zitiert nach Brachmann 2015, S. 305–306. Gemeint ist der belgische Mörder und Sexualstraftäter Marc Dutroux, der 1995 verhaftet worden war und dessen nachsichtige Behandlung durch Polizei und Justiz im Oktober 1996 zu einer Demonstration (»Weißer Marsch«) von 300.000 Menschen in Brüssel geführt hatte.

denten Mitglied des Trägervereins sowie des Fördervereins der Schule. Seine Aktivitäten als Vorstand des Fördervereins und als Mitglied der Forschungsgruppe Modellschulen im Auftrag der Odenwaldschule hatte er allerdings eingeschränkt.[371]

Angesichts des für die Opfer unbefriedigenden Verlaufs der Klärung und der verzögernden Vertuschung durch die Odenwaldschule und Gerold Becker, wandten sich diese an die Presse. Am 17. November 1999 erschien in der Frankfurter Rundschau ein Artikel des Journalisten Jörg Schindler, welcher die Vorwürfe wegen sexuellen Missbrauchs gegen Gerold Becker öffentlich machte. Gerold Becker tauchte für die nächsten Wochen bei der Familie eines ehemaligen Schülers in Frankreich ab. Der Artikel hatte allerdings kaum eine Wirkung. In der Presselandschaft wurde er nachfolgend von größeren Tageszeitungen, insbesondere von den maßgebenden Presseorganen wie dem »Spiegel« oder der »Zeit«, nicht aufgegriffen. Der Verdacht, dass dies auch mit den Kontakten von Gerold Becker und Hartmut von Hentig, vor allem seiner Freundschaft mit der Herausgeberin der Wochenzeitung »Die Zeit«, Marion Gräfin Dönhoff, zu tun gehabt hatte, ist geäußert worden, wenn auch nicht sicher belegbar.[372]

Warum der skandalträchtige Missbrauchsvorwurf gegen den bekannten Gerold Becker sich damals in der Öffentlichkeit nicht durchsetzte, ist wohl auf das Zusammentreffen

---

[371] Brachmann 2019, S. 304.
[372] Jana Simon / Stefan Willeke, Das Schweigen der Männer, in: Die Zeit, Nr. 13 vom 25. März 2010, S. 17 [https://www.zeit.de/2010/13/DOS-Missbrauch-Schweigen-Odenwald-Internat (Stand: 26. 09. 2024)].

mehrerer Faktoren zurück zu führen. Erstens war der Artikel des Journalisten Jörg Schindler etwas reißerisch aufgemacht, wenn er auch fünf Opferzeugen anführte.[373] Zweitens hatte, worauf der Journalist und ehemalige Odenwaldschüler Tilman Jens hinwies, der Ausgang der sogenannten Wormser Prozesse 1993 bis 1997, in denen ein vermeintlicher Kindesmissbrauch nicht bewiesen werden konnte, eine gewisse Vorsicht bei der Presse hinsichtlich von Beschuldigungen wegen sexuellen Missbrauchs nach sich gezogen.[374] Drittens war die öffentliche Aufmerksamkeit in diesen Wochen von dem Aufflammen des CDU-Spendenskandals abgelenkt worden. Bereits am 3. November 1999 war ein Haftbefehl gegen den ehemaligen CDU-Schatzmeister Walther Leisler Kiep erlassen worden, der ihm vom Waffenhändler Schreiber im August 1991 übergebenes Geld als Parteispende an die CDU dargestellt hatte. Am 23. November 1999 stellten die Fraktionen von SPD und Bündnis 90 / Die Grünen einen Antrag auf Einsetzung eines Untersuchungsausschusses im Deutschen Bundestag. Bundeskanzler Helmut Kohl leugnete am 24. November noch, doch am 26. November 1999, bestätigte der ehemalige Generalsekretär der CDU, Heiner Geißler, dass

---

[373] Jörg Schindler, Der Lack ist ab, in: Frankfurter Rundschau, 19.11.1997.

[374] Zwei verfeindete Familien hatten sich gegenseitig mit Vorwürfen der Kindesmisshandlung und des sexuellen Missbrauchs überzogen und waren freigesprochen worden. Vgl. den gegenüber den Betreuerinnen der Kinder (von der Organisation »Wildwasser«) und dem Gericht sehr kritischen Bericht von Gisela Friedrichsen, »Alle in einen Sack stecken […]«, in: Der Spiegel 2/1997 (Stand: 05.01. 1997); vgl. Jens 2011, S. 57–60.

es inoffizielle Konten der CDU-Bundespartei zu seiner Amtszeit gegeben habe. Darauf gestand Kohl am 30. November 1999 öffentlich die Existenz schwarzer Konten ein und übernahm die politische Verantwortung. Die Namen der Spender gab er allerdings nicht preis.[375]

Viertens erhielt Gerold Becker auch viele Briefe von Kolleginnen und Kollegen aus den Feldern Schule und Pädagogik.[376] Viele der überlieferten Schreiben derjenigen, welche die Postadresse oder FAX-Nummer von Gerold Becker besaßen, drückten eine Solidarität mit ihm aus. Otto Herz, der mit Becker im Kirchentagsforum »Erziehung« gewesen war, schrieb: »Freunde bleiben, wenn andere gehen. Mit diesen Zeilen will ich sagen: ich bleibe. Nimm mich in Anspruch, wenn Du das für richtig hältst. Das Ungute braucht keine Erörterung. Wie viel Du Gutes getan hast, werde ich weiterhin betonen.«[377]

---

[375] Siehe Abschlussbericht des Bundestagsuntersuchungsausschusses »Parteispenden« (BT DS 141/9300) [https://dipbt.bundestag.de/dip21/btd/14/093/1409300.pdf (Stand: 01.03.2024)]. Hartmut von Hentig berichtet rückblickend zudem von einem Kontakt mit dem Spiegel-Reporter Dietmar Pieper, der ihn in einem Recherchezusammenhang zu Gerold Becker interviewt, doch dann im Frühjahr 2000 ihm eröffnet habe, dass er angesichts eigener Arbeitsüberlastung und Verschiebung des Fokus des öffentlichen Interesses aufgrund der CDU-Spendenaffäre doch keinen Artikel zu dem Thema machen wollte (Hentig 2016, S. 616).

[376] Die Briefe wurden offenbar vom Nachlassverwalter Hartmut von Hentig auch in zwei Akten gruppiert. Siehe DIPF/BBF/Archiv, NL Gerold Becker Nr. 433 und 434. Die Unterstreichungen in den Briefen und die Bezüge auf Briefe, die sich nicht im überlieferten Konvolut befinden, zeigen die Bearbeitung und selektive Überlieferung. Siehe auch Hentig 2016, S. 601–609.

Nur einige wenige forderten ihn zu einer Klarstellung auf oder rieten gar dazu, ein Schuldeingeständnis zu machen. Beckers Strategie war jedoch das oben erwähnte Schweigen, das seinen »Fall« nicht aufbauschen sollte. Zur Sache äußerte er sich nach außen nicht, nur etwas verklausuliert in Briefen an enge Freunde, worin er zumindest eine »Beziehung« zu dem anklagenden ehemaligen Schüler zugab, die aber in seiner Wahrnehmung einvernehmlich und nicht missbräuchlich gewesen sei. Er sprach von »Verrat«, was Hentig in seinem dritten Erinnerungen-Buch als von Becker empfundenen »Liebesverrat« ausführt.[378] Dies ist ein bekanntes Muster der Apologie von Missbrauchstätern, die sich selbst in einer einvernehmlichen Liebesbeziehung mit einem Minderjährigen wähnen und das Strafrecht oder die unverständige Gesellschaft, aber nie sich selbst als verantwortlich für Anklagen gegen sich erkennen.

Ein weiterer Brief erreichte Gerold Becker von Helmut Kentler zwei Tage nach Erscheinen des erwähnten Artikels.[379] Die Beiden scheinen sich nicht näher gekannt zu haben, denn sie waren per »Sie«. Der nachfolgende Briefwechsel sei hier im Hinblick auf seine Bedeutung ausführlicher dokumentiert.

---

[377] Otto Herz an Gerold Becker 15.12.1999, in: DIPF/BBF/Archiv, NL Gerold Becker Nr. 434. Otto Herz drückt heute sein Bedauern über diese Fehleinschätzung von Gerold Becker aus (Gespräch mit Otto Herz am 18.04.2024).
[378] Vgl. Hentig 2016, S. 601–608; auch Oelkers 2016, S. 452–484.
[379] Prof. em. Dr. Helmut Kentler an Gerold Becker 19.11.1999 (handschr.), in: DIPF/BBF/Archiv, NL Gerold Becker Nr. 434.

Kentler bot seine Hilfe an, er sei »wütend«, wie mit Becker umgegangen werde. »Falls es Ihnen hilft, wäre ich gern bereit zu Gutachten (ich bin ausgebildeter Forensischer Psychologe und Psychodiagnostiker).« Er wollte Becker ermutigen, sich nicht »aus allen Aufgaben zurückzuziehen«, denn viele wollten ihn als Kollegen behalten. Becker antwortete in dem Muster, das er für viele Antwortbriefe anwenden sollte. Der Zeitungsartikel lasse sich nicht mehr ungeschehen machen. Nachfolgend sollen längere Passagen wörtlich aus den Briefen wiedergegeben werden.

»Bei einigen ›Themen‹ leben wir derzeit aus mancherlei Gründen in einem Klima der öffentlichen Hysterie und auch des ›Fundamentalismus‹, die es unmöglich machen, im konkreten ›Fall‹, der wohl fast immer viel ›schwieriger‹ war oder ist, vernünftig zu klären, was eigentlich sein ›Anlaß‹ war und was dieser Anlass für die Beteiligten bedeutet habe. Ich bin welterfahren genug, um zu wissen, daß es in solchen Fällen nicht mehr um meine persönliche Enttäuschung, sondern vor allem um ›Schadensbegrenzung‹ gehen muß, damit nicht am Ende bei allen Beteiligten Verletzungen entstehen, die jenseits dessen sind, was irgendjemand verantworten kann. Und damit nicht auch im gleichen Atemzug dann noch ganz anderes diskreditiert wird (wie in der FR alles ›Reformpädagogische‹).«

Zu Kentlers Angebot schrieb er:

»Für Ihre freundliche Bereitschaft, mir gegebenenfalls auch mit einem Gutachten zu helfen, danke ich Ihnen. Ich hoffe, daß ich dieses großherzige Angebot nicht werde nutzen müssen. Es sieht nicht so aus, als wäre noch irgendein strafrechtliches Nachspiel zu erwarten, wenn auch ein

Rechtsanwalt, den ich konsultiert habe, mir gesagt hat, bei der gegenwärtigen öffentlichen Stimmungslage sei man nicht einmal sicher, daß nicht ein ehrgeiziger oder ängstlicher Staatsanwalt trotz aller Verjährungsfristen erst einmal Ermittlungen aufnehmen werde, um das Verfahren dann anschließend wieder einzustellen. Zivilrechtlich werde ich nichts unternehmen. Wo das enden kann, wissen wir alle aus der Klage von Oscar Wilde gegen den Vater von Alfred Douglas.«[380]

Die Gleichsetzung seines sexuellen Missbrauchs mit diesem historischen Beispiel unterstreicht die Selbstsicht Beckers als verfolgter Homosexueller, der sich in einer »Beziehung« zu einem Kind wähnte. In Kenntnis der damaligen Rechtslage, meinte Gerold Becker auf das Angebot eines Gutachtens von Helmut Kentler verzichten zu können.

Kentler antwortete noch einmal, lamentierte über die von ihm selbst erfahrenen Angriffe durch die Zeitschrift »Emma« in den Vorjahren, die ihn als ›bekennender Päderast‹ bezeichnet hatte und tröstete, dass auch bei Becker wohl gelte: »In zwei Jahren ist das alles vergessen.« Dann frug er noch nach einem Internat für einen Zwölfjährigen, dem er in Nachbarschaftshilfe Nachhilfeunterricht gebe, der aber bei seiner Großmutter lebe, die leider Krebs bekommen habe.[381] Für

---

[380] Becker an Kentler 23. 11. 1999, in: DIPF/BBF/Archiv, NL Gerold Becker Nr. 434. Der Schriftsteller Oscar Wilde wurde im Rahmen eines Beleidigungsprozesses gegen den Vater seines Geliebten Sir Alfred Douglas selbst zum Angeklagten, der wegen »Unzucht« mit männlichen Prostituierten 1895 zu zwei Jahren Zuchthaus und Zwangsarbeit verurteilt wurde.
[381] Helmut Kentler an G. Becker 02. 12. 1999 (FAX), in: DIPF/BBF/Ar-

Becker war der Verweis auf die Angriffe der Zeitschrift »Emma« auf Kentler nur eine Bestärkung seiner Schweigestrategie. Für den Zwölfjährigen empfahl er drei Hermann Lietz-Schulen als mögliche Internate.[382]

In dem Briefwechsel spiegelt sich ein gegenseitiges Erkennen der pädosexuellen Täter Becker und Kentler, die allerdings vorher nicht in näherem Kontakt zueinander standen.[383] Auch die Bitte um einen Internatsplatz für den Jungen scheint erstmalig gewesen zu sein. Doch sie verweist auch auf ein Muster von angemaßter Hilfe und Fremdbestimmung, das pädosexuelle Täter vielfach als in einem Netzwerk agierend beschreibbar macht. Der Briefwechsel verweist nicht auf ein existierendes Netzwerk zwischen Kentler und Becker, aber auf die Dynamik, die zum Entstehen eines solchen hätte beitragen können, sobald man sich erkannte.

Das Kalkül von Becker ging nachfolgend auf. Weder die Feuilletons noch die Boulevardzeitungen nahmen die Vorwürfe auf oder schenkten den Opfern Glauben.[384] Auf Seiten des Präsidiums des DEKT erfolgte offenbar keine Reaktion

---

chiv, NL Gerold Becker Nr. 434. Siehe zu den Angriffen in der Zeitschrift »Emma« auch Pope/Große Kracht 2023.

[382] Becker an Kentler 04.12.1999, in: DIPF/BBF/Archiv, NL Gerold Becker Nr. 434.

[383] Als einziges Verbindungsglied kann die gemeinsame Freundschaft mit Martin Bonhoeffer benannt werden. Ob hieraus jedoch ein Missbrauchsnetzwerk resultierte, wie es in verschiedenen Studien zu Kentler insinuiert wird, ist nicht sicher belegt. Siehe Institut für Demokratieforschung Göttingen 2016, bes. S. 148–151; Nentwig 2021; Baader u. a. 2024.

[384] Brachmann 2019, S. 286.

auf diesen ersten Hinweis auf sexualisierte Gewalt seitens des ehemaligen Präsidiumsmitglieds Gerold Becker. Die letzte Präsidiumssitzung im Jahr 1999 hatte vier Wochen vor dem Erscheinen des Artikels in der Frankfurter Rundschau stattgefunden. Bei dieser Sitzung Ende Oktober 1999 war Hartmut von Hentig nicht anwesend.[385] Im Protokoll der folgenden Präsidiumssitzung am 21./22. Januar 2000 – hier war Hartmut von Hentig anwesend und wurde offiziell verabschiedet – findet sich keine Erwähnung der Vorwürfe gegen Gerold Becker.[386] Es war ansonsten viel Besprechungsbedarf, denn der Studienleiter Konrad von Bonin war zum Leiter des Evangelischen Entwicklungsdienstes gewählt worden und die Vorbereitungen der Losung, Bibeltexte und Themenbereiche für den folgenden Kirchentag in Frankfurt/Main standen auf der Tagesordnung. Dass niemand Hartmut von Hentig bei seiner Verabschiedung auf die Vorwürfe gegen seinen Freund Gerold Becker angesprochen hat, erscheint zwar unwahrscheinlich, doch es erinnert sich niemand der vom Autor befragten Zeitgenossen. Zuvor war ein personelles Revirement im Kirchentag absehbar geworden. Margot Käßmann war im Sommer 1999 als Bischöfin der Evangelischen Kirche von Hannover bestimmt worden und als Generalsekretärin ausgeschieden. Ihre Nachfolgerin Friederike von Kirchbach trat erst im folgenden Jahr ihr Amt an. Konrad von Bonin übernahm übergangsweise diese Funktion. Trotz

---

[385] Protokoll der Sitzung des Präsidiums des DEKT am 21. 10. 1999, in: DEKT Geschäftsstelle, »Protokolle Präsidium; u. a. [1999]«.
[386] Protokoll der Versammlung des Präsidiums des DEKT 21.–22. 01. 2000 in Fulda, in: DEKT Geschäftsstelle, »Präsidium (Nominierungsausschuß) 1998–2000«.

dieser eine Diskussion erschwerenden personellen Veränderungen und der Wichtigkeit auch anderer Themen für den Kirchentag bleibt der Eindruck einer mangelnden Wahrnehmung, wenn nicht gar Ignoranz zurück.

Auch in folgenden Präsidiumssitzungen waren die Missbrauchsvorwürfe gegen Gerold Becker laut den Protokollen kein Thema. Gerold Becker beteiligte sich nach den veröffentlichten Vorwürfen nicht mehr an Kirchentagen.

Außerdem trat er im Dezember 1999 aus der Redaktion der »Neuen Sammlung« und mit einer einjährigen Übergangszeit auch von der Geschäftsführung des Verbandes der Landschulheime zurück. Aber nach einer gewissen Karenzzeit wurde Becker 2002 wieder über seinen Freund Hartmut von Hentig in die Redaktion der »Neuen Sammlung« aufgenommen. Er wirkte zudem als Vortragender (so z. B. 2001 in der Evangelischen Kirchgemeinde Bergholz-Rehbrücke bei Potsdam zum Thema »Tugenden, Moral, christlich-ethische Werte«, als Studiogast im Deutschlandfunk 2002 in der »langen Nacht des Vertrauens« oder als Publizist im Friedrich-Verlag.[387] Er trat auch zusammen mit Hartmut von Hentig als Vortragender in der kirchlichen »Bündischen Akademie« in Lüdersburg auf.[388]

Die »Bündische Akademie« in Lüdersburg wurde seit 1993 als Bildungsveranstaltung durchgeführt. Sie war ein Zweigprodukt des dort seit 1981 entstandenen Bundeszentrums der »Evangelischen Jungenschaft Tyrker«. Aus dem Kreis der

---

[387] Oelkers 2016, S. 484–514.
[388] DIPF/BBF/Archiv, NL Gerold Becker Nr. 367, 370 u. 827; Oelkers 2016, S. 495–497.

Jungenschaften rekrutierten sich die zahlreichen Helferinnen und Helfer des Deutschen Evangelischen Kirchentags, ohne die dieser seine wachsende Teilnehmerschaft nicht hätte bewältigen können.[389] Die Bünde, die sich gesellschaftlich bereits angesichts ihrer manchmal bespöttelten uniformierten »Kluft« und einer in ihnen verbreiteten Neigung zur Begrenzung auf ihr Gruppenleben, Ende der 1970er-Jahre ins Abseits gestellt sahen, erkannten in der Beteiligung am Deutschen Evangelischen Kirchentag »eine Chance für einen anderen Weg«. Die »überbündische Gemeinschaft«, die auch nichtchristliche Bünde umfasste, fand hier einen Wert darin, »gebraucht zu werden« und selbst durch vortragende Persönlichkeiten wie Hartmut von Hentig, Walter Jens, Heinrich Albertz oder Richard von Weizsäcker »Denkanstöße« zu erhalten.[390] Die Hilfe der Bünde war auch auf Seiten des Kirchentags gern gesehen, zeigte sich doch darin »der Einsatz für andere Menschen, der selbstlose Dienst, die Erfüllung einer freiwillig übernommenen Pflicht« und damit die »Demokratiefähigkeit der Jugendbewegung«, die historisch nicht immer fraglos war, wie Wolfgang Huber 1989 schrieb.[391]

---

[389] Siehe z. B. DEKT (Hg.), Bündische Jugend und der Evangelische Kirchentag – eine Dokumentation über die Mitwirkung der Bünde an den fünf Kirchentagen der 80er Jahre, Fulda 1989 (in: DIPF/BBF/Archiv, NL Gerold Becker Nr. 370). Beim Frankfurter Kirchentag 1987 waren z. B. 3.500 Helferinnen und Helfer eingesetzt.

[390] Hartwig Bodmann, Der Deutsche Evangelische Kirchentag und die bündische Jugend, in: DEKT (Hg.), Bündische Jugend und der Evangelische Kirchentag – eine Dokumentation über die Mitwirkung der Bünde an den fünf Kirchentagen der 80er Jahre, Fulda 1989, S. 6–9.

[391] Wolfgang Huber, Rücksichtsvoll und entschlossen zugleich, in:

Hartwig Bodmann, genannt »Buddy«, war derjenige, der den Einsatz der Helferinnen und Helfer beim DEKT koordinierte und auch die »Bündische Akademie« als, wie Gerold Becker in einem Brief schrieb, »Häuptling« leitete.[392] Hartmut von Hentig schrieb im zweiten Band seiner Autobiographie, dass er Bodmann am Rande der Präsidiumssitzungen kennenlernte und dieser ihm alljährlich im Sommer eine viertägige Autofahrt an eine Stätte seiner Kindheit und Jugend spendierte. Er sei auch wiederholt in die »Bündische Akademie« eingeladen gewesen, in der er »Führern von Pfadfinder- und Bündischen Gruppen Anregung und Anleitung für ihre Tätigkeit« gab. Er galt als »resource person« und nahm auch als Vortragender »an ihrem eindrücklichen Lagerleben, ihrem Musizieren, Spielen, Tanzen, Werkeln nach Kräften« teil. Er habe damit nachgeholt, was ihm die Hitlerjugend vorenthalten hatte.[393] Die Grundidee der Bündischen Akademie beruhte auf der Reformpädagogik und dem Ideal bündischer Lebensgestaltung, wie es in einem Konzeptpapier Mitte der 1990er-Jahre, wie auch gutachtenden Äußerungen zu Förderanträgen von Walter Sauer und Wolfgang Huber beschrieben wurde.[394]

DEKT (Hg.), Bündische Jugend und der Evangelische Kirchentag – eine Dokumentation über die Mitwirkung der Bünde an den fünf Kirchentagen der 80er Jahre, Fulda 1989, S. 22–25.

[392] Gerold Becker an Annemarie von der Groeben 10.01.1995, in: DIPF/BBF/Archiv, NL Gerold Becker Nr. 370.

[393] Hentig 2007, S. 583. Hentig nannte als Orte, zu denen er gelangte: Posen, Neu Temmen, Landin, Langenapel, Heringsdorf, Zandvoort, Naumburg, Coburg, Spindlermühle Neustadt/Schlesien, Marienburg und Quittainen sowie Jena und Tannroda.

Gerold Becker beteiligte sich zusammen mit Konrad von Bonin als wissenschaftlicher Berater für das Bildungsprojekt.[395] Er trug 1995 beim »Himmelfahrtsseminar« mit dem Obertitel »›Feuer und Flamme‹ – von Freiheit, Leidenschaft, Führung und Verführung« vor. Im Jahr 1994 sprach er am Beispiel seiner eigenen Biographie über »Was Schule und Familie nicht mehr können. Über notwendige Erfahrungen beim Erwachsenwerden« vor 18–25-jährigen Gruppenleitern und Gruppenleiterinnen. In seinen Aufzeichnungen dazu betonte Becker die Wichtigkeit seiner Erfahrungen in der Evangelischen Jungenschaft in seinen Jahren als Schüler und Student. »Bis heute: ich kann nicht ohne Bundesgenossen existieren.«[396] Auch später in den Jahren 2003 und 2004 hielt Gerold Becker in der Bündischen Akademie Vorträge und ein Impulsreferat.[397]

Die angeführten Beispiele zeigen, dass es beim DEKT und auch anderen Trägern von Jugendbildungsarbeit keine Dis-

---

[394] «Idee und Gestalt einer Bündischen Akademie« [o. D. ca. 1994]; Stellungnahme zu den pädagogischen Konzeptionen des Projektes Lüdersburg der »evangelischen jungenschaft Tyrker« (Walter Sauer 15.11.1990); Wolfgang Huber, Stellungnahme zu dem Antrag der evangelischen jungenschaft Tyrker auf Förderung einer Jugendbildungsstätte in Lüdersburg [20.08.1991], in: DIPF/BBF/Archiv, NL Gerold Becker Nr. 370.

[395] Becker an Hartwig Bodmann 28.02.1995, in: DIPF/BBF/Archiv, NL Gerold Becker Nr. 370.

[396] Vortragsunterlagen Gerold Beckers zu einem Vortrag in Lüdersburg am 2. Mai 1994, »»Was Schule und Familie nicht mehr können.« Über notwendige Erfahrungen beim Erwachsenwerden, in: DIPF/BBF/Archiv, NL Gerold Becker Nr. 370.

[397] Oelkers 2016, S. 495–497.

tanznahme zu Gerold Becker als möglichen Missbrauchstäter gab. Die vorliegenden Hinweise wurden offensichtlich nicht geglaubt und ignoriert. Dass es auch anders möglich war, zeigt der Brief des Leiters einer Gesamtschule im Ruhrgebiet, der im Februar 2001 ein ihm übersandtes Jahresheft des Friedrich-Verlags, bei dem Gerold Becker Mitherausgeber war, zurücksandte. Er wollte von dem Missbrauchstäter Becker, gegen den eine Anzeige nur deswegen nicht zustande gekommen sei, »weil die Straftatbestände mittlerweile verjährt sind«, »keine pädagogischen Belehrungen erfahren«.[398] Das gesellschaftliche Klima änderte sich grundlegend erst im Jahr 2010.

---

[398] Rainer Winkel (Ev. Gesamtschule Gelsenkirchen) an Friedrich Verlag (Fr. Baudissin) 22.02.2001 (als FAX an Becker), in: DIPF/BBF/Archiv, NL Gerold Becker Nr. 434.

## 9. Der Skandal nimmt seinen Lauf 2010

Als im Januar 2010 der Missbrauchsskandal um das Canisius-Kolleg in Berlin durch den Leiter Pater Klaus Mertes öffentlich gemacht wurde[399], entwickelte sich eine Debatte um sexualisierte Gewalt, welche die Debatte um die Erziehung der Heimkinder, die bislang über den »Runden Tisch Heimerziehung« das gesellschaftliche und kirchliche Diskursfeld über Gewalt und Missbrauch in Einrichtungen der Jugendhilfe beherrscht hatte[400], überstrahlte. Im Rahmen der kritischen Betrachtung der Internatserziehung kamen auch die reformpädagogisch orientierten Landschulheime in den Blick. Insbesondere die Odenwaldschule und der Missbrauch in ihr wurden mit Blick auf ihre einhundertjährige Gründungsfeier im Rahmen einer Artikelserie im März 2010 in der Frankfurter Rundschau von den missbrauchten ehemaligen Schülern und dem Journalisten Jörg Schindler zum Thema gemacht, der bereits im November 1999 den ersten Artikel über den Missbrauch durch Gerold Becker geschrieben hatte.[401] Es meldeten sich immer mehr Missbrauchs-

---

[399] Klaus Mertes, Dokumentiert. Der Brief des Canisius-Rektors, in: Der Tagesspiegel, 29. Januar 2010 [https://www.tagesspiegel.de/berlin/dokumentiert-der-brief-des-canisius-rektors/1672092.html (Stand: 28.03.2024)].
[400] Runder Tisch – Heimerziehung 2011; Frings/Kaminsky 2012.
[401] Siehe die Artikel: Aufruhr im Odenwald (FR 07.03.2010), »Alle ha-

opfer. Gerold Becker geriet zunehmend unter Druck. Sein Bild in der Öffentlichkeit kam ins Wanken.[402] Ein halbherziger Entschuldigungsversuch bei den von ihm als »Betroffene« seiner Übergriffe bezeichneten Opfern konnte sein negatives Bild als leugnender Missbrauchstäter bis zu seinem Tod im Juli 2010 nicht mehr verändern. Auch sein Partner Hartmut von Hentig, der lange versuchte, die vermeintliche Unbewiesenheit der Taten Gerold Beckers zu behaupten, wurde wegen seiner mangelnden Empathie für die Opfer und seiner angenommenen Mitwisserschaft wie wegen seiner Versuche einer Vertuschung angegriffen.[403] Er wehrt sich bis heute dagegen, dass ihm Mitwisserschaft bei den Taten seines Partners unterstellt wird.[404]

Auf der Seite des Deutschen Evangelischen Kirchentags ist keine direkte Reaktion auf die öffentlichen Debatten über die ehemaligen Präsidiumsmitglieder Hartmut von Hentig und Gerold Becker festzustellen. Obwohl auch bereits im Feld der Evangelischen Kirche zu Beginn des Jahres 2010 erste Missbrauchsfälle bekannt wurden, behandelte man das Gesamtthema als eines der katholischen Kirche. Bereits seit mehreren Jahren war für den Mai 2010 der zweite Ökume-

---

ben es gewusst« (FR 10.03.2010), Von Rücktritt keine Spur (FR 11.03.2010), »Hier gab es keine Klärung« (FR 17.03.2010), Gerold Becker ist geständig (FR 20.03.2010).

[402] Oelkers 2016, S. 515–536.
[403] Siehe zusammengefasst die Angriffe bei Oelkers 2016, bes. S. 536-571.
[404] Hentig 2016. Siehe auch das Interview, das Jürgen Zimmer mit ihm 2016 führte (https://vimeo.com/nochimmermeinleben [Stand: 25.03.2024]).

nische Kirchentag in München in Vorbereitung, der insbesondere die Gemeinsamkeit der Konfessionen betonen und auch Fortschritte bei der Abendmahlsgemeinschaft erbringen sollte. Die im März 2010 tagende Versammlung des Präsidiums des DEKT hatte dann auch vor allem diesen Programmpunkt, in dem ansonsten auf die Themen Afghanistan, Krieg und Frieden wie den Dialog mit den Wissenschaften hingewiesen wurde. In seinem Bericht stellte Präsident Eckhard Nagel fest:

»Die Missbrauchsfälle, die gerade in der katholischen Kirche aufgedeckt werden, machen es auf katholischer Seite schwierig, zu einem Fest nach München einzuladen. Auch der Rücktritt von Margot Käßmann macht die Werbung auf evangelischer Seite nicht einfacher.« Auf eine Nachfrage von Teilnehmern wurde erläutert, dass »nach Programmheftschluss zwei neue Veranstaltungen zur Missbrauchsdebatte in das Programm an zentralen Stellen aufgenommen wurden«. »In einer Veranstaltung werde es um die gesellschaftliche Frage, Verantwortung und Prävention gehen, die zweite Veranstaltung beleuchte Ursachen und Folgen in der katholischen Kirche. Bei beiden Veranstaltungen müsse darauf geachtet werden, dass die Protestanten weder zu Besserwissern noch zu falschen Beschützern der katholischen Kirche in der Debatte würden.«[405]

Interessant an dieser last-minute-Aufnahme der Programmpunkte ist das Fehlen des Bezugs auf die Evangelische Kirche, wobei die für Protestanten zwar abgelehnte, aber phantasierte

---

[405] Protokoll der Präsidiumsversammlung am 19.–20. 03. 2010, in: DEKT, Geschäftsstelle, »Präsidialversammlung Protokolle 2010–2012«.

Rolle als »Besserwisser« oder »Beschützer« der katholischen Kirche im Rahmen des alles überstrahlenden Missbrauchsskandals auf die eigene Selbstüberhöhung verweist.

In der Vorbereitungsgruppe des ÖKT wurde das Thema des Missbrauchs angesichts der skandalisierenden Presseberichterstattung ein wichtiges Thema. Die Generalsekretärin des DEKT berichtete rückblickend im November 2010 über die interne Diskussion, die sich die Frage nach der Glaubwürdigkeit der Kirche gestellt hatte. »Wie unbekümmert können wir ein ›Christsein in der Gesellschaft und für die Gesellschaft‹ predigen, wenn Priester, Lehrer, Ordensleute, und auch evangelische Pfarrer Kinderkörpern und Kinderseelen Gewalt antun?«[406]

Auf dem 2. ÖKT vom 12.-16. Mai 2010 in München fand die »Podienreihe Sexueller Missbrauch von Kindern und Jugendlichen: Nichts gesehen, nichts gehört, nichts gesagt?« statt.[407] Sie bestand aus zwei Veranstaltungen. Bei der ersten gab die Bundesbeauftragte zur Bekämpfung des sexuellen Missbrauchs, Christine Bergmann, die erst im April 2010 ihre Arbeit aufgenommen hatte, einen Impuls zum Thema, und es diskutierten die Traumatherapeutin und Leiterin der Beratungsstelle für Opfer sexualisierter Gewalt »Zartbitter« in Köln, Ursula Enders, der Psychologe Christoph Fleck, die Traumatherapeutin Sabine Hufendiek vom Evangelischen Zentralinstitut in Berlin, die ehemalige Familienrichterin

---

[406] Ellen Ueberschär, Vortrag beim Jahresempfang des evangelischen Kirchenverbandes Köln, 29.11.2010, in: DEKT, Geschäftsstelle, »Ablage 2. ÖKT Gen.sekretariat«.
[407] Glück u. a. 2011, S. 496–525.

Christa Seeliger und die Journalistin Ulrike Greim über den sexuellen Missbrauch als gesellschaftliches Problem. In der zweiten ging es um »Sexuellen Missbrauch in der katholischen Kirche«, wobei neben einer Journalistin, einer Staatsministerin für Justiz und Verbraucherschutz und einem Juristen vier katholische Vertreter auf dem Podium saßen. Den Impulsvortrag hielt der Jesuitenpater Klaus Mertes, der den Missbrauchsskandal im katholischen Feld öffentlichkeitswirksam enthüllt hatte.[408] Auch im Männerforum war in einem im Programmheft nicht enthaltenen Podium »Das Schweigen der Männer« vom Missbrauch in den 1950er- und 1960er Jahren die Rede.[409] Zudem trat auf dem Ökumenischen Kirchentag die ehemalige Landesbischöfin von Hannover und bis dahin auch Ratsvorsitzende der Evangelischen Kirche in Deutschland, Margot Käßmann, die zwei Monate zuvor nach einer Alkoholfahrt mit dem Auto von allen Ämtern zurückgetreten war, zum ersten Mal wieder mit einem Vortrag »Sind die Kirchen ein Zeichen der Hoffnung in der Welt?« öffentlich auf.[410] Ein Verweis auf die ehemaligen Prä-

---

[408] Die Teilnehmer waren Bischof Dr. Stephan Ackermann, Beauftragter der Deutschen Bischofskonferenz für Fragen des Missbrauchs und sexueller Gewalt, Trier; Andrea Heim, BDKJ-Diözesanleiterin in der Erzdiözese Freiburg; Dr. Beate Merk, Staatsministerin für Justiz und Verbraucherschutz, München; Pater Klaus Mertes, SJ, Rektor Canisius-Kolleg, Berlin; Dr. Wunnibald Müller, Theologe und Psychologe, Münsterschwarzach; Prof. Dr. Gerhard Robbers, Jurist, Trier; Johanna Holzhauer, Journalistin, Köln.

[409] Vgl. Gute Macht, schlechte Macht – und die Suche nach den Löwen. Die Zentren für Frauen, Männer und Familien, in: Glück u. a. 2011, S. 838–843.

[410] Siehe Glück u. a. 2011, S. 695–708. Käßmann betonte, dass es auch

sidiumsmitglieder des DEKT, Gerold Becker oder Hartmut von Hentig, erfolgte in keiner Veranstaltung. Das Thema des sexuellen Missbrauchs war institutionell der katholischen Kirche zugeordnet und wurde stark als traumatherapeutische Frage hinsichtlich der Opfer gesehen. Die Evangelische Kirche wie der Deutsche Evangelische Kirchentag hatten noch eine große Distanz zu dieser Problematik. Obwohl man wahrnahm, dass sexueller Missbrauch »weitgehend als katholisches Thema« gesehen wurde, merkte man in den Medienreaktionen, dass »die Kirchen hier beieinander stehen«, man also mit verantwortlich gemacht wurde.[411]

Dies spiegelte sich auch auf der Präsidialversammlung des DEKT im Juni 2010 in Dresden, als Präsident Eckhard Nagel festhielt: »Durch das Thema Missbrauch sowie den Rücktritt von Margot Käßmann und ihren ersten Wiederauftritt habe die Diskussion über die Glaubwürdigkeit der Kirchen obenauf gelegen.« Man habe keine »Konsequenzen und Handlungsanweisungen im Zusammenhang mit den kirchlichen Missbrauchsskandalen« anbieten können.[412] Die Aufnahme des Themas »sexueller Missbrauch« für den nächsten DEKT in Dresden 2011 war weder hier noch bei der nächsten Präsidiumssitzung im September 2010 in einer eigenen Veranstaltung vorgesehen. Nur als »Beratungsangebot« war es

in kirchlichen Heimen nicht nur Gewalt sondern auch sexuellen Missbrauch gegeben habe (a. a. O., S. 703).

[411] So nach Vorlage zu Top 3.2 (für Präsidialversammlung), in: DEKT, Geschäftsstelle, »Präsidialversammlung Protokolle 2010-2012«.

[412] Protokoll der Präsidialversammlung 10.-12. 06. 2010 in Dresden, in: DEKT, Geschäftsstelle, »Präsidialversammlung Protokolle 2010-2012«.

im »Zentrum Psychologische Beratung und Seelsorge und den anderen Standorten z. B. im Zentrum Jugend« weiterhin »im Blick« zu behalten.[413]

Dabei kam das Thema auch der Evangelischen Kirche im Sommer 2010 immer näher. Am 16. Juli 2010 trat die Hamburger Bischöfin Maria Jepsen von ihrem Amt als Bischöfin zurück, nachdem das Nachrichtenmagazin »Der Spiegel« darüber berichtet hatte, dass sie bereits 1999 über sexuelle Übergriffe eines Pastors aus Ahrensburg an Minderjährigen in ihrer Kirche informiert worden sei und nichts dagegen unternommen habe.[414] An diesem Fall, über den bereits im Mai 2010 erste Berichte an die Öffentlichkeit kamen, ist deutlich, dass das Thema nicht nur ein katholisches blieb, aber angesichts der breiten Berichterstattung über die katholische Kirche und die Odenwaldschule dieses offenbar weniger und in seiner strukturellen Systematik nicht wahrgenommen war. Der Fall führte letztlich zu einer ersten Bearbeitung des Themas sexueller Missbrauch in einer evangelischen Landeskirche.[415] Auf dem Dresdner Kirchentag 2011 erfolgte ein bilanzierender Vortrag der Missbrauchsbeauftragten Christine Bergmann »Über die Betroffenheit hinaus! Verantwortung für Prävention und Folgen sexuellen Missbrauchs«.[416]

---

[413] Protokoll der Versammlung des Präsidiums am 24./25. 09. 2010 in Kassel, in: DEKT, Geschäftsstelle, »Protokolle Präsidium u. a. (2010–2012)«.
[414] Bischöfin soll schon vor Jahren vom Missbrauchsfall gewusst haben. In: Spiegel Online, 12. Juli 2010 (http://www.spiegel.de/panorama/justiz/0,1518,705769,00.html [Stand: 26. 03. 2024]).
[415] Enders u. a. 2014; Bange u. a. 2015.
[416] Dokumente 2012, S. 341–345.

Sie berichtete, dass von den ihre Stelle erreichenden Berichten über Missbrauch in Institutionen, 44 Prozent die katholische und 14 Prozent die evangelische Kirche betreffen würden.[417]

In der anschließenden Diskussion nahmen der Oberstaatsanwalt Christian Avenarius, die Vertreterin für das Mobile Team zur Prävention sexuellen Missbrauchs an Jungen und Mädchen der Arbeiterwohlfahrt aus Dresden, Elke Fischer, die Supervisorin der Sächsischen Initiativgruppe gegen Gewalt an Frauen und Kindern, Andrea Siegert, und für die Ansprechstelle für Fälle sexuellen Missbrauchs der Ev.-Luth. Landeskirche Sachsens, Kathrin Wallrabe, teil, die allerdings leider nicht im Dokumentenband abgebildet wurde.[418]

Bei nachfolgenden Kirchentagen und in den einzelnen evangelischen Landeskirchen wuchs die Bedeutung des Themas, das dann immer weniger nur als ein katholisches Thema behandelt wurde. Mit Blick auf den DEKT 2013 in Hamburg vermerkte man 2012 im Präsidium, dass »die Aufdeckung der Missbrauchsfälle in Ahrensburg« viel Aufmerksamkeit erhalte. »Die Frage, wie sich ein solches System über zwei Jahrzehnte habe halten können, beschäftige die Kirche. Wie könne Prävention gelernt und begreifbar gemacht werden?«[419]

---

[417] A.a.O., S. 343.
[418] Siehe Programmheft des 33. DEKT Dresden, S. 207.
[419] Protokoll der Versammlung des Präsidiums am 14./15.09.2012 in Hamburg, in: DEKT, Geschäftsstelle, »Präsidium (Generalsekretariat) Protokolle 2012–2014«.

Wenn das Thema des sexuellen Missbrauchs also auch bereits in den 2010er Jahren auf Seiten des Protestantismus gesehen, aber nicht in seinen Konsequenzen für die Gestalt der eigenen Kirche erkannt wurde, so blieb die Mitgliedschaft Hartmut von Hentigs wie Gerold Beckers im Präsidium des DEKT weiterhin unbesprochen.

Ein letzter Hinweis sei hierzu gegeben, der aus einer Akte im Nachlass Gerold Beckers stammt, aber wohl von dessen Nachlassverwalter Hartmut von Hentig dort abgelegt wurde. Der Journalist Uli Hake schrieb angesichts der öffentlichen Debatte Ende 2011 eine E-mail an Antje Vollmer, Katrin Goering-Eckardt und Margot Käßmann, die er »Kirchentag und Pädagogik: Freundschaft – Kameradschaft – Seilschaften« überschrieb. Er verwies auf das Engagement von Gerold Becker und Hartmut von Hentig im Rahmen der »Bündischen Jugend« und dass sich alle gegenseitig decken würden. Er meinte, dass diese auf Nachfragen nicht und »wider christliche Hoffnung mit Schweigen reagieren«.[420] Auch wenn der polemische Stil der Anfrage eine zeitnahe Antwort wohl verhindert hat[421], bleibt die Tatsache, dass diese E-mail in den Nachlass von Gerold Becker gelangt ist. Sie wurde Hartmut von Hentig zugeleitet. Von wem diese Weiterleitung erfolgte, ist nicht bekannt. Ein Schriftwechsel hierzu konnte nicht festgestellt werden. Diese Umstände verweisen zumindest

---

[420] Siehe die E-mail vom 02.12.2011 von uli.hake@gmail.com an info@antje-vollmer.de, in: DIPF/BBF/Archiv, NL Gerold Becker Nr. 829.
[421] Laut der Auskunft von Uli Hake hat er damals keine Antwort erhalten.

auf ein Informationssystem, in das Hartmut von Hentig auch lange nach dem Ende seiner Präsidiumsmitgliedschaft eingebunden blieb. Letztlich konnte sich die EKD erst 2018 zu einem umfänglichen Aufarbeitungsprojekt entschließen.[422] Und der DEKT schloss sich als nicht-kirchlicher Verein, der allerdings in zahlreichen Personalunionen mit der Kirche verflochten ist, einem solchen Aufarbeitungsbemühen an.

---

[422] Siehe das Ergebnis Forschungsverbund ForuM 2024.

## 10. Der Umgang des Deutschen Evangelischen Kirchentags mit Vertretern sexualisierter Gewalt – ein Fazit

Die vorliegende aktengestützte Studie konnte einige Spuren aufzeigen, welche die Präsidiumsmitglieder Hartmut von Hentig und Gerold Becker im Präsidium des Kirchentages und in seinen Veranstaltungen hinterlassen haben, wie auch die Mitwirkung von Helmut Kentler auf Kirchentagen nachzeichnen. Der Deutsche Evangelische Kirchentag entsprach in seiner Selbstbeschreibung als »Forum« und Sozialgestalt eines in die Gesellschaft offenen, reformfreudigen Protestantismus mit den Elementen Austausch, Kommunikation und Kompromiss dem Konzept eines Bildungsortes. Seine Aufgeschlossenheit für gesellschaftliche und kirchliche Reformen und Gestaltungsimpulse ließ ihn auch zu einem Gradmesser für politische wie pädagogische Neuorientierungen werden. Das Partizipations- und Kontroversprinzip seiner Veranstaltungen verbreitete demokratiestärkende Elemente des Konfliktaustrags und machte auch seine Attraktivität aus. Seine adlig-protestantische Gründergeneration wurde bereits zeitgenössisch einem linksliberalen Establishment zugerechnet, das als Diskursgemeinschaft auch politisch Einfluss nahm.

Der öffentliche Auftritt der als Experten für Reformpädagogik (Hartmut von Hentig, Gerold Becker) oder für die Emanzipation von Sexualität (Helmut Kentler) stehenden Personen im Rahmen von Kirchentagen verweist auf ihre

Hochschätzung in dem als Personennetzwerk konstruierten Kirchentag. Dieser bot einen Ermöglichungskontext für deren Auftritte an, ohne dass bekannt gewesen wäre, dass sexueller Missbrauch durch Gerold Becker und Helmut Kentler stattgefunden hatte. Auch die Propagierung von Pädosexualität durch Helmut Kentler, wenn auch außerhalb von Kirchentagsveranstaltungen, blieb unhinterfragt, sei es bei der regelmäßig ihre Veranstaltungen anmeldenden AG »Homosexuelle und Kirche« oder auch im Präsidium des DEKT. Für die Mitwirkung der hier besprochenen Protagonisten Hartmut von Hentig und Gerold Becker im Präsidium des Kirchentags war eine Form der Personalauswahl mitentscheidend, die objektivierbare Kriterien hinter persönliche Beziehungen und auch gesellschaftlichem Proporzdenken zurücktreten ließ, wie sie bei der handverlesenen Kooptation der Mitglieder des Präsidiums oder der durch einen Nominierungsausschuss vorbestimmten Kandidatenauswahl sich abbildete.

Die Schaffung eines Forums über »Kinder und Erziehung« in den 1980er Jahren geschah fachlich über Hartmut von Hentig, der in jenen Jahren einen guten Ruf besaß. Das Thema war von außen an den Kirchentag herangetragen worden. Er brachte nicht nur seine Ideen von Erziehung sondern auch seinen Partner Gerold Becker mit in diese Vorbereitungsgruppe. Ein ähnliches Nachziehen des kleineren Partners wird in der Politik als »Huckepack«-Verfahren bezeichnet und lässt sich ebenso bei der Benennung Beckers als Präsidiumsmitglied vermuten. Gerold Becker zeigte sich bei der Planung und praktischen Vorbereitung des Forums »Erziehung« als Ideengeber und Moderator. Die beiden hoben auf eine reformpädagogisch inspirierte Umgestaltung von Schule und Bildung insgesamt ab, warben für ein weniger hierarchisches Verhältnis zwischen Lehrenden und Beschulten und transponierten diese Inhalte in eine kirchentagsgemäße Vorstellung von christlicher Erziehung.

Eine rein protestantische Zuordnung der Reformpädagogik als solche scheint nicht belegbar, auch nicht wenn man die Protagonisten Hartmut von Hentig und Gerold Becker ins Feld führt.[423] Es ist eher von einer Affinität des Protestantismus zu Bildung allgemein zu sprechen. Hier existierten auch ganz andere Traditionen eines christlichen Autoritarismus, gegen den sich insbesondere die Reformpädagogik wandte und genau deswegen bei linksliberalen Vertretern des Kirchentags Anklang fand. Der Protestantismus ist nicht einheitlich, sondern vielfältig wahrzunehmen.

Die innerkirchlichen Formen der Vergemeinschaftung mit den Elementen von Liebe, Vertrauen, Konsens, Fürsorge oder Anwaltschaft[424] machten den Kirchentag aber ebenso wie die Evangelische Kirche anfällig für diejenigen Elemente der Reformpädagogik, die sexuellen Missbrauch begünstigten und Tätern Räume eröffneten. Der Vorrang von Liebe vor dem Recht, die Leugnung von Machtverhältnissen innerhalb der Kirche und auch im Kirchentag, die Metaphorik der Familie als intime Gemeinschaftsform trugen dazu bei, die Semantik von Gemeinschaft, Konsens und Vertrauen für die Maskierung von Gewaltverhältnissen benutzen zu können.

---

[423] So Oelkers 2011.
[424] Hierzu ausführlich Anselm 2022, S. 62.

Angesichts der besonders im Kirchenbereich bestehenden Tabuisierung von Sexualität in den 1950er und 1960er Jahren und der überbetonten heteronormativen Ehevorstellungen war eine Liberalisierung und Akzeptanz anderer Formen von Sexualität im Rahmen des Kulturbruchs »1968« überfällig geworden.[425] Nicht nur die publizistische »Sexwelle« schuf Akzeptanz für Homosexualität und auch, wie in der AG »Homosexuelle und Kirche«, für Pädosexualität. Ebenso ließ die fortbestehende Gewalt im Kontext der Heimerziehung alternative pädosexuelle Gewaltverhältnisse im Sinne einer individuellen Zuwendung wie bei der »Indianerkommune« für viele emotional depravierte Heimkinder als weniger problematisch erscheinen.[426]

Veranstaltungen der AG »Homosexuelle und Kirche«, die mittlerweile selbst eine Aufarbeitung ihrer mangelnden Distanz zu dem von ihr als »Experten« für Fragen der Sexualwissenschaft herangezogenen Helmut Kentler durchgeführt hat[427], fanden, wie viele andere Veranstaltungen auch, auf Kirchentagen in inhaltlicher eigener Verantwortung statt, wenn auch Veranstaltungsräume durch die Geschäftsstelle des Kirchentags zur Verfügung gestellt oder schlicht Platz eingeräumt wurde. Nach den bislang zugänglichen Unterlagen erfolgte auf diesen Veranstaltungen keine offene Propagierung von Pädophilie, wenngleich dies aus Sicht von Helmut Kentler auch taktischen Erwägungen folgte.

---

[425] Siehe Kaminsky 2022.
[426] Friedrichs 2018.
[427] Große Kracht 2024.

Die Einwände gegen das Auftreten von Helmut Kentler und auch der Vorwurf einer Ermöglichung von sexuellen Übergriffen auf Minderjährige wurde zeitgenössisch nur von evangelikaler Seite in solch pauschaler und undifferenzierter Form einer Generalkritik an der Vielfalt und Liberalisierung des Kirchentags wie der Sexualität erhoben, dass eine ernsthafte Auseinandersetzung damit nicht geschah.

Auch wenn man bislang nicht davon ausgehen kann, dass es ein umfängliches Vertuschungsnetzwerk im Evangelischen Kirchentag gegeben hat, so wird man zumindest die Interesselosigkeit an einer Aufklärung der Verbindungen der hier untersuchten Personen bis in die jüngste Vergangenheit nicht nur aus Gründen der Dominanz der öffentlichen Debatte über katholische Missbrauchsfälle seit dem Jahr 2010 erklären können. Bereits im November 1999 hätte man hellhörig sein können, wenn auch angesichts der mangelnden öffentlichen Resonanz auf die Missbrauchsvorwürfe gegen Gerold Becker sich dessen Schweigen als erfolgreiche Strategie durchsetzte. Loyalitäten zu langjährigen geschätzten Präsidiumskollegen, die ähnliche politische wie religiöse Überzeugungen vertraten, und Ungläubigkeit gegenüber den Vorwürfen spielten hier vermutlich eine Rolle. Ganz sicher lässt sich das nicht sagen, weil die schriftliche Überlieferung, die der vorliegenden Studie als Grundlage diente, in dieser Hinsicht nur Hinweise geben kann. Das geäußerte Nichtwissen bzw. Nicht-Erinnern, die bei Fragen zu Hintergründen erfahren wurden, lässt den Autor etwas skeptisch zurück. Ob dabei die Angst der Befragten selbst einer Vertuschung beschuldigt zu werden, eine ebenso große Rolle wie die mangelnde Wahrnehmung einer Betroffenheit auf der Seite des

Präsidiums des Evangelischen Kirchentags spielte, kann nicht entschieden werden.

Auch im Jahr 2010 und danach scheint der Skandal um Gerold Becker im Präsidium des DEKT oder in der EKD kein Thema gewesen zu sein. Sich nicht mehr der ehemaligen Präsidiumsmitglieder Gerold Becker und Hartmut von Hentig zu erinnern, hatte etwas mit dem Personalwechsel in diesem Gremium zu tun, doch scheint das Nichtwahrnehmen der ehemaligen Präsidiumskollegen auch einer Verleugnung der Wichtigkeit des Themas sexueller Missbrauch und sexualisierter Gewalt in Evangelischer Kirche und Deutschem Evangelischen Kirchentag entsprochen zu haben. In den Mittelpunkt auch öffentlicher Debatten standen die Missbrauchsfälle in der katholischen Kirche und der Blick ging nach vorne hinsichtlich der gesellschaftlichen Frage nach Prävention künftiger Fälle. Der Blick zurück blieb aus.

Allerdings verwies die Durchsicht der Unterlagen des Kirchentags auf dessen Funktion als Spiegel für Themen in den Feldern von Gesellschaft und Politik. Hier konnten sich viele Gruppen mit ihren Anliegen darstellen. Konservative und progressive politische Positionen waren immer dabei und wurden in ein christliches Gewand gehüllt. Eine Fülle von historischen Forschungsdesideraten bietet sich neben dem benannten Thema der evangelischen Sexualethik an.

Gesellschaftspolitische Wendepunkte wie der Kulturwandel des Symboljahres »1968«, die ökumenische Verbreiterung des Protestantismus in den 1980er Jahren, die deutsche Wiedervereinigung, die nicht zuletzt in einem Konflikt zwischen ostdeutschen Vertretern im Präsidium und einer

Überprüfung der Präsidiumsmitglieder durch die Stasiunterlagenbehörde mündete, haben Spuren hinterlassen, die eine Fortschreibung der Kirchentagsgeschichte als Teil einer Gesellschaftsgeschichte notwendig erscheinen lassen.

# Quellen- und Literaturverzeichnis

## Archive

*Evangelisches Zentralarchiv Berlin (EZA)*
Bestand 71 Deutscher Evangelischen Kirchentag
Bestand 3/20 Kammer der EKD für Bildung und Erziehung

*Geschäftsstelle des Deutschen Evangelischen Kirchentags in Fulda*
Registratur

*Landeskirchliches Archiv Hannover (LkAH)*
Personalakte Gerold Becker

*DIPF | Leibniz-Institut für Bildungsforschung und Bildungsinformation, BBF | Bibliothek für Bildungsgeschichtliche Forschung – Archiv (DIPF/BBF/Archiv)*
Nachlass Gerold Becker

## Literatur

Affeld, Burghard / Padberg, Lutz von (1985): Umstrittener Kirchentag: Berichte, Analysen u. Kommentare zum Deutschen Evangelischen Kirchentag von 1949-1985. Wuppertal: Verlag und Schriftenmission d. Evang. Ges. für Deutschland (= Evangelium und Gesellschaft Bd. 4).

AG Homosexuelle und Kirche (Hg.) (1979): Homosexuelle Christen zur Hoffnung berufen? Dokumentation zum Evangelischen Kirchentag. Berlin: Homosexuelle u. Kirche.

Aktion Sühnezeichen, Friedensdienste (Hg.) (1985): Homosexuelle in der Kirche? Ein Text der Theologischen Studienabteilung beim Bund der Evangelischen Kirchen in der DDR.

Albrecht, Christian / Anselm, Reiner (Hg.) (2015): Teilnehmende Zeitgenossenschaft. Studien zum Protestantismus in den ethischen Debatten der Bundesrepublik Deutschland 1949–1989. Tübingen: Mohr Siebeck (= Religion in der Bundesrepublik Deutschland 1).

Amendt, Günter (1970): Sexfront. Frankfurt: März-Verlag.

Amendt, Günter (1980): Nur die Sau rauslassen? In: konkret: sexualität, S. 23–30.

Anselm, Reiner (2016): Einführung: Sexualität und Fortpflanzung. In: Lepp, Claudia / Oelke, Harry / Pollack, Detlef (Hg.): Religion und Lebensführung im Umbruch der langen 1960er Jahre. Göttingen: Vandenhoeck & Ruprecht, S. 283–286.

Anselm, Reiner (2022): Toxische Leitvorstellungen. In: Claussen, Johann Hinrich (Hg.): Sexualisierte Gewalt in der evangelischen Kirche. Wie Theologie und Spiritualität sich verändern müssen. Freiburg/Basel/Wien: Herder, S. 57–74.

Baader, Meike Sophia (2012): Blinde Flecken in der Debatte über sexualisierte Gewalt. Pädagogischer Eros und Sexuelle Revolution in geschlechter-, generationen- und kindheitstheoretischer Perspektive. In: Thole, Werner et al. (Hg.): Sexualisierte Gewalt, Macht und Pädagogik. Opladen: B. Budrich, S. 84–99 (= Publikation der Deutschen Gesellschaft für Erziehungswissenschaft (DGfE)).

Baader, Meike et al. (Hg.) (2017): Tabubruch und Entgrenzung:

Kindheit und Sexualität nach 1968. Köln: BV, Böhlau Verlag (= Beiträge zur historischen Bildungsforschung 49).

Baader, Meike Sophia (2017): Zwischen Enttabuisierung und Entgrenzung. Der Diskurs um Pädosexualität und die Erziehungs-, Sexual- und Sozialwissenschaften der 1970er bis 1990er Jahre. In: Erziehungswissenschaft 28, S. 27–37.

Baader, Meike et al. (2019): Zwischenbericht »Helmut Kentlers Wirken in der Berliner Kinder- und Jugendhilfe«. Universität Hildesheim.

Baader, Meike et al. (2022): Zwischenbericht »Helmut Kentlers Wirken in der Berliner Kinder- und Jugendhilfe – Aufarbeitung der organisationalen Verfahren und Verantwortung des Berliner Landesjugendamtes«. Universität Hildesheim.

Baader, Meike et al. (2024): Ergebnisbericht »Helmut Kentlers Wirken in der Berliner Kinder- und Jugendhilfe – Aufarbeitung der organisationalen Verfahren und Verantwortung des Berliner Landesjugendamtes«. Universität Hildesheim.

Baader, Meike Sophia / Friedrichs, Jan-Henrik (2023): Sexuelle Befreiung oder sexuelle Bildung? Konzepte, Organisationen und Akteur*innen nach 1968 zwischen Pädophilie- und Missbrauchsdiskurs. In: Siemoneit, Julia Kerstin Maria / Verlinden, Karla / Kleinau, Elke (Hg.): Sexualität, sexuelle Bildung und Heterogenität im erziehungswissenschaftlichen Diskurs. Weinheim/Basel: Beltz Juventa, S. 32–47.

Bange, Dirk / Enders, Ursula / Heinz, Katrin (2015): Aufarbeitung von sexuellem Kindesmissbrauch in der evangelischen Kirche. In: Nervenheilkunde 34, S. 541–546.

Baums-Stammberger, Brigitte / Hafeneger, Benno / Morgenstern-Einenkel, Andre (2018): »Uns wurde die Würde genommen«. Gewalt in Heimen der Evangelischen Brüdergemeinde Korntal in den 1950er bis 1980er Jahren. Aufklärungsbericht. Korntal.

Becker, Hellmut (1991): Wie ich Pädagoge wurde. Einige autobiographische Fragmente. In: Wiater, Werner (Hg.): Mit Bildung Politik machen. Autobiographisches zum schwierigen Verhältnis von Bildungspoltik und Pädagogik. Stuttgart: J. B. Metzler, S. 57–68.

Becker, Gerold (1996): Die letzten fünf Jahre in Göttingen (1964–1969). In: Frommann, Anne / Becker, Gerold (Hg.): Martin Bonhoeffer. Sozialpädagoge und Freund unter Zeitdruck. Mössingen-Talheim: Talheimer, S. 27–42.

Becker, Gerold / Becker, Hellmut / Huber, Ludwig (Hg.) (1985): Ordnung und Unordnung. Hartmut von Hentig zum 23. September 1985. Weinheim: Beltz.

Becker, Gerold / Bonhoeffer, Martin (1966): Das Haus auf der Hufe. Ein Versuch offener Jugendfürsorge. In: Unsere Jugend 18, S. 49–59.

Beljan, Magdalena (2014): Rosa Zeiten? Eine Geschichte der Subjektivierung männlicher Homosexualität in den 1970er und 1980er Jahren der BRD. Bielefeld: transcript-Verlag (= Literalität und Liminalität).

Bers, Christiana et al. (2023): Personen, Institutionen, Netzwerke. Zur Göttinger Erziehungswissenschaft im Fokus aktueller Studien zu sexualisierter Gewalt in pädagogischen Kontexten. Göttingen: Universitätsverlag.

Bers, Christiana / Horn, Klaus-Peter (2023): Das Göttinger Pädagogische Seminar im Fokus aktueller Studien zu sexualisierter Gewalt in pädagogischen Kontexten. In: Personen, Institutionen, Netzwerke. Zur Göttinger Erziehungswissenschaft im Fokus aktueller Studien zu sexualisierter Gewalt in pädagogischen Kontexten. Göttingen: Universitätsverlag, S. 25–44.

Bienert, Michael C. / Oppermann, Matthias / Zehender, Kathrin (Hg.) (2023): »Die Freiheit geschieht nicht an uns, sie geschieht durch uns«. Richard von Weizsäcker und die deutsche Politik. Berlin: be.bra wissenschaft verlag.

Bismarck, Klaus von (1989): Solidarität im Wagnis. Klaus von Bismarck in Selbstzeugnissen. München: Goethe-Inst.

Bismarck, Klaus von (1996): Aufbruch aus Pommern. Erinnerungen und Perspektiven. Unveränd. Taschenbuchausg. [1.-6. Tsd.]. München: Piper.

Bonin, Konrad von (Hg.) (1990): Keine Zeit für Kinder? Fragen, Einsprüche, Ermunterungen. München: Chr. Kaiser.

Brachmann, Jens (2015): Reformpädagogik zwischen Re-Education, Bildungsexpansion und Missbrauchsskandal. Die Geschichte der Vereinigung Deutscher Landerziehungsheime 1947-2012. Bad Heilbrunn: Verlag Julius Klinkhardt.

Brachmann, Jens (2019): Tatort Odenwaldschule. Das Tätersystem und die diskursive Praxis der Aufarbeitung von Vorkommnissen sexualisierter Gewalt. Bad Heilbrunn: Verlag Julius Klinkhardt.

Brachmann, Jens (2020): Tatort Odenwaldschule – Das Tätersystem und die diskursive Praxis der Aufarbeitung von Vorkommnissen sexualisierter Gewalt. Zielsetzung, methodische Zugänge und Ergebnisse des Projektvorhabens. In: Rettenberger, Martin / Dessecker, Axel / Rau, Matthias (Hg.): Gewalt und Zwang in Institutionen. Wiesbaden: Kriminologische Zentralstelle, S. 101-135 (= Kriminologie und Praxis 74).

Braun, Karl / Linzner, Felix / Khairi-Taraki, John (Hg.) (2017): Avantgarden der Biopolitik. Jugendbewegung, Lebensreform und Strategien biologischer »Aufrüstung«. Göttingen: V&R unipress. (= Jugendbewegung und Jugendkulturen, Jahrbuch).

Breidecker, Volker (2020): Das große deutsche Beschweigen. Korpsgeist und Elitensolidarität seit dem »Dritten Reich«. In: Merkur 74, S. 18-29.

Brinkschröder, Michael et al. (Hg.) (2017): Aufgehende Saat. 40 Jahre Ökumenische Arbeitsgruppe Homosexuelle und Kirche. Stuttgart: Verlag W. Kohlhammer.

Caspari, Peter et al. (2024): Grenzenlose Orte. Sexualisierte Gewalt im Bund der Pfadfinderinnen und Pfadfinder (BdP) 1976 bis 2006. München.

Caspari, Peter / Hackenschmied, Gerhard (2024): Sexualisierte Gewalt in der Bremischen Evangelischen Kirche. Der Fall Abramzik. Eine Tiefenanalyse des Teilprojekts C des ForuM-Forschungsverbunds (Forschung zur Aufarbeitung von sexualisierter Gewalt und anderen Missbrauchsformen in der Evangelischen Kirche und Diakonie in Deutschland). München.

Claussen, Johann Hinrich (2022a): Die andere Seite der Emanzipation. Überlegungen zu einem verantwortlichen Begriff evangelischer Freiheit. In: Claussen, Johann Hinrich (Hg.): Sexualisierte Gewalt in der evangelischen Kirche. Wie Theologie und Spiritualität sich verändern müssen. Freiburg/Basel/Wien: Herder, S. 75–93.

Claussen, Johann Hinrich (Hg.) (2022b): Sexualisierte Gewalt in der evangelischen Kirche. Wie Theologie und Spiritualität sich verändern müssen. Freiburg/Basel/Wien: Herder.

Conze, Eckart et al. (Hg.) (2012): Das Amt und die Vergangenheit. Deutsche Diplomaten im Dritten Reich und in der Bundesrepublik. München: Pantheon.

Dehmers, Jürgen (2011): »Wie laut soll ich denn noch schreien?« Die Odenwaldschule und der sexuelle Missbrauch. Reinbek bei Hamburg: Rowohlt.

Deutscher Evangelischer Kirchentag (1965): Dokumente Deutscher Evangelischer Kirchentag Köln 1965. Gütersloh: Gütersloher Verlagshaus.

Deutscher Evangelischer Kirchentag (1967): Dokumente Deutscher Evangelischer Kirchentag Hannover 1967. Gütersloh: Gütersloher Verlagshaus.

Deutscher Evangelischer Kirchentag (1969): Dokumente Deutscher Evangelischer Kirchentag München 1969. Gütersloh: Gütersloher Verlagshaus.

Deutscher Evangelischer Kirchentag (1979): Dokumente Deutscher Evangelischer Kirchentag Nürnberg 1979. Gütersloh: Gütersloher Verlagshaus.

Deutscher Evangelischer Kirchentag (1983): Dokumente Deutscher Evangelischer Kirchentag Hannover 1983. Gütersloh: Gütersloher Verlagshaus.

Deutscher Evangelischer Kirchentag (1987): Dokumente Deutscher Evangelischer Kirchentag Frankfurt/Main 1987. Gütersloh: Gütersloher Verlagshaus.

Deutscher Evangelischer Kirchentag (1989): Dokumente. Deutscher Evangelischer Kirchentag Berlin 1989. Gütersloh: Gütersloher Verlagshaus.

Deutscher Evangelischer Kirchentag (1991): Dokumente Deutscher Evangelischer Kirchentag Ruhrgebiet 1991. Gütersloh: Gütersloher Verlagshaus.

Deutscher Evangelischer Kirchentag (1993): Dokumente. Deutscher Evangelischer Kirchentag München 1993. Gütersloh: Gütersloher Verlagshaus.

Deutscher Evangelischer Kirchentag (1995): Dokumente Deutscher Evangelischer Kirchentag Hamburg 1995. Gütersloh: Gütersloher Verlagshaus.

Deutscher Evangelischer Kirchentag (1997): Dokumente Deutscher Evangelischer Kirchentag Leipzig 1997. Gütersloh: Gütersloher Verlagshaus.

Deutscher Evangelischer Kirchentag (1999): Dokumente Deutscher Evangelischer Kirchentag Stuttgart 1999. Gütersloh: Gütersloher Verlagshaus.

Deutscher Evangelischer Kirchentag (2001): Dokumente Deutscher Evangelischer Kirchentag Frankfurt am Main 2001. Gütersloh: Gütersloher Verlagshaus.

Deutscher Evangelischer Kirchentag (2012): Dokumente Deutscher Evangelischer Kirchentag Dresden 2011. Gütersloh: Gütersloher Verlagshaus.

Dill, Helga (2023): Pädagogische Nähe und mögliche sexuelle Grenzverletzungen beim Tübinger Verein für Sozialtherapie bei Kindern und Jugendlichen e.V. 1976–1982. Eine Aufarbeitungsstudie. München.

Doering-Manteuffel, Anselm (2013): Verstrickung und Verdrängung. Seitenblicke auf den westdeutschen Protestantismus nach 1945. In: Sarx, Tobias / Scheepers, Rajah / Stahl, Michael (Hg.): Protestantismus und Gesellschaft. Beiträge zur Geschichte von Kirche und Diakonie im 19. und 20. Jahrhundert. Jochen-Christoph Kaiser zum 65. Geburtstag. Stuttgart: W. Kohlhammer, S. 281–291 (= Konfession und Gesellschaft 47).

Döpp, Wiltrud / Hansen, Sylvie / Kleinespel, Karin (1996): Eine Schule für alle Kinder. Die Laborschule im Spiegel von Bildungsbiographien. Weinheim: Beltz (= Studien zur Schulpädagogik und Didaktik 12).

Elberfeld, Jens (2015): Von der Sünde zur Selbstbestimmung. Zum Diskurs »kindlicher Sexualität« (Bundesrepublik Deutschland 1960-1990). In: Bänziger, Peter-Paul et al. (Hg.): Sexuelle Revolution? Zur Geschichte der Sexualität im deutschsprachigen Raum seit den 1960er Jahren. Bielefeld: Transcript, S. 247–283 (= 1800–2000, Kulturgeschichten der Moderne 9).

Enders, Ursula et al. (2014): Schlussbericht der unabhängigen Kommission zur Aufarbeitung von Missbrauchsfällen im Gebiet der ehemaligen Nordelbischen Evangelisch-Lutherischen Kirche, heute Evangelisch-Lutherische Kirche in Norddeutschland.

Erdmann, Daniel / Bers, Christiana (2023): Das Haus auf der Hufe – Zwischen geplanter Konzeptlosigkeit und Experimentierfeld der Wissenschaft. In: Personen, Institutionen, Netzwerke. Zur

Göttinger Erziehungswissenschaft im Fokus aktueller Studien zu sexualisierter Gewalt in pädagogischen Kontexten. Göttingen: Universitätsverlag, S. 45–81.

Esselborn, Dörte (2020): Evangelische Sexualethik und Geschlechterpolitik nach dem Zweiten Weltkrieg, 1945–1960. Vorstellungen und Aktivitäten im deutschen Protestantismus zu Sexualität, Ehe und Familie. Hamburg.

Evangelische Kirche im Rheinland (Hg.) (1970): Kirche und Sexualstrafrecht. Stellungnahmen des Öffentlichkeitsausschusses der Evangelischen Kirche im Rheinland. Stuttgart/Berlin: Kreuz-Verlag (= Kirche und Gesellschaft 37).

Evangelische Kirche in Deutschland (Hg.) (1971): Denkschrift zu Fragen der Sexualethik. 3. Aufl. Gütersloh: Mohn.

Evangelische Kirche in Deutschland (Hg.) (1994): Identität und Verständigung. Standort und Perspektiven des Religionsunterrichts in der Pluralität. Gütersloh: Mohn.

Evangelische Kirche in Deutschland (Hg.) (1995): Auswachsen in schwieriger Zeit – Kinder in Gemeinde und Gesellschaft. Gütersloh: Mohn.

Exner-Krikorian, Sabine (2021): Die Ehe ist ein ethisch‹ Ding? Die Evangelische Kirche in den Aushandlungsprozessen um die gleichgeschlechtliche Ehe in Deutschland. In: Mitteilungen zur Kirchlichen Zeitgeschichte 15, S. 174–190.

Fitschen, Klaus (2016): Homosexualität und evangelische Kirche in den 1960er Jahren. In: Lepp, Claudia / Oelke, Harry / Pollack, Detlef (Hg.): Religion und Lebensführung im Umbruch der langen 1960er Jahre. Göttingen: Vandenhoeck & Ruprecht, S. 335–346.

Fitschen, Klaus (2018): Liebe zwischen Männern? Der deutsche Protestantismus und das Thema Homosexualität. Leipzig: Evangelische Verlagsanstalt.

Forschungsverbund ForuM (Hg.) (2024): Forschung zur Aufarbeitung von sexualisierter Gewalt und anderen Missbrauchsformen in der Evangelischen Kirche und Diakonie in Deutschland. Online unter: https://www.forum-studie.de/wp-content /uploads/2024/02/Abschlussbericht_ForuM_21-02-2024.pdf

Frei, Norbert (2023): Im Namen der Deutschen. Die Bundespräsidenten und die NS-Vergangenheit, 1949–1994. München: Verlag C. H. Beck.

Friederich, Christine (2017): Widerstand als Glaubenstat? Religiöse Deutungen des Widerstands der Weißen Rose. In: Hermle, Siegfried / Pöpping, Dagmar (Hg.): Zwischen Verklärung und Verurteilung. Phasen der Rezeption des evangelischen Widerstandes gegen den Nationalsozialismus nach 1945. Göttingen: Vandenhoeck & Ruprecht, S. 105–118.

Friedrich, Norbert (2014): Das politische Engagement innerhalb der Bochumer Evangelisch-theologischen Fakultät in den 1970er Jahren – Bemerkungen und Schlaglichter. In: Jähnichen, Traugott / Owetschkin, Dimitrij / Kaminsky, Uwe (Hg.): Religiöse Jugendkulturen in den 1970er und 1980er Jahren. Entwicklungen – Wirkungen – Deutungen. Essen: Klartext-Verlag, S. 145–157 (= Veröffentlichungen des Instituts für soziale Bewegungen).

Friedrichs, Jan-Henrik (2017a): Delinquenz, Geschlecht und die Grenzen des Sagbaren. Sexualwissenschaftliche Diskursstränge zur Pädophilie in ausgewählten Periodika, 1960–1995. In: Zeitschrift für Sexualforschung 36, S. 161–182.

Friedrichs, Jan-Henrik (2017b): Die Indianerkommune Nürnberg. Kinderrechte – Antipädagogik – Pädophilie. In: Baader, Meike et al. (Hg.): Tabubruch und Entgrenzung. Kindheit und Sexualität nach 1968. Köln: BV, Böhlau Verlag, S. 251–282 (= Beiträge zur historischen Bildungsforschung 49).

Friedrichs, Jan-Henrik (2018): »Freie Zärtlichkeit für Kinder«. Gewalt, Fürsorgeerziehung und Pädophiliedebatte in der Bundesrepublik der 1970er Jahre. In: Geschichte und Gesellschaft 44, S. 554–585.

Friedrichs, Jan-Henrik (2022): Transnational Networks of Child Sexual Abuse und Consumerism. Edward Brongersma and the Pedophilia Debate of the 1970s and 1980s. In: Journal of History of Sexuality 31, S. 169–191.

Frings, Bernhard / Kaminsky, Uwe (2012): Gehorsam – Ordnung – Religion. Konfessionelle Heimerziehung 1945–1975. Münster: Aschendorff Verlag.

Frings, Bernhard / Kaminsky, Uwe (2020): Gehorsam und Religion als Gewalt begünstigende Faktoren innerhalb der konfessionellen Heimerziehung in der Bundesrepublik, 1945–1975. In: Rettenberger, Martin / Dessecker, Axel / Rau, Matthias (Hg.): Gewalt und Zwang in Institutionen. Wiesbaden: Kriminologische Zentralstelle, S. 137–157 (= Kriminologie und Praxis 74).

Frommann, Anne / Becker, Gerold (Hg.) (1996): Martin Bonhoeffer. Sozialpädagoge und Freund unter Zeitdruck. Mössingen-Talheim: Talheimer.

Füller, Christian (2011): Sündenfall. Wie die Reformschule ihre Ideale missbrauchte. Köln: DuMont.

Füller, Christian (2015): Die Revolution missbraucht ihre Kinder. Sexuelle Gewalt in deutschen Protestbewegungen. München: Carl Hanser Verlag.

Gause, Ute (2023): Sexueller und spiritueller Missbrauch im Spannungsfeld von individueller Schuld und institutioneller Ignoranz. Eine Fallstudie. Vortrag bei der Badischen Landessynode. Badische Landessynode. Online unter: https://www.ekiba.de/media/download/variant/349833/vortrag-ute-gause_sexueller-missbrauch_23.10.2023.pdf

Gessler, Philipp (2012): Wolfgang Huber. Ein Leben für Protestantismus und Politik. Freiburg im Breisgau: Kreuz-Verlag.

Giehler, Vera-Maria (2023): Das Paar im Fokus. Eheberatung in Westdeutschland 1945–1965. Berlin: De Gruyter Oldenbourg.

Glück, Alois et al. (Hg.) (2011): Damit ihr Hoffnung habt. 2. Ökumenischer Kirchentag, 12.–16. Mai 2010 in München. Dokumentation. Gütersloh/Kevelaer: Gütersloher Verlagshaus; Butzon und Bercker.

Grass, Günter (2020): Aus dem Tagebuch einer Schnecke. Göttingen: Steidl.

Greschat, Martin (2000): »Mehr Wahrheit in der Politik!« Das Tübinger Memorandum von 1961. In: Vierteljahrshefte für Zeitgeschichte 48, S. 491–513.

Großbölting, Thomas (2013): Der verlorene Himmel: Glaube in Deutschland seit 1945. Göttingen/Bristol, CT, U.S.A: Vandenhoeck & Ruprecht.

Große Kracht, Klaus (2024): »Pädofrage – unentschieden?« Die »Ökumenische Arbeitsgruppe Homosexuelle und Kirche« (HuK), Helmut Kentler und der lange Weg zur Abgrenzung von sexualisierter Gewalt gegenüber Kindern (1977 bis 1997). Hamburg.

Grothe, Ewald (2005): Zwischen Geschichte und Recht. Deutsche Verfassungsgeschichtsschreibung 1900–1970. Berlin/Boston: De Gruyter Oldenbourg (= Ordnungssysteme 16).

Grüttner, Michael (2024): Talar und Hakenkreuz. Die Universitäten im Dritten Reich. München: C. H. Beck.

Halberstadt, Helmut (1983): Psychologische Beratungsarbeit in der evangelischen Kirche. Geschichte u. Perspektiven. Stuttgart: Verlagswerk der Diakonie.

Hamm-Brücher, Hildegard / Schreiber, Norbert (Hg.) (1989): Die aufgeklärte Republik. Eine kritische Bilanz. München: Bertelsmann.

Hauschildt, Eberhard (2016): Kirchliche Familienberatung in den 1960er Jahren. Der Wandel im Selbstverständnis. Von der paternalen Fürsorge in Abwehr der Modernisierung zur fachlichen sozialen Arbeit im therapeutischen Dialog. In: Lepp, Claudia / Oelke, Harry / Pollack, Detlef (Hg.): Religion und Lebensführung im Umbruch der langen 1960er Jahre. 1. Aufl. Göttingen: Vandenhoeck & Ruprecht, S. 259-280.

Hax, Iris / Reiß, Sven (2021): Programmatik und Wirken pädosexueller Netzwerke in Berlin – eine Recherche. Berlin, S. 120.

Heimpel, Christian (2004): Bericht über einen Dieb. Göttingen: Wallstein-Verlag.

Hentig, Hartmut von (1953): Thukydides Sophos. Reprint. Ann Arbor, Mich.: UMI.

Hentig, Hartmut von (1960): Die Schule zwischen Bewahrung und Bewährung. Stuttgart: Klett (= Erziehungswissenschaftliche Bücherei Reihe 5. Theorie u. Praxis d. Bildungsorganisation).

Hentig, Hartmut von (1962): Die deutsche Pädagogik. In: Richter, Hans Werner (Hg.): Bestandsaufnahme. Eine deutsche Bilanz 1962. Sechsunddreissig Beiträge deutscher Wissenschaftler, Schriftsteller und Publizisten. München [u. a.]: Desch, S. 315-343.

Hentig, Hartmut von (1967): Erziehung zum Frieden. In: Lorenz, Friedebert (Hg.): Frieden. Vorlesungen auf dem 13. Deutschen Evangelischen Kirchentag in Hannover 1967. Stuttgart/Berlin: Kreuz-Verlag, S. 21-44.

Hentig, Hartmut von (1969): Der Heilungswille des Homosexuellen ist seine Krankheit. In: Italiaander, Rolf (Hg.): Weder Krankheit noch Verbrechen. Plädoyer für eine Minderheit. Hamburg, S. 260-261.

Hentig, Hartmut von (1987): »Humanisierung« – eine verschämte Rückkehr zur Pädagogik? Andere Wege zur Veränderung der Schule. Stuttgart: Klett-Cotta.

Hentig, Hartmut von (1988): Bibelarbeit. Verheißung und Verantwortung für unsere Welt. München [u. a.]: Hanser.

Hentig, Hartmut von (1989): Politik als Aufklärung. In: Hamm-Brücher, Hildegard / Schreiber, Norbert (Hg.): Die aufgeklärte Republik. Eine kritische Bilanz. München: Bertelsmann, S. 61–76.

Hentig, Hartmut von (1997a): Kinder und Politik. In: Braun, Karl-Heinz / Krüger, Heinz-Hermann (Hg.): Pädagogische Zukunftsentwürfe. Festschrift zum siebzigsten Geburtstag von Wolfgang Klafki. Opladen: Leske + Budrich, S. 105–114.

Hentig, Hartmut von (1997b): »Und dem Mentor glich sie ganz an Stimme und Aussehen«. Nachdenkliches über die männliche Absicht in der Pädagogik. In: Paragama 6, S. 73–94.

Hentig, Hartmut von (2000): Fahrten und Gefährten. Reiseberichte aus einem halben Jahrhundert 1936–1990. München [u. a.]: Hanser.

Hentig, Hartmut von (2007): Mein Leben – bedacht und bejaht. Schule, Polis, Gartenhaus. München: Hanser.

Hentig, Hartmut von (2016): Noch immer Mein Leben. Erinnerungen und Kommentare aus den Jahren 2005 bis 2015. Berlin: Was mit Kindern GmbH.

Hentschker-Bringt, Christiane et al. (2023): Abschlussbericht der Unabhängigen Aufarbeitungskommission Pobershau UAKP, S. 142.

Hermle, Siegfried (2012): Die Evangelikalen als Gegenbewegung. In: Hermle, Siegfried / Lepp, Claudia / Oelke, Harry (Hg.): Umbrüche. 2. Aufl. Göttingen: Vandenhoeck & Ruprecht, S. 325–352.

Hermle, Siegfried / Lepp, Claudia / Oelke, Harry (Hg.) (2012): Umbrüche. Der deutsche Protestantismus und die Sozialen Bewegungen in den 1960er und 70er Jahren. Göttingen: Vandenhoeck & Ruprecht.

Herzog, Dagmar (2017): Sexuelle Traumatisierung und traumatisierte Sexualität. Die westdeutsche Sexualwissenschaft im Wandel. In: Baader, Meike et al. (Hg.): Tabubruch und Entgrenzung. Kindheit und Sexualität nach 1968. Köln: BV, Böhlau Verlag, S. 37-54 (= Beiträge zur historischen Bildungsforschung 49).

Herzog, Dagmar (2021): Die Politisierung der Lust. Sexualität in der deutschen Geschichte des 20. Jahrhunderts. Gießen: Psychosozial-Verlag.

Herzog, Dagmar (2023): Cold War Freud. Psychoanalyse in einem Zeitalter der Katastrophen. Berlin: Suhrkamp Verlag.

Hofmann, Gunter (2010): Richard von Weizsäcker. Ein deutsches Leben. 2. Auflage. München: Verlag C. H. Beck.

Hoppe, Sabrina (2019a): Der Protestantismus als Forum und Faktor. Sozialethische Netzwerke im Protestantismus der frühen Bundesrepublik. Tübingen: Mohr Siebeck.

Hoppe, Sabrina (2019b): Zusammenfassung der ersten Forschungen zur Rolle Gerold Beckers und Hartmut von Hentigs beim DEKT. Prien am Chiemseee.

Huber, Wolfgang (1989): Streit um das rechte Handeln. Zwischen persönlicher Vergewisserung und gemeinsamer Aktion. In: Runge, Rüdiger / Krause, Christian (Hg.): Zeitansage. 40 Jahre Deutscher Evangelischer Kirchentag. Stuttgart: Kreuz-Verlag, S. 25-48.

Huber, Wolfgang / Schultz, Steffen-R. (2003): Wird endlich gut, was lange währt? Zum Religionsunterricht in Brandenburg. In: Zeitschrift für Pädagogik und Theologie 55, S. 2-17.

Institut für Demokratieforschung Göttingen (2013): Die Pädophiliedebatte bei den Grünen im programmatischen und gesellschaftlichen Kontext. Erste und vorläufige Befunde zum Forschungsprojekt. Göttingen. Online unter: https://web.archive.org/web/20230912135811/https://www.ifdem.de/content/uploads/2013/12/Paedophiliedebatte-Gruene-Zwischenbericht.pdf

Institut für Demokratieforschung Göttingen (2016): Die Unterstützung pädosexueller bzw. päderastischer Interessen durch die Berliner Senatsverwaltung. Am Beispiel eines »Experiments« von Helmut Kentler und der »Adressenliste zur schwulen, lesbischen & pädophilen Emanzipation«. Berlin.

Italiaander, Rolf (Hg.) (1969): Weder Krankheit noch Verbrechen. Plädoyer für eine Minderheit. Hamburg: Gala-Verlag.

Jäger, Sarah (2019): Bundesdeutscher Protestantismus und Geschlechterdiskurse 1949–1971. Eine Revolution auf leisen Sohlen. Tübingen: Mohr Siebeck.

Jähnichen, Traugott / Friedrich, Norbert (1998): Die »68er Bewegung« und der Protestantismus an der Ruhr-Universität Bochum. In: Westfalische Forschungen 48, S. 128–154.

Jens, Tilmann (2011): Freiwild. Die Odenwaldschule – ein Lehrstück von Opfern und Tätern. Gütersloh: Gütersloher Verlagshaus.

Junginger, Horst (2003): Das »Arische Seminar« der Universität Tübingen 1940–1945. In: Brückner, Heidrun (Hg.): Indienforschung im Zeitenwandel. Analysen und Dokumente zur Indologie und Religionswissenschaft in Tübingen. Tübingen.

Kaminsky, Uwe (2015): »Danach bin ich das erste Mal abgehauen.« Zur Geschichte der evangelischen Kinder- und Jugendhilfe Oberbieber 1945–1975. Essen: Klartext.

Kaminsky, Uwe (2016): Hilfe und Kontrolle. Zur Geschichte des evangelischen Wohlfahrtsverbandes und des evangelischen

Jugendpfarramtes in Düsseldorf. Düsseldorf: Diakonie Düsseldorf Verlag.

Kaminsky, Uwe (2022): Tabuisierung und Gewalt. Sexualisierte Gewalt in der konfessionellen Heimerziehung der 1950er- und 1960er-Jahre. In: Wirth, Mathias / Noth, Isabelle / Schroer, Silvia (Hg.): Sexualisierte Gewalt in kirchlichen Kontexten | Sexual Violence in the Context of the Church. Neue interdisziplinäre Perspektiven | New Interdisciplinary Perspectives. Berlin: De Gruyter, S. 285–303.

Kaminsky, Uwe / Henkelmann, Andreas (2011): Die Beratungsarbeit als Beispiel für die Transformation von Diakonie und Caritas. In: Soziale Strukturen und Semantiken des Religiösen im Wandel. Transformationen in der Bundesrepublik Deutschland 1949–1989, S. 89–104.

Kämpf, Katrin M. (2021): Pädophilie. Eine Diskursgeschichte. Bielefeld: transcript Verlag (= Edition Kulturwissenschaft).

Kentler, Helmut (Hg.) (1983): Die Menschlichkeit der Sexualität. Berichte, Analysen, Kommentare ausgelöst durch die Frage, Wie homosexuell dürfen Pfarrer sein? München: Chr. Kaiser.

Kentler, Helmut (1988a): Die Jugend ist freizügiger geworden. In: Das Baugerüst. Zeitschrift für Jugend- und Bildungsarbeit 40, S. 191–193.

Kentler, Helmut (1988b): Sexualbiographie. In: Das Baugerüst. Zeitschrift für Jugend- und Bildungsarbeit 40, S. 194–198.

Kentler, Helmut (1989): Leihväter. Kinder brauchen Väter. Orig.-Ausg. Reinbek bei Hamburg: Rowohlt.

Keupp, Heiner (2019): Die Odenwaldschule als Leuchtturm der Reformpädagogik und als Ort sexualisierter Gewalt. Eine sozialpsychologische Perspektive / Heiner Keupp, Peter Mosser, Bettina Busch, Gerhard Hackenschmied, Florian Straus. Wiesbaden: Springer (= Sexuelle Gewalt in Kindheit und Jugend: Forschung als Beitrag zur Aufarbeitung).

Klecha, Stephan (2017): Die Grünen zwischen Empathie und Distanz in der Pädosexualitätsfrage. Anatomie eines Lernprozesses. Wiesbaden: Springer VS.

Klement, Teresa (2019): Der 14. Deutsche Evangelische Kirchentag 1969 und die öffentlich-rechtlichen Rundfunkmedien. Eine exemplarische Studie zur medialen Positionierung des Protestantismus nach 1949. Göttingen: Edition Ruprecht (= Kontexte).

Koerrenz, Ralf et al. (2013): Bildung als protestantisches Modell. Paderborn.

König, Julia et al. (Hg.) (2017): Tabubruch und Entgrenzung. Kindheit und Sexualität nach 1968. Göttingen: Böhlau Verlag Köln.

König, Julia (2020): Kindliche Sexualität. Geschichte, Begriff und Probleme. Frankfurt am Main: Campus Verlag (= Frankfurter Beiträge zur Soziologie und Sozialphilosophie 30).

Kowalski, Marlene (2018): Sexueller Kindesmissbrauch im Kontext der evangelischen und katholischen Kirche. In: Aufarbeitungskommission. Online unter: https://www.aufarbeitungskommission.de/mediathek/sexueller-kindesmissbrauch-evangelische-und-katholische-kirche/

Kramer, Jens (2013): Lebensgestaltung – Ethik – Religionskunde im Land Brandenburg. In: Zeitschrift für Pädagogik und Theologie 65, S. 4–14.

Kutting, Dirk (2004): Gesinnungsbildung. Die humanistische Schul- und Bildungstheorie Hartmut von Hentigs in theologischer Sicht. Marburg: Elwert (= Marburger theologische Studien 82).

Lange, Christiane / Stahl, Andreas / Kerstner, Erika (Hg.) (2023): Entstellter Himmel. Berichte über sexualisierte Gewalt in der evangelischen Kirche. Freiburg/Basel/Wien: Herder.

Lepp, Claudia (2005): Tabu der Einheit? Die Ost-West-Gemeinschaft der evangelischen Christen und die deutsche Teilung (1945-1969) / Claudia Lepp. Göttingen: Vandenhoeck und Ruprecht.

Lepp, Claudia (2016): Die Kirchen als sexualmoralische Anstalt? Fremdwahrnehmung und Selbstverständnis zwischen Verbotsethik und Beratung. In: Lepp, Claudia / Oelke, Harry / Pollack, Detlef (Hg.): Religion und Lebensführung im Umbruch der langen 1960er Jahre. Göttingen: Vandenhoeck & Ruprecht, S. 287-314.

Lepp, Claudia (2019): Ein protestantischer Think Tank in den langen sechziger Jahren der Bundesrepublik. Georg Picht und die Forschungsstätte der Evangelischen Studiengemeinschaft. In: Mitteilungen zur Kirchlichen Zeitgeschichte 13, S. 109-132.

Lepp, Claudia / Oelke, Harry / Pollack, Detlef (Hg.) (2016): Religion und Lebensführung im Umbruch der langen 1960er Jahre. Göttingen: Vandenhoeck & Ruprecht.

Liebeknecht, Moritz (2020): Wissen über Sex. Die Deutsche Gesellschaft für Sexualforschung im Spannungsfeld westdeutscher Wandlungsprozesse. Göttingen: Wallstein Verlag (= Hamburger Beiträge zur Sozial- und Zeitgeschichte).

Lorenz, Friedebert (Hg.) (1967): Frieden. Vorlesungen auf dem 13. Deutschen Evangelischen Kirchentag in Hannover 1967. Stuttgart Berlin: Kreuz-Verlag.

Mantei, Simone (2007): Protestantismus und sexuelle Revolution in Westdeutschland – ein Schlaglicht. In: Hermle, Siegfried / Lepp, Claudia / Oelke, Harry (Hg.): Umbrüche. Der deutsche Protestantismus und die sozialen Bewegungen in den 1960er und 70er Jahren. 2. Aufl. Göttingen: Vandenhoeck & Ruprecht, S. 163-175.

Matter, Sonja (2022): Das sexuelle Schutzalter. Gewalt, Begehren und das Ende der Kindheit (1950–1990). Göttingen: Wallstein Verlag.

McBride, Will (1980): Zeig mal! Ein Bilderbuch für Kinder u. Eltern. 5. Aufl. Wuppertal: Jugenddienst-Verlag.

Möhler, Rainer (2020): Die Reichsuniversität Straßburg 1940–1944. Eine nationalsozialistische Musteruniversität zwischen Wissenschaft, Volkstumspolitik und Verbrechen. Stuttgart: W. Kohlhammer Verlag (= Veröffentlichungen der Kommission für Geschichtliche Landeskunde in Baden-Württemberg. Reihe B / Kommission für Geschichtliche Landeskunde in Baden-Württemberg).

Müller, Fruzsina et al. (2023): Aufarbeitung der gewaltförmigen Konstellation der 1950er Jahre im evangelischen Schülerheim Martinstift in Moers.

Müller, C. Wolfgang et al. (1970): Was ist Jugendarbeit?: 4 Versuche zu einer Theorie. Wolfgang Müller, Helmut Kentler, Klaus Mollenhauer, Hermann Giesecke. 5. Aufl. München: Juventa-Verlag.

Nase, Eckart (2008): Anfänge. Eine biografische Annäherung an Joachim Scharfenberg und Oskar Pfister. In: Wege zum Menschen 60, S. 2–19.

Nentwig, Teresa (2019): Bericht zum Forschungsprojekt: Helmut Kentler und die Universität Hannover. Hannover: Leibniz Universität Hannover. Online unter: https://vg05.met.vgwort.de/na/68904c58750545edbd0e27a30894bfdb?l=https://www.uni-hannover.de/fileadmin/luh/content/webredaktion/universitaet/geschichte/helmut_kentler_und_die_universitaet_hannover.pdf

Nentwig, Teresa (2020): Eng verbunden. Der Sexualpädagoge Helmut Kentler und die evangelische Kirche. In: Zeitzeichen 21, S. 40–42.

Nentwig, Teresa (2021): Im Fahrwasser der Emanzipation? Die Wege und Irrwege des Helmut Kentler. Göttingen: Vandenhoeck & Ruprecht.
Noack, Hans-Joachim (2019): Die Weizsäckers. Eine deutsche Familie. 1. Auflage. München: Siedler.

Oelkers, Jürgen (2011): Eros und Herrschaft. Die dunklen Seiten der Reformpädagogik. Weinheim/Basel: Beltz.
Oelkers, Jürgen (2016): Pädagogik, Elite, Missbrauch. Die »Karriere« des Gerold Becker. Weinheim: Beltz Juventa.
Ortmeyer, Benjamin (2008): Ernest Jouhy. Der Frankfurter Erziehungswissenschaftler Ernest Jouhy. Leben und pädagogisches Werk. Frankfurt a. M. Online unter: https://www.uni-frankfurt.de/51740399/Antrittsvorlesung.pdf; https://ernest-jouhy.de/

Palm, Dirk (2002): »Wir sind doch Brüder!« Der evangelische Kirchentag und die deutsche Frage 1949–1961. Göttingen: Vandenhoeck und Ruprecht.
Pausch, Robert (2016): Konstitutionsforschung und Männerbund. Werk und Wirken des Sexualforschers Willhart S. Schlegel. In: Zeitschrift für Sexualforschung 29, S. 1–20.
Pflüger, Friedbert (2010): Richard von Weizsäcker. Mit der Macht der Moral. München: Dt. Verlag-Anst.
Pickel, Gert / Jaeckel, Yvonne / Yendell, Alexander (2015): Der Deutsche Evangelische Kirchentag. Religiöses Bekenntnis, politische Veranstaltung oder einfach nur ein Event? Baden-Baden: Nomos.
Pope, Ruth (2022): »Zartbitter« und die feministische Auseinandersetzung mit sexualisierter Gewalt an Kindern in den 1980er und 1990er Jahren. In: Westfälische Forschungen 72, S. 347–365.
Pope, Ruth / Große Kracht, Klaus (2023): Emma gegen Kentler. Eine geplatzte Preisverleihung im Kontext der Deutungs-

kämpfe um sexualisierte Gewalt an Kindern in den 1980er und 1990er Jahren. In: Jahrbuch der Forschungsstelle für Zeitgeschichte in Hamburg.

Raulff, Ulrich (2009): Kreis ohne Meister. Stefan Georges Nachleben. München: Beck.

Reichardt, Sven (2014): Authentizität und Gemeinschaft. Linksalternatives Leben in den siebziger und frühen achtziger Jahren. Originalausgabe. Berlin: Suhrkamp.

Rettenberger, Martin / Dessecker, Axel / Rau, Matthias (Hg.) (2020): Gewalt und Zwang in Institutionen. Wiesbaden: Kriminologische Zentralstelle (= Kriminologie und Praxis 74).

Richter, Hans Werner (Hg.) (1962): Bestandsaufnahme. Eine deutsche Bilanz 1962. Sechsunddreissig Beiträge deutscher Wissenschaftler, Schriftsteller und Publizisten. München [u. a.]: Desch.

Rudolph, Hermann (2010): Richard von Weizsäcker. Eine Biographie. Berlin: Rowohlt.

Runder Tisch – Heimerziehung (2011): Runder Tisch – Heimerziehung in den 50er und 60er Jahren. Abschlussbericht. Berlin: AGJ.

Runge, Rüdiger / Kässmann, Margot (Hg.) (1999): Kirche in Bewegung. 50 Jahre Deutscher Evangelischer Kirchentag. Orig.-Ausg. Gütersloh: Gütersloher Verlagshaus.

Runge, Rüdiger / Krause, Christian (Hg.) (1989): Zeitansage. 40 Jahre Deutscher Evangelischer Kirchentag. Stuttgart: Kreuz-Verlag.

Runge, Rüdiger / Ueberschär, Ellen (Hg.) (2009): Fest des Glaubens – Forum der Welt. 60 Jahre Deutscher Evangelischer Kirchentag. Gütersloh: Gütersloher Verlagshaus.

Rutschky, Katharina (1992): Erregte Aufklärung. Kindesmißbrauch: Fakten & Fiktionen. 2. Aufl. Hamburg: Klein.

Sarx, Tobias / Scheepers, Rajah / Stahl, Michael (Hg.) (2013): Protestantismus und Gesellschaft. Beiträge zur Geschichte von Kirche und Diakonie im 19. und 20. Jahrhundert. Jochen-Christoph Kaiser zum 65. Geburtstag. Stuttgart: W. Kohlhammer (= Konfession und Gesellschaft 47).

Schäfer, Walter Ernst / Edelstein, Wolfgang / Becker, Gerold (1971): Probleme der Schule im gesellschaftlichen Wandel. Das Beispiel Odenwaldschule. Frankfurt am Main: Suhrkamp (= Edition Suhrkamp 496).

Schall, Teresa (2015): Kommunikation des Protestantismus. Wirkungen und Rückwirkungen von Rundfunkkommentaren zum Kirchentag 1969 auf das mediale Bild des Protestantismus. In: Albrecht, Christian/Anselm, Reiner (Hg.): Teilnehmende Zeitgenossenschaft. Studien zum Protestantismus in den ethischen Debatten der Bundesrepublik Deutschland 1949–1989. 1. Aufl. Tübingen: Mohr Siebeck, S. 237–266 (= Religion in der Bundesrepublik Deutschland 1).

Schall, Teresa (2016): Kommunikation in öffentlich-rechtlichen Mediensystemen. Eine Untersuchungsskizze zu protestantischen Kommunikationsformen in der Bundesrepublik nach 1945. In: Mitteilungen zur Kirchlichen Zeitgeschichte 10, S. 163–169.

Scheub, Ute (2006): Das falsche Leben. Eine Vatersuche. München [u. a.]: Piper.

Schlegel, Willhart S. (1966): Die Sexualinstinkte des Menschen. Eine naturwissenschaftliche Anthropologie der Sexualität. neu erw. [Original 1962]. Hamburg: Rütten & Loening.

Schmidt, Markus (2022): Missbrauch zwischen Frömmigkeit, Macht und Kommunikation. Spiritualitätsgeschichtliche und praktisch-theologische Überlegungen zu sexuellem Missbrauch im Kontext von Seelsorge (Kasus Ströer) und zur gegenwärtigen Kommunikationsaufgabe. In: Amtsblatt der Evangelisch-Lutherischen Kirche Sachsen B 108; B1; B 17.

Scholl, Inge (1952): Die weisse Rose. 4. Aufl. Frankfurt a. M.: Verlag der Frankf. Hefte.

Schreiber, Gerhard (2022): Im Dunkel der Sexualität. Sexualität und Gewalt aus sexualethischer Perspektive. Berlin/Boston: Walter de Gruyter GmbH.

Schröder, Otto / Peter, Hans-Detlev (Hg.) (1993): Vertrauen wagen. Evangelischer Kirchentag in der DDR. Berlin: Verbum, Dr.- und Verlag-Ges. mbH für Kirche und Öffentlichkeit.

Schroeter, Harald (1993a): Ecclesia ludens. Ein Versuch über den Deutschen Evangelischen Kirchentag. In: Forschungsjournal Neue Soziale Bewegungen 6, S. 110–122.

Schroeter, Harald (1993b): Kirchentag als vorläufige Kirche. Der Kirchentag als eine besondere Gestalt des Christseins zwischen Kirche und Welt. Stuttgart Berlin Köln: Kohlhammer (= Praktische Theologie heute 13).

Schroeter-Wittke, Harald (2007): Der Deutsche Evangelische Kirchentag in den 1960er und 70er Jahren. Eine soziale Bewegung? In: Hermle, Siegfried / Lepp, Claudia / Oelke, Harry (Hg.): Umbrüche. 2. Aufl. Göttingen: Vandenhoeck & Ruprecht, S. 213–225.

Seliger, Hubert (2016): Politische Anwälte? Die Verteidiger der Nürnberger Prozesse. Baden-Baden: Nomos Verlagsgesellschaft mbH & Co. KG.

Seufert, Jonas (2019): Kindesmissbrauch: Der protestantische Eros. In: Die Zeit.

Singer, Kerstin / Frevert, Ute (2014): 100 Jahre Hellmut Becker (1913–2013). Dokumentation der Ausstellung zu Leben und Werk im Max-Planck-Institut für Bildungsforschung. Berlin: Max-Planck-Institut für Bildungsforschung.

Späth, Andreas / Aden, Menno (2010): Die missbrauchte Republik. Aufklärung über die Aufklärer. London/Hamburg: Verlag Inspiration Un Limited.

Spijker, A. M. J. M. Herman van de (1968): Die gleichgeschlechtliche Zuneigung. Homotropie: Homosexualität, Homoerotik, Homophilie, und die katholische Moraltheologie. Olten [u. a.]: Walter-Verlag.

Stahl, Andreas (2023): Kirche und Glauben im Angesicht sexualisierter Gewalt. In: Lange, Christiane / Stahl, Andreas / Kerstner, Erika (Hg.): Entstellter Himmel. Berichte über sexualisierte Gewalt in der evangelischen Kirche. Freiburg Basel Wien: Herder, S. 189–235.

Svanberg, Mikael (2023): The Legalisation of Child Pornography in Sweden and What Followed (1969–1999). In: Bergen Journal of Criminal Law and Criminal Justice 11, S. 30–72.

Teuchert, Felix (2018): Die verlorene Gemeinschaft. Der Protestantismus und die Integration der Vertriebenen in die westdeutsche Gesellschaft (1945–1972). Göttingen: Vandenhoeck & Ruprecht (= Arbeiten zur kirchlichen Zeitgeschichte).

Thole, Werner et al. (Hg.) (2012): Sexualisierte Gewalt, Macht und Pädagogik. Opladen: B. Budrich (= Publikation der Deutschen Gesellschaft für Erziehungswissenschaft (DGfE)).

Tripp, Sebastian (2015): Fromm und politisch. Christliche Anti-Apartheid-Gruppen und die Transformation des westdeutschen Protestantismus 1970–1990. Göttingen: Wallstein-Verlag.

Ueberschär, Ellen (Hg.) (2017): Deutscher Evangelischer Kirchentag: Wurzeln und Anfänge. Gütersloh: Gütersloher Verlagshaus.

Ullerstam, Lars (1965): Die sexuellen Minderheiten. Kala.

Vogel, Katharina (2023): Machtvolles In-Beziehung-Stehen. Überlegungen zur Leistungsfähigkeit des Netzwerk-Begriffes im Kontext der erziehungswissenschaftlichen Aufarbeitung sexualisierter Gewalt. In: Personen, Institutionen, Netzwerke.

Zur Göttinger Erziehungswissenschaft im Fokus aktueller Studien zu sexualisierter Gewalt in pädagogischen Kontexten. Göttingen: Universitätsverlag, S. 11–23.

Weizsäcker, Richard von (1997): Vier Zeiten. Erinnerungen. Berlin: Siedler.

Wiater, Werner (Hg.) (1991): Mit Bildung Politik machen: Autobiographisches zum schwierigen Verhältnis von Bildungspoltik und Pädagogik. Stuttgart: J. B. Metzler.

Wiedemann, Hans Georg (1978): Angenommene (Homo) Sexualität. In: Deutsches Pfarrerblatt 78, S. 135–138.

Wiedemann, Hans Georg (1982): Homosexuelle Liebe. Für eine Neuorientierung in der christlichen Ethik. Stuttgart: Kreuz-Verlag.

Wiersing, Erhard (2020): Hartmut von Hentig. Ein Essay zu Leben und Werk. Bielefeld: Universitätsverlag Webler.

Windheuser, Jeannette / Buchholz, Vivian (2023): Konzeption und Quellen- und Literaturliste. Die Bedeutung von sexualpädagogischen Vorstellungen für die strukturelle Begünstigung von sexualisierter Gewalt im Raum der evangelischen Kirche. Berlin: Erziehungswissenschaft mit den Schwerpunkten Gender und Diversität Humboldt-Universität zu Berlin Institut für Erziehungswissenschaften. Online unter: DOI 10.18452/27014

Windheuser, Jeannette / Hartmann, Anna (2023): »Erziehung der Sexualität«. Sexualität als Erziehung? Eine kritische Betrachtung von Helmut Kentlers Theorie der Sexualerziehung. In: Siemoneit, Julia Kerstin Maria / Verlinden, Karla / Kleinau, Elke (Hg.): Sexualität, sexuelle Bildung und Heterogenität im erziehungswissenschaftlichen Diskurs. Weinheim/Basel: Beltz Juventa, S. 54–71.

Wirth, Mathias / Noth, Isabelle / Schroer, Silvia (Hg.) (2022): Sexualisierte Gewalt in kirchlichen Kontexten. Neue interdisziplinäre Perspektiven = Sexual violence in the context of the church. New interdisciplinary perspectives. Berlin/Boston: De Gruyter.

Zenke, Christian Timo (2018): Hartmut von Hentig und die ästhetische Erziehung. Eine kritische Bestandsaufnahme. Wien/Köln/Weimar: Böhlau Verlag (= Beiträge zur historischen Bildungsforschung 53).

Zippert, Thomas (2022): Diakonie und (sexualisierte) Gewalt. In: Claussen, Johann Hinrich (Hg.): Sexualisierte Gewalt in der evangelischen Kirche. Wie Theologie und Spiritualität sich verändern müssen. Freiburg/Basel/Wien: Herder, S. 94-114.

**Bilder**

Abb. 1. Klaus von Bismarck, Präsident des DEKT
1977-1979. .................................... 21
Abb. 2: Richard von Weizsäcker, DEKT 1985 Düsseldorf .... 22
Abb. 3: Arbeitsgruppe »Der Einzelne und die Anderen«
(auf dem Podium v. l. n. r.: Joachim Scharfenberg,
Alexander Mitscherlich, Margarete Mitscherlich,
Hellmut Becker, Manfred Seitz) .................... 57
Abb. 4: DEKT Stuttgart 1969 – Lesung des Schriftstellers
Günter Grass ................................... 58
Abb. 5: Diskussion mit dem Schriftsteller Günter Grass
beim DEKT 1969 (auf dem Podium v. l. n. r. Joachim
Scharfenberg, Gerold Becker, Hellmut Becker,
Günter Grass, Hartmut von Hentig, unbekannt)......... 59
Abb. 6: Diskussion mit dem Schriftsteller Günter Grass
(v. l. n. r. Gerold Becker, Hellmut Becker, Günter Grass,
Hartmut von Hentig) ............................ 60

Abb. 7: Hungerstreik der »Indianerkommune« während
des DEKT 1979 in Nürnberg. Die untersten beiden
Zeilen des Plakates lauten: »Straffreiheit für gewaltfreie
sexuelle Liebesbeziehungen mit Kindern; Wieder-
gutmachung unserer Verfolgung durch die
Nürnberger Polizei« ............................... 101
Abb. 8: DEKT 1987 in Frankfurt. Bibelarbeit ............ 120
Abb. 9: Hartmut von Hentig beim Deutscher
Evangelischer Kirchentag (DEKT) 1999 .............. 139
Abb. 10: Helmut Simon, Richter, Präsident des
Deutschen Evangelischen Kirchentags 1987–1989 ...... 141
Abb. 11: Christian Krause, Generalsekretär des DEKT ..... 149
Abb. 12: DEKT Pressekonferenz 1991. An einem Tisch
sitzen v. l. n. r. Dr. Erhard Eppler, Dr. Siegfried von
Kortzfleisch, Dr. Helmut Simon (Richter am BverfG
Karlsruhe), Dr. Carola Wolf ........................ 152

*Bildnachweis:*
Archiv der Evangelischen Kirche im Rheinland / Hans Lachmann;
CC BY-SA 3.0 / Hans Lachmann

# Personenverzeichnis

(aufgrund der häufigen Nennung der drei Hauptpersonen Gerold Becker, Hartmut von Hentig und Helmut Kentler sind deren Namen, genauso wie Autoren wissenschaftlicher Werke und diejenigen, die nur in den Fußnoten genannt sind, hier nicht aufgenommen)

Albertz, Heinrich 187
Amery, Jean 33
August, Manfred 60-63
Avenarius, Christian 198

Becker, Antoinette 108, 116, 117
Becker, Carl Heinrich 24
Becker, Hellmut 21, 24 ff., 28 f., 32, 51 f., 54, 57 f., 59 f., 76, 116 f., 140, 161
Becker, Sophinette 108
Berger, Almut 149
Bergmann, Christine 194, 197
Bettelheim, Bruno 128 f.
Biermann, Wolf 130
Bismarck Klaus von 20 f., 84, 90 f., 95, 142 f., 160
Bodmann, Hartwig 187 ff.

Böll, Heinrich 34, 140
Bonhoeffer, Dietrich 32
Bonhoeffer, Martin 44, 112, 184
Bonin, Konrad von 114, 116 f., 119, 121-124, 128, 133, 155 f., 185, 189
Borge, Tomas 148
Breit, Herbert 48
Brink, Heinz 103 f.
Brinker, Klaus 101, 106,
Brocher, Tobias 92
Bronfenbrenner, Urie 129, 140
Brooten, Bernadette Joan 106,
Bucher, Ursel 108
Bürger-Prinz, Hans 70
Bussche, Axel von dem 52

Capra, Fritjof  122
Colla, Herbert  44

Dönhoff, Marion Gräfin  140, 178,

Einarson, Benedict  32
Enders, Ursula  10, 12, 194, 197
Enzensberger, Hans Magnus  33, 118
Eppler, Erhard  89, 151 f., 173
Eulenburg, Adelheid Gräfin  33

Fischer, Elke  198
Fleck, Christoph  194
Flitner, Andreas  116, 125
Frommann, Anne  118

Geißler, Heiner  179
George, Stefan  27
Giese, Hans  69 f.
Grass, Günter  58 ff., 62 f., 140
Greifenstein, Hermann  87, 89 f., 92, 94
Greim, Ulrike  195
Groeben, Annemarie von der  133, 135 f., 138, 188
Groeger, Guido Nicolai  66 ff.
Grossner, Claus  16, 28

Haendler, Klaus  117
Hage, Wolfgang  36, 39,
Hake, Uli  199
Hamm-Brücher, Hildegard  127, 129, 140, 144
Harbsmeyer, Götz  40
Harder, Wolfgang  160, 176 f.
Heimpel, Hermann  21, 26, 32, 34
Hentig, Werner Otto von  31
Herz, Otto  125, 180 f.
Hofmann, Horst-Klaus  97 f.
Huber-Kaldrack, Kara  117
Huber, Ernst Rudolf  21, 24, 26
Huber, Wolfgang  20, 114, 120, 135, 145, 149, 155 f., 187 ff.
Huckele, Andreas  176
Hufendiek, Sabine  194
Hurrelmann, Klaus  140

Illich, Ivan  140

Jens, Walter  34, 187
Jepsen, Maria  197
Jouhy, Ernest  48, 50 f., 55, 140
Jung, Burkhard  127, 129

Käßmann, Margot  18, 168, 170 f., 185, 193, 195 f., 199

Keil, Siegfried  96f.
Kennan, George  140f.
Killy, Walther  26
Klett, Ernst  63
Kopp, Manfred  117, 120
Krau, Barbara  127, 129
Krause, Christian  18, 120f., 145, 148ff., 156f., 166f.
Krukenberg, Frauke  85, 90, 92, 97f., 102f., 156

Leisler Kiep, Walther  179
Lieth, Elisabeth von der  129f.
Lorenz, Friedebert  48–51, 53ff., 67f.
Lorenzo, Giovanni di  138

Mall, Adolf  109
Mann, Golo  140
Mertes, Klaus  191, 195
Meves, Christa  50, 57, 91, 116
Meyer, Egon  36
Meyer, Hans-Jürgen  106
Mitscherlich, Alexander  34, 48, 57
Mitscherlich-Nielsen, Margarete  57
Mollenhauer, Klaus  81f., 140
Müller, Egon  39

Nagel, Eckhard  193, 196
Naujokat, Gerhard  107
Neill, Alexander  128f.

Oppen, Dietrich von  52

Philippi, Hans Gerch  97f.
Picht, Georg  21, 24–29, 32
Raiser, Ludwig  21, 26, 28ff.

Rau, Johannes  95f.
Rotenhan, Eleonore von  143, 145f.
Roth, Heinrich  26, 44

Schäfer, Walter  76
Scharfenberg, Joachim  47–51, 53, 57, 59, 66, 68
Schäuble, Wolfgang  138
Scheilke, Christoph T.  127, 129, 130, 133
Schelsky, Helmut  70
Scheub, Ute  60, 62f.
Scheuch, Erwin  27
Schindler, Jörg  178f., 191
Schlegel, Willhart  70ff., 74
Scholl, Inge  38
Scholl, Sophie  38
Schorlemmer, Friedrich  149
Schulenburg, Charlotte Gräfin  33
Schulenburg, Fritz  33

Schulte, Walter  48, 50, 53
Schwendtner, Rolf  129
Seeliger, Christa  195
Siegert, Andrea  198
Simon, Helmut  65, 89, 141f., 145–148, 152, 154
Simonis, Heide  127, 129
Sölle, Dorothee  61, 91f.
Spijker, Herman van de  97f.
Steffen, Uwe  57

Thadden, Reinhold von  20, 52, 153f., 166
Thiersch, Hans  44

Uhl, Harald  84, 89f., 96, 104
Ullerstam, Lars  71

Vita, Helen  75f.
Vollmer, Antje  153f., 199

Wedemeyer, Maria von  32
Weiß, Konrad  149
Weizsäcker, Carl-Friedrich von  24ff., 28–31, 33, 140
Weizsäcker, Richard von  20ff., 32, 54f., 89, 140, 173, 177, 187
Wiedemann, Hans Georg  97f., 106
Wolf, Carola  48, 89, 148, 152, 155
Wollenberger, Vera  149
Wöller, Hildegunde  121

Zahrnt, Heinz  153f.
Ziehbold, Kurt  170f.,
Zimmer, Jürgen  116ff., 192

# Dank

Die vorliegende Studie hätte ohne die hilfreiche Mitarbeit verschiedener Archive und der Geschäftsstelle des Deutschen Evangelischen Kirchentags nicht erstellt werden können. Im Evangelischen Zentralarchiv gilt es besonders Frau Maxi Schulenburg für die Verzeichnung der Akten und konkrete Hinweise zu danken. Das Landeskirchliche Archiv Hannover gewährte Zugang zur Personalakte von Gerold Becker. Die Geschäftsstelle des Deutschen Evangelischen Kirchentags in Fulda (Frau Dr. Anja Peycke) gestattete bereitwillig Einsicht in auch jüngere Akten in der eigenen Registratur. Das Archiv im Leibniz-Institut für Bildungsforschung und Bildungsinformation mit der dort befindlichen Bibliothek für Bildungsgeschichtliche Forschung machte den erst jüngst verzeichneten Nachlass von Gerold Becker zugänglich, wofür besonders der Leiterin Frau Dr. Bettina Irina Reimers und der Mitarbeiterin Frau Annett Krefft herzlich gedankt sei. Den auf Befragen Auskunft gebenden ehemaligen Präsidiumsmitgliedern des DEKT sei ebenfalls für ihre Erinnerungen Dank gesagt. Verschiedene Kolleginnen und Kollegen haben mit Rat und Tat zur Seite gestanden. Zu erwähnen gilt es vor allem die »Arbeitsgruppe zur Erforschung des Kirchentages« (besonders Prof. Thomas K. Kuhn und Prof. Claudia Lepp), die wertvolle Hinweise gaben und jederzeit für Gespräche zur Verfügung standen.

Uwe Kaminsky, im Sommer 2024